阮青 马彦涛 —— 著

依靠斗争
打开事业发展
新天地

·北京·
国家行政学院出版社
NATIONAL ACADEMY OF GOVERNANCE PRESS

图书在版编目（CIP）数据

依靠斗争打开事业发展新天地/阮青，马彦涛著.—北京：国家行政学院出版社，2023.1
ISBN 978-7-5150-2774-6

Ⅰ.①依… Ⅱ.①阮… ②马… Ⅲ.①中国共产党－党员－思想政治教育－学习参考资料　Ⅳ.①D261.42

中国版本图书馆 CIP 数据核字（2023）第 002364 号

书　　名	依靠斗争打开事业发展新天地 YIKAO DOUZHENG DAKAI SHIYE FAZHAN XINTIANDI
作　　者	阮　青　马彦涛　著
责任编辑	刘韫劼
出版发行	国家行政学院出版社 （北京市海淀区长春桥 6 号　100089）
综 合 办	（010）68928887
发 行 部	（010）68928866
经　　销	新华书店
印　　刷	北京盛通印刷股份有限公司
版　　次	2023 年 1 月北京第 1 版
印　　次	2023 年 1 月北京第 1 次印刷
开　　本	170 毫米×240 毫米　16 开
印　　张	16.75
字　　数	214 千字
定　　价	56.00 元

本书如有印装问题，可联系调换，联系电话：（010）68929022

目录

001 引言

一、坚持发扬斗争精神植根于马克思主义深厚理论土壤 / 002

二、坚持发扬斗争精神是中国共产党百年奋斗的
基本经验 / 015

三、坚持发扬斗争精神建设伟大社会主义现代化强国 / 027

039 第一章
把握斗争内涵 坚持发扬自觉斗争精神

一、正确把握斗争内涵是发扬自觉斗争精神的前提 / 039

二、中国共产党的历史是坚持发扬自觉斗争精神的历史 / 052

三、在完成第二个百年奋斗目标中继续坚持发扬自觉
斗争精神 / 060

076 第二章
凝聚斗争意志 坚持发扬踔厉斗争精神

一、踔厉斗争是中国共产党完成历史使命的根本保证 / 076

二、斗争意志是中国共产党百年奋斗的内在驱动力 / 092

三、积极凝聚斗争意志，强化踔厉斗争精神 / 105

116　第三章
把准斗争方向　坚持发扬勇于斗争精神

一、中国共产党的性质决定着斗争方向　／ 116

二、把握正确斗争方向的科学内涵　／ 125

三、为全面建成社会主义现代化强国而英勇斗争　／ 147

159　第四章
站稳斗争立场　坚持发扬不懈斗争精神

一、坚持发扬斗争精神必须站稳无产阶级和人民群众立场　／ 159

二、中国共产党的立场决定其基本斗争原则　／ 166

三、坚持发扬斗争精神努力让人民过上美好生活　／ 184

196　第五章
讲究斗争艺术　坚持发扬善于斗争精神

一、恰当的斗争方法是进行有效斗争的根本保证　／ 196

二、丰富多彩的斗争方法和斗争艺术　／ 210

三、用哲学智慧滋养，探索全面建设社会主义现代化国家新方法　／ 218

229　第六章
牢记斗争使命　坚持发扬敢赢斗争精神

一、中国共产党百年历史是发扬斗争精神完成使命的历史　／ 229

二、牢记政党使命开创中国特色社会主义新时代　／ 239

三、牢记政党使命依靠顽强斗争精神打开事业发展新天地　／ 251

引 言

2022年10月，中国共产党第二十次全国代表大会胜利召开。这是在全党全国各族人民迈上全面建设社会主义现代化国家新征程、向第二个百年奋斗目标进军的关键时刻召开的一次十分重要的、具有里程碑意义的大会，是全党全国人民政治生活中的一件大事。习近平总书记在大会报告中讲到全面建设社会主义现代化国家必须牢牢把握的五个重大原则时提出："坚持发扬斗争精神。增强全党全国各族人民的志气、骨气、底气，不信邪、不怕鬼、不怕压，知难而进、迎难而上，统筹发展和安全，全力战胜前进道路上各种困难和挑战，依靠顽强斗争打开事业发展新天地。"[①] 坚持发扬斗争精神，是马克思主义的基本要求，是对人类社会发展规律的正确把握，是对中国共产党领导革命建设改革经验的深刻总结，是有效应对和克服在全面建设社会主义现代化国家过程中所产生的各种困难和风险、准备经受风高浪急甚至惊涛骇浪重大考验的精神动力和心理准备。毫无疑问，坚持发扬斗争精神，是党中央向广大党政干部发出的动员令，也是广大党政干部的政治职责。

---

① 习近平：《高举中国特色社会主义伟大旗帜　为全面建设社会主义现代化国家而团结奋斗——在中国共产党第二十次全国代表大会上的报告》，人民出版社2022年版，第27页。

一、坚持发扬斗争精神植根于马克思主义深厚理论土壤

习近平总书记在纪念马克思诞辰 200 周年大会上的讲话中指出："马克思主义不是书斋里的学问,而是为了改变人民历史命运而创立的,是在人民求解放的实践中形成的,也是在人民求解放的实践中丰富和发展的,为人民认识世界、改造世界提供了强大精神力量。"① 坚持发扬斗争精神,是马克思主义创立者的人生写照,是马克思主义理论的基本内容,是马克思主义的精神标识。

(一)勇于斗争是马克思主义经典作家的人生写照

马克思主义的创立者选择了一条艰难的坚持斗争的人生道路。卡尔·马克思 1818 年 5 月 5 日出生于德国莱茵省特利尔城的一个律师家庭,从小受到自由主义、人道主义和理性主义等启蒙精神的教育。他的中学毕业论文《青年在选择职业时的考虑》就已经明确反映出他的人生理想和价值追求。他写道:"如果我们选择了最能为人类福利而劳动的职业,那么,重担就不能把我们压倒,因为这是为大家而献身;那时我们所感到的就不是可怜的、有限的、自私的乐趣,我们的幸福将属于千百万人,我们的事业将默默地、但是永恒发挥作用地存在下去,而面对我们的骨灰,高尚的人们将洒下热泪。"② 1880 年,美国记者在英国兰兹格特海边采访马克思时问:"人生的最高法则是什么?"马克思望着咆哮的大海,用深沉而严肃的语调回答:"斗争!"正是这

---

① 习近平:《在纪念马克思诞辰 200 周年大会上的讲话》,人民出版社 2018 年版,第 9 页。
② 《马克思恩格斯全集》第 40 卷,人民出版社 1982 版,第 7 页。

种为追求真理而不懈斗争的精神,促使马克思勇于战胜各种敌对势力的诅咒和打击,经受亲人离去而带来的精神痛苦,克服长达40年颠沛流离生活所带来的苦难,不断实现人生观的转变、思想的超越和理论的创新,最终创立马克思主义。

恩格斯1820年11月28日出生于德国莱茵省巴门的一个具有浓厚宗教思想的富有工业者家庭。恩格斯中学时代就受到法国革命思潮的影响,向往自由和解放,并参加"青年德意志"运动。然而,他中学尚未毕业却只能遵从父命放弃学业而进入商界。残酷的社会现实与他的信仰发生了激烈的冲突,使他陷入对宗教信仰的怀疑之中,并开始从世界观的高度来清算自己的宗教信仰。他把这种思想上的转变称为"斗争"。他说:"原则上的斗争处于高潮,这是一场你死我活的斗争。"① 也正是这种斗争精神,使恩格斯不断实现自我超越,成为伟大的无产阶级革命领袖。

1844年8月28日,两个精神上高度契合的伟人终于在巴黎一间咖啡屋进行了历史性的会面。恩格斯后来说:我们在一切理论领域的完全一致是很明显的,我们共同的工作从此开始了。在此后40年短暂而漫长的岁月里,马克思和恩格斯并肩战斗,成为最忠实的朋友和最可靠的战友。

在与以黑格尔为代表的唯心主义哲学的斗争中,创立辩证唯物主义哲学。马克思、恩格斯都曾经十分推崇黑格尔哲学,经常参加青年黑格尔派的活动,力图从黑格尔深刻的哲学思想中汲取智慧,构建自己的理想王国。然而,残酷的社会现实与理想王国发生了猛烈的碰撞。马克思在《莱茵报》工作期间,围绕着书报检查制度、林木盗窃法、

---

① 《马克思恩格斯全集》第1卷,人民出版社1956年版,第521页。

摩塞尔地区农民状况等问题与反动政府发生了争论,"第一次遇到要对所谓物质利益发表意见的难事"。所谓对物质利益发表意见"难"的根本原因,在于马克思是以黑格尔的思想体系来认识世界、把握现实的。他以出版自由来批判书报检查制度,以国家和法来批判私人利益,以公平正义来揭露反动政府对农民的悲惨生活及其控诉置之不理。然而,获得胜利的不是出版自由、国家和法律、贫困的农民,而是书报检查制度和私人利益。《莱茵报》甚至被指责为教唆农民反对政府,其目的"并不是为了增进农民的幸福,而是企图煽起不满情绪削弱当局和臣民之间的联系"。理论与现实的矛盾使得马克思产生了苦恼,原来的哲学信仰发生动摇,推动他去重新研究黑格尔的法哲学。他于1843年写了《黑格尔法哲学批判》,1844年写了《〈黑格尔法哲学批判〉导言》。他在研究问题的过程中得出一个重要的结论:"法的关系正像国家的形式一样,既不能从它们本身来理解,也不能从所谓人类精神的一般发展来理解,相反,它们根源于物质的生活关系,这种物质的生活关系的总和,黑格尔按照18世纪的英国人和法国人的先例,概括为'市民社会',而对市民社会的解剖应该到政治经济学中去寻求。"① 马克思在这里所使用的"市民社会"概念,作为"物质的生活关系的总和",意指社会的经济基础。为了能够使这一新的世界观确立起来,马克思致力于政治经济学的研究,1844年在巴黎写出《1844年经济学哲学手稿》,1846年在布鲁塞尔和恩格斯合写了《德意志意识形态》,第一次全面系统地阐述了新世界观的基本理论。

在与费尔巴哈为代表的旧唯物主义哲学的斗争中,创立历史唯物主义哲学。马克思、恩格斯曾经深受费尔巴哈哲学的影响。恩格斯曾

---

① 《马克思恩格斯文集》第2卷,人民出版社2009年版,第591页。

形容：1841年费尔巴哈《基督教的本质》一书出版，"这部书的解放作用，只有亲身体验过的人才能想象得到。那时大家都很兴奋：我们一时都成为费尔巴哈派了。"① 然而，费尔巴哈的哲学却存在着诸多的缺陷。马克思、恩格斯在批判费尔巴哈历史唯心主义哲学的过程中，指出新哲学的任务就是要发现社会历史领域中的现实的联系，"发现那些作为支配规律在人类社会的历史上起作用的一般运动规律"，创立了历史唯物主义体系，使哲学第一次真正获得了科学的性质，实现了人类认识史上的伟大变革。

在参加和领导工人斗争运动的过程中，与各种非无产阶级思想进行斗争，积极进行理论研究和理论创新，为工人阶级政党提供了纲领性文献。19世纪40年代，资本主义在欧洲一些国家得到迅速发展，并在英、法等国家取得统治地位。随着资本主义的发展，无产阶级和资产阶级的矛盾日益尖锐，斗争日益激烈，各国爆发了一系列声势浩大的工人运动。在这些斗争中，无产阶级已经提出自己的阶级要求，并作为一支独立的政治力量登上历史舞台。但是，因为缺乏科学社会主义理论的指导，特别是缺乏一个以科学社会主义理论武装起来的革命政党的领导，这些斗争先后都失败了。面对这种情况，马克思、恩格斯积极参加工人运动，在总结工人运动革命经验的理论上，汲取自然科学和社会科学研究的最新成果，批判改造各种资产阶级学说，同当时流行的各种非科学的或反动的社会主义思潮进行了坚决斗争，积极进行理论研究和理论创新，以便为工人运动提供科学的世界观和方法论。1848年2月发表的《共产党宣言》，"是全部社会主义文献中传播最广和最具有国际性的著作"，也是世界各国无产阶级政党的第一部

---

① 《马克思恩格斯选集》第4卷，人民出版社2012年版，第228页。

"完备的理论和实践的党纲"。列宁强调，它"是每个觉悟工人必读的书籍"。

在与各种资产阶级思想斗争的过程中，深入研究资本主义的生产关系，创立了剩余价值学说，系统阐述了资本家剥削工人的实质。随着工人阶级作为独立的政治力量登上政治舞台，迫切需要用系统的革命理论来武装头脑，而当时流行的形形色色的"社会主义"理论只能把工人运动引向邪路。科学地剖析资本主义生产方式运动的客观规律的任务，迫切地提到了无产阶级先进分子的面前。马克思正是适应这种时代需要并花费一生的时间来研究和创作《资本论》。可以说，《资本论》是马克思用毕生精力撰写的划时代巨著。它把高度的革命性和严谨的科学性紧密结合起来，揭示了资本家剥削工人的秘密，进而揭示了资本主义必然灭亡，社会主义、共产主义必然胜利的规律。《资本论》被称为工人阶级的"圣经"，"是工人阶级政治经济学的科学表述"[①]。

在与各种非马克思主义思潮斗争的过程中，丰富和发展了马克思主义理论。巴黎公社失败后，人们在反思失败经验教训的过程中，逐步把马克思主义与工人运动相结合，欧洲各国相继创立了社会主义政党，工人运动重新发展壮大起来。而资产阶级则在纠集各种反动势力，在残酷镇压工人运动的同时，竭力散布改良主义思想，试图从无产阶级内部来瓦解国际工人运动，使机会主义成为一种国际思潮。对此，马克思、恩格斯进行了毫不妥协的斗争。他们与以巴枯宁为代表的无政府主义展开尖锐的斗争，全面阐述了马克思主义国家学说。与拉萨尔和拉萨尔主义展开针锋相对的斗争，阐述了无产阶级革命的理论。

---

① 《马克思恩格斯全集》第16卷，人民出版社1964年版，第411页。

在与杜林思想斗争的过程中,全面系统地阐述了马克思主义的哲学、政治经济学和科学社会主义及其内在联系,《反杜林论》一书因此被誉为"马克思主义的百科全书"。

(二)阶级斗争思想构成马克思主义的基本理论内容

马克思主义的诞生是时代精神的体现。马克思、恩格斯是在回答时代之问、人民之问的过程中构建了主题明确、说理透彻、逻辑严谨、体系恢宏、价值取向鲜明的科学理论体系。其中,斗争思想特别是阶级斗争思想,构成马克思主义的基本思想和基本观点。列宁说过:"某一社会中一些成员的意向同另一些成员的意向相抵触;社会生活充满着矛盾;我们在历史上看到各民族之间,各社会之间,以及各民族、各社会内部的斗争,还看到革命和反动、和平和战争、停滞和迅速发展或衰落等不同时期的更迭——这些都是人所共知的事实。马克思主义提供了一条指导性的线索,使我们能在这种看来扑朔迷离、一团混乱的状态中发现规律性。这条线索就是阶级斗争的理论。"①

"阶级"和"阶级斗争"概念并不是马克思发明的。在马克思主义创立之前,一些资产阶级思想家就已经明确提出阶级和阶级斗争的问题。但是他们的共同局限性在于:一是没有科学地揭示阶级的起源和本质;二是只承认资本主义反对封建贵族的斗争的合理性,而否认甚至反对无产阶级反对资本主义的斗争;三是把资本主义制度理想化,把阶级区分永恒化。针对资产阶级思想家理论上的局限性,马克思在1852年3月5日《致约·魏德迈》的信中说:"我所加上的新内容就是证明了下列几点:(1)阶级的存在仅仅同生产发展的一定历史阶段

---

① 《列宁选集》第 2 卷,人民出版社 2012 年版,第 426 页。

相联系；（2）阶级斗争必然导致无产阶级专政；（3）这个专政不过是达到消灭一切阶级和进入无阶级社会的过渡……"①。这三点是相互联系不可分割的，科学地揭示了阶级和阶级斗争同生产力发展之间、阶级斗争同无产阶级专政之间、无产阶级专政同消灭阶级之间的内在联系，从总体上系统阐明了阶级和阶级斗争的产生、发展和消灭的客观规律性，从而划清了马克思主义阶级斗争理论同资产阶级的阶级斗争理论的界限，同时划清了马克思主义同机会主义的界限。

马克思、恩格斯明确提出，无产阶级只有在自觉的阶级斗争中才能实现自己的历史使命。马克思在分析德国无产阶级的形成过程时就指出，德国无产阶级是随着刚刚着手为自己开辟道路的工业的发展而形成起来的；而且随着社会的急剧解体，特别是由于中间阶级的破产和分化，逐渐充实无产阶级的队伍。这明确说明了近代无产阶级和资本主义工业的必然联系，看到了无产阶级是唯一不断成长壮大的阶级。无产阶级的历史地位，决定着无产阶级的重要任务就是消灭私有财产。马克思指出：无产阶级"不要求享有任何一种特殊权利"，无产阶级"若不从其他一切社会领域解放出来并同时解放其他一切社会领域，就不能解放自己的领域"②。马克思已经明确意识到，无产阶级和全体被剥削、被压迫人民的利益是一致的。无产阶级如果不使整个社会同时摆脱阶级剥削和阶级压迫，使社会全体成员从剥削和压迫中解放出来，就不可能争得自身的彻底解放。在以往的阶级社会中，任何一个阶级的解放，往往意味着带来新的剥削和压迫，而无产阶级的解放内在地包含着全人类的解放。

---

① 《马克思恩格斯选集》第4卷，人民出版社2012年版，第426页。
② 《马克思恩格斯全集》第1卷，人民出版社1956年版，第466页。

马克思还指出，无产阶级要取得革命斗争的伟大胜利，必须用哲学武装头脑。马克思有一句名言："哲学把无产阶级当做自己的物质武器，同样地，无产阶级也把哲学当做自己的精神武器。"[①] 批判的武器不能代替武器的批判，物质的力量只能用物质力量来摧毁。无产阶级一旦掌握马克思主义哲学，就会爆发出巨大的革命力量。马克思、恩格斯在《德意志形态》一文中再次强调无产阶级进行思想上自我革命、自我改造的重要性。他们指出："无论为了使这种共产主义意识普遍地产生还是为了达到目的本身，都必须使人们普遍地发生变化，这种变化只有在实际运动中，在革命中才有可能实现；因此革命之所以必需，不仅是因为没有任何其他的办法能推翻统治阶级，而且还因为推翻统治阶级的那个阶级，只有在革命中才能抛掉自己身上的一切陈旧的肮脏东西，才能建立社会的新基础。"[②]

马克思、恩格斯强调文化斗争的作用。无产阶级的革命斗争，不仅要推翻旧的经济制度，同传统的所有制进行最彻底的决裂，而且要推翻旧的思想文化，同传统的思想文化观念实行最彻底的决裂。然而，推翻旧的思想文化的途径不是简单的精神批判，而是物质的斗争。他们说："意识的一切形式和产物不是可以通过精神的批判来消灭的，不是可以通过把它们消融在'自我意识'中或化为'幽灵'、'怪影'、'怪想'等等来消灭的，而只有通过实际地推翻这一切唯心主义谬论所由产生的现实的社会关系，才能把它们消灭；历史的动力以及宗教、哲学和任何其他理论的动力是革命，而不是批判。"[③] 无产阶级文化的建设，只能根据无产阶级革命实践的需要，并

---

① 《马克思恩格斯全集》第1卷，人民出版社1956年版，第467页。
② 《马克思恩格斯全集》第3卷，人民出版社1960年版，第78页。
③ 《马克思恩格斯文集》第1卷，人民出版社2009年版，第544页。

汲取人类发展史上一切优秀文化成果，通过文化斗争而创造出来。恩格斯关于如何对待黑格尔哲学有一段很著名的论述："简单地宣布一种哲学是错误的，还制服不了这种哲学。像对民族的精神发展有过如此巨大影响的黑格尔哲学这样的伟大创作，是不能用干脆置之不理的办法来消除的。必须从它的本来意义上'扬弃'它，就是说，要批判地消灭它的形式，但是要救出通过这个形式获得的新内容。"① 马克思、恩格斯正是坚持"扬弃"的原则，通过批判、汲取、发展的方式，才使自己所创立的科学社会主义理论成为迄今为止最先进的理论。从某种意识上说，"扬弃"也是一种斗争形式，甚至可以说是思想文化领域最重要的斗争形式。

马克思坚决反对那种把自己的学说奉为绝对真理，以预言家的姿态推断未来的教条主义态度。他明确宣布："我不主张我们竖起任何教条主义的旗帜"，"新思潮的优点就恰恰在于我们不想教条式地预料未来，而只是希望在批判旧世界中发现新世界"②。马克思尖锐地批判了青年黑格尔派把理论批判与政治斗争对立起来，并把它置于群众之上的做法。马克思指出："什么也阻碍不了我们把我们的批判和政治的批判结合起来，和这些人的明确的政治立场结合起来，因而也就是把我们的批判和实际斗争结合起来，并把批判和实际斗争看做同一件事情。在这种情况下，我们就不是以空论家的姿态，手中拿了一套现成的新原理向世界喝道：真理在这里，向它跪拜吧！我们是从世界本身的原理中为世界阐发新原理。我们并不向世界说：'停止斗争吧，你的全部斗争都是无谓之举'，而是给它一个真正的斗争口号。"③

---

① 《马克思恩格斯选集》第 4 卷，人民出版社 2012 年版，第 229 页。
② 《马克思恩格斯全集》第 1 卷，人民出版社 1956 年版，第 416 页。
③ 《马克思恩格斯全集》第 1 卷，人民出版社 1956 年版，第 417—418 页。

引 言

（三）坚持斗争精神是马克思主义的重要精神标识

马克思、恩格斯在《德意志意识形态》中说："实际上，而且对实践的唯物主义者即共产主义者来说，全部问题都在于使现存世界革命化，实际地反对并改变现存的事物。"① 坚持斗争精神是马克思主义固有的理论品格，是马克思主义的精神标识，是马克思主义生命力的源头。

首先，斗争精神源自马克思主义的理论品格。马克思曾说："辩证法在对现存事物的肯定的理解中同时包含对现存事物的否定的理解，即对现存事物的必然灭亡的理解；辩证法对每一种既成的形式都是从不断的运动中，因而也是从它的暂时性方面去理解；辩证法不崇拜任何东西，按其本质来说，它是批判的和革命的。"② 辩证法推翻一切关于最终的绝对真理和一切人类绝对状态的想法。在它看来，"真理是在认识过程本身中，在科学的长期的历史发展中，而科学从认识的较低阶段向越来越高的阶段上升，但是永远不能通过所谓绝对真理的发现而达到这样一点，在这一点上它再也不能前进一步，除了袖手一旁惊愕地望着这个已经获得的绝对真理，就再也无事可做了"。同样道理，它认为"一切依次更替的历史状态都只是人类社会由低级到高级的无穷发展进程中的暂时阶段"③。总之，辩证法不崇拜任何东西，不迷信任何事物，始终坚持以批判和革命的观点来对待现存的一切事物。

马克思主义作为一个完整的理论体系，包括哲学、政治经济学和科学社会主义三大组成部分。马克思主义的诞生，立足于哲学的伟大

---

① 《马克思恩格斯文集》第1卷，人民出版社2009年版，第527页。
② 《马克思恩格斯文集》第5卷，人民出版社2009年版，第22页。
③ 《马克思恩格斯文集》第4卷，人民出版社2009年版，第270页。

变革。马克思主义的创始人批判地改造了德国古典哲学，把辩证法和唯物论结合起来，把辩证唯物主义引入社会历史领域，创立历史唯物主义学说。历史唯物主义科学解决了社会存在与社会意识的关系问题，从人们的物质生产活动出发，全面分析了人类社会发展的基本特点，系统阐述了人类社会基本矛盾的运动过程，精辟概括了人类社会发展的基本规律。马克思创始人又以历史唯物主义的世界观和方法论为指导，从历史和现实中最简单的商品和商品交换出发，研究商品背后所隐藏的人与人、阶级与阶级之间的关系，全面分析了资本主义社会商品生产的目的和实质，系统阐述了资本家剥削工人的秘密和剩余价值的来源，深刻揭露了资本主义剥削的本质，说明资产阶级不仅锻造了置自身于死地的武器，而且产生了将要运用这种武器的人，即现代无产阶级。在此基础上，马克思主义创始人考察了无产阶级的发展过程，阐述了无产阶级的历史使命，说明社会主义社会取代资本主义社会的必然性，预言"代替那存在着阶级和阶级对立的资产阶级旧社会的，将是这样一个联合体，在那里，每个人的自由发展是一切人的自由发展的条件"[①]。这个社会就是共产党人所追求的共产主义社会。恩格斯指出："正是马克思最先发现了重大的历史运动规律。根据这个规律，一切历史上的斗争，无论是在政治、宗教、哲学的领域中进行的，还是在其他意识形态领域中进行的，实际上只是或多或少明显地表现了各社会阶级的斗争，而这些阶级的存在以及它们之间的冲突，又为它们的经济状况的发展程度、它们的生产的性质和方式以及由生产所决定的交换的性质和方式所制约。这个规律对于历史，同能量转化定律对于自然科学具有同样的意义。这个规律在这里也是马克思用以理解

---

① 《马克思恩格斯文集》第2卷，人民出版社2009年版，第53页。

法兰西第二共和国历史的钥匙。"①

其次,斗争精神源自马克思主义的无产阶级立场。为无产阶级和广大人民群众谋利益,还是为少数人或小集团谋利益,是无产阶级政党与其他一切政党的根本区别。因为,任何一个政党都是以特定阶级为基础,代表和体现着特定阶级的利益。无产阶级政党是以无产阶级为其阶级基础的,其根本特征和唯一宗旨就是为无产阶级和广大人民群众谋利益。

马克思、恩格斯指出,代表最广大人民群众的利益是无产阶级政党的根本特征。以往的一切剥削阶级及其政党,都是把无产阶级和广大人民群众当作榨取物质财富的机器,当作改朝换代的工具。与此相反,无产阶级政党则把自己当作是为无产阶级和广大人民群众求解放、谋利益的工具;无产阶级政党除了无产阶级和广大人民群众的利益之外,没有任何自己的特殊利益。正如《共产党宣言》所说的:"过去的一切运动都是少数人的,或者为少数人谋利益的运动。无产阶级的运动是绝大多数人的,为绝大多数人谋利益的独立的运动。"共产党"没有任何同整个无产阶级的利益不同的利益","他们不提出任何特殊的原则,用以塑造无产阶级的运动"。但是,共产党与其他工人政党又有着本质的区别,"一方面,在无产者不同的民族的斗争中,共产党人强调和坚持整个无产阶级共同的不分民族的利益;另一方面,在无产阶级和资产阶级的斗争所经历的各个发展阶段上,共产党人始终代表整个运动的利益。"② 这就是说,与以往人类社会所发生的一切社会运动相比较,无产阶级所进行的社会运动的最大特色在于是为绝大多数人

---

① 《马克思恩格斯文集》第 2 卷,人民出版社 2009 年版,第 469 页。
② 《马克思恩格斯文集》第 2 卷,人民出版社 2009 年版,第 44 页。

谋利益的，那么，无产阶级必须使整个社会永远摆脱剥削和压迫，实现全人类的解放，才能最终解放无产阶级自己。因此，无产阶级及其政党不仅反对资产阶级的压迫和剥削，主张用生产资料的社会占有代替生产资料的资本家私人占有，用社会主义制度代替资本主义制度，而且要求消灭一切阶级和压迫，最终实现人类最美好的共产主义社会。无产阶级政党代表广大人民群众根本利益的最高表现，是带领无产阶级和广大人民群众推翻资本主义社会，确立无产阶级和广大人民群众在国家政治经济生活中的主体地位，发挥其主人翁作用。这是共产党人能够从根本上代表最广大人民群众的意志和利益的理论根据。

最后，斗争精神源自马克思主义的理想追求。马克思主义经典作家历来强调，无产阶级及其政党必须确立崇高的理想信念信仰。恩格斯在《未来的意大利革命和社会党》一文中曾指出：无产阶级在整个革命的过程中，一时一刻也不忘记自己的伟大目标，"这种永远不忽视伟大目标的策略，能够防止社会党人产生失望情绪，而这种情绪却是其他缺少远大目光的政党……无法避免的"[①]。列宁在《第二国际的破产》一文中也明确提出，"社会主义是一种庄严的信念……国际的破产就是大多数正式社会民主党令人触目惊心地背叛了自己的信念"[②]。

回顾历史，多少志士仁人都提出过各种消灭剥削压迫、消灭阶级、实现世界大同的人类理想，但都由于缺乏科学性而沦于失败，由于脱离社会现实而成为空想。只有马克思、恩格斯科学地揭示了人类社会的发展规律，说明社会主义代替资本主义的必然性，指出共产主义社会是人类最美好的社会，实现共产主义是人类最远大的理想。共产主

---

① 《马克思恩格斯文集》第4卷，人民出版社2009年版，第470页。
② 《列宁选集》第2卷，人民出版社2012年版，第454页。

义的远大理想是建立在对人类社会发展规律深刻认知的基础上。没有对人类社会发展规律的深刻认知，就没有对马克思主义的坚定信念或信仰，就没有坚定的共产主义远大理想，就没有为实现共产主义的自觉奋斗，也就不会有共产主义事业的胜利。假如对马克思主义的信仰发生动摇，共产主义远大理想发生动摇，那么共产主义事业必然会迷失方向，共产主义运动必然会遭受曲折。因此，马克思主义信念和共产主义远大理想，是共产主义运动的灵魂。

二、坚持发扬斗争精神是中国共产党百年奋斗的基本经验

十月革命一声炮响，给我们送来了马克思列宁主义，也送来了马克思主义的斗争精神和斗争学说。1919年，李大钊在《新青年》第6卷第5号、6号上发表了首次比较全面地介绍马克思主义理论体系的文章《我的马克思主义观》，文章指出，马克思主义理论的三大组成部分"都有不可分的关系，而阶级竞争说恰如一条金线，把这三大原理从根本上联络起来"①。中国共产党人在领导中国革命、建设和改革的过程中，不仅在实践中坚持发扬斗争精神，而且在理论上不断探索和创新并概括出完整的理论体系。

（一）坚持发扬斗争精神取得新民主主义革命的伟大胜利

毛泽东的一生是光辉的一生，也是进行坚持斗争的一生。少年毛泽东就喜欢读《三国演义》《水浒传》《西游记》等小说，培养了初步的斗争意识。他在湖南第一师范学院读书时，就在日记中写下"与天

---

① 《李大钊文集》（下），人民出版社1984年版，第50页。

奋斗，其乐无穷！与地奋斗，其乐无穷！与人奋斗，其乐无穷！"的名句。

毛泽东走上革命道路之后，把马克思主义基本理论与中国革命实际相结合，形成了内容丰富的坚持发扬斗争精神的思想观点。在大革命时期，毛泽东在《中国社会各阶级的分析》中明确提出"革命斗争"。毛泽东说："谁是我们的敌人？谁是我们的朋友？这个问题是革命的首要问题。中国过去一切革命斗争成效甚少，其基本原因就是因为不能团结真正的朋友，以攻击真正的敌人。"① 怎样进行斗争？毛泽东说："革命不是请客吃饭，不是做文章，不是绘画绣花，不能那样雅致，那样从容不迫，文质彬彬，那样温良恭俭让。革命是暴动，是一个阶级推翻一个阶级的暴烈的行动。"② 很显然，这里讲的"革命"就是斗争。毛泽东对斗争的这种理解，规定其后来研究斗争问题的思维模式，构建斗争思想的理论范式，从事斗争实践的行动方式。

在土地革命时期，毛泽东更加强调斗争，初步构建起武装斗争理论体系。1928 年，当毛泽东率领秋收起义的队伍上井冈山之后，写给中共中央的报告标题就是《井冈山的斗争》。报告全面分析了湘赣边界的军事问题、土地问题、政权问题、党的组织问题、革命性质等问题，提出武装斗争和土地革命的主张。在 1929 年 12 月底召开的古田会议上，毛泽东主张要对红四军内各种非无产阶级思想进行斗争，他列举了单纯军事观点、极端民主化、非组织观点、绝对平均主义、主观主义、个人主义、流寇主义、盲动主义残余等各种错误表现，分析其产生的原因，提出纠正的方法。1930 年 5 月，毛泽东写出《反

---

① 《毛泽东选集》第 1 卷，人民出版社 1991 年版，第 3 页。
② 《毛泽东选集》第 1 卷，人民出版社 1991 年版，第 17 页。

对本本主义》一文,强调"没有调查,没有发言权";提出"我们说马克思主义是对的,决不是因为马克思这个人是什么'先哲',而是因为他的理论,在我们的实践中,在我们的斗争中,证明了是对的。我们的斗争需要马克思主义","马克思主义的'本本'是要学习的,但是必须同我国的实际情况相结合","中国革命斗争的胜利要靠中国同志了解中国情况";①号召全党与脱离实际的本本主义和不注重调查研究的坏作风进行斗争。1934年1月27日,毛泽东撰写《关心群众生活,注意工作方法》一文,强调要与地方苏维埃政权中的官僚主义和脱离群众的作风进行斗争,提出"真正的铜墙铁壁是什么?是群众,是千百万真心实意地拥护革命的群众。这是真正的铜墙铁壁,什么力量也打不破的,完全打不破的。反革命打不破我们,我们却要打破反革命"②。

延安时期是毛泽东思想的成熟时期,也是毛泽东斗争思想成熟的时期。1937年5月,面对日益激化的中日矛盾,毛泽东发出了"为民主和自由而斗争"和"为争取千百万群众进入抗日民族统一战线而斗争"的时代呐喊。同年8月,毛泽东撰写了《矛盾论》,认为矛盾的斗争贯串于始终,并使一过程向着他过程转化,矛盾的斗争无所不在,所以说矛盾的斗争性是无条件的、绝对的。有条件的相对的同一性和无条件的绝对的斗争性相结合,构成了一切事物的矛盾运动。毛泽东对矛盾问题的研究,为中国共产党人的斗争理论奠定了哲学基础。

随着抗日战争的全面展开,毛泽东先后撰写了《论持久战》《中国共产党在民族战争中的地位》《统一战线中的独立自主问题》《〈共产

---

① 《毛泽东选集》第1卷,人民出版社1991年版,第111—112页,115页。
② 《毛泽东选集》第1卷,人民出版社1991年版,第139页。

党人〉发刊词》《中国革命和中国共产党》《新民主主义论》等一系列重要文章,提出全党同志要注意斗争策略,强调"无产阶级要取得胜利,就完全要靠他的政党——共产党的斗争策略的正确和坚决";建立广泛的统一战线,是无产阶级政党开展斗争的一条基本原则,"要胜利就要搞好统一战线,就要使我们的人多一些,就要孤立敌人"。他全面系统地分析了中国革命的对象、任务、动力、性质、前途和中国共产党人历史使命,指出:"统一战线,武装斗争,党的建设,是中国共产党在中国革命中战胜敌人的三个法宝,三个主要的法宝。"① 他强调:"中国革命是包括资产阶级民主主义性质的革命(新民主主义的革命)和无产阶级社会主义性质的革命、现在阶段的革命和将来阶段的革命这样两重任务的。而这两重革命任务的领导,都是担负在中国无产阶级的政党——中国共产党的双肩之上,离开了中国共产党的领导,任何革命都不能成功。"②

如何加强中国共产党的自身建设,一直是毛泽东等老一辈无产阶级革命家思考的问题。毛泽东先后发表了《改造我们的学习》《整顿党的作风》《反对党八股》《在延安文艺座谈会上的讲话》《为人民服务》等一系列重要文章。毛泽东说:"我们是共产党,我们要领导人民打倒敌人,我们的队伍就要整齐,我们的步调就要一致,兵要精,武器要好。"③ 这就要求我们必须开展积极的思想斗争,反对主观主义以整顿学风,反对宗派主义以整顿党风,反对党八股以整顿文风。针对一些人"在组织上入了党,思想上并没有完全入党"的问题,毛泽东提出"需要展开一个无产阶级对非无产阶级的思想斗争",并且要求大家

---

① 《毛泽东选集》第 2 卷,人民出版社 1991 年版,第 606 页。
② 《毛泽东选集》第 2 卷,人民出版社 1991 年版,第 651 页。
③ 《毛泽东选集》第 3 卷,人民出版社 1991 年版,第 811 页。

"积极起来参加这个斗争"。毛泽东专门强调,团结和斗争是一个问题的两个方面,只有团结而无斗争,或者只有斗争而无团结,都是错误的政策。

随着解放战争的胜利进军,毛泽东更加强调全党要保持高昂的斗争精神。他说:"什么叫工作,工作就是斗争。那些地方有困难、有问题,需要我们去解决。我们是为着解决困难去工作、去斗争的。越是困难的地方越是要去,这才是好同志。"[①] 毛泽东在为新华社写的1949年新年献词《将革命进行到底》中指出,敌人是不会自行消灭的。无论是中国的反动派,或是美国帝国主义在中国的侵略势力,都不会自行退出历史舞台。因此,我们要用革命的方法,坚持彻底干净全部地消灭一切反动势力,在全国范围内建立无产阶级领导的以工农联盟为基础为主体的人民民主专政的共和国。"几千年以来的封建压迫,一百年以来的帝国主义压迫,将在我们的奋斗中彻底地推翻掉。"[②] 在党的七届二中全会上,毛泽东语重心长地告诫全党,因为胜利,党内的骄傲情绪,以功臣自居的情绪,停顿起来不求进步的情绪,贪图享乐不愿再过艰苦生活的情绪,可能生长。因为胜利,人民感谢我们,资产阶级也会出来捧场。敌人的武力是不能征服我们的,这点已经得到证明了。资产阶级的捧场则可能征服我们队伍中的意志薄弱者。我们必须预防这种情况。夺取全国胜利,这只是万里长征走完了第一步。如果这一步也值得骄傲,那是比较渺小的。"务必使同志们继续地保持谦虚、谨慎、不骄、不躁的作风,务必使同志们继续地保持艰苦奋斗的作风。"[③] 在《丢掉幻想,准备斗争》一文中,毛泽东总结了近代以来

---

① 《毛泽东选集》第4卷,人民出版社1991年版,第1161页。
② 《毛泽东选集》第4卷,人民出版社1991年版,第1379—1380页。
③ 《毛泽东选集》第4卷,人民出版社1991年版,第1438—1439页。

中国人民与各种反动势力的斗争史,得出结论说:"斗争,失败,再斗争,再失败,再斗争,直至胜利——这就是人民的逻辑"。①

新中国成立后,毛泽东斗争思想的内容是很丰富的,其最具特色的是提出用"百花齐放、百家争鸣"方针来解决思想领域和文艺领域里的矛盾和斗争。这个方针既是促进艺术发展和科学进步的方针,又是发展巩固马克思主义的方针。毛泽东指出:"历史上新的正确的东西,在开始的时候常常得不到多数人承认,只能在斗争中曲折地发展"②;"马克思主义也是在斗争中发展起来的"③。因此,对于科学上、艺术上的是非问题,应当提倡自由讨论,保持慎重的态度。如果利用行政力量,强制推行一种风格,一种学派,禁止另一种风格,另一种学派,会有害于艺术和科学的发展。他认为,在社会主义国家,由于还有非马克思主义和反马克思主义思想的存在,所以马克思主义仍然必须在斗争中发展。不但过去是这样,现在是这样,将来也必然还是这样。因此,毛泽东认为,思想斗争不能采取粗暴的强制的方法,只能用细致的讲理的方法,只能在"百花齐放、百家争鸣"中,通过讨论、批评、说理等方法,才能真正发展正确的意见,克服错误的思想。所以,实行"百花齐放、百家争鸣",并不会削弱反而会加强马克思主义在思想界的领导地位。毫无疑问,毛泽东提出的"百花齐放、百家争鸣"的方针,今天依然是我们在新形势下处理思想领域和文艺领域里各种矛盾的根本方针。

(二)坚持发扬斗争精神开创改革开放的新时期

党的十一届三中全会以后,中国共产党面临的客观环境和历史条

---

① 《毛泽东选集》第4卷,人民出版社1991年版,第1487页。
② 《毛泽东文集》第7卷,人民出版社1999年版,第229页。
③ 《毛泽东文集》第7卷,人民出版社1999年版,第230页。

件发生了根本性的变化,特别是"文化大革命"造成了党的思想、组织、作风严重不纯。以邓小平同志为代表的中国共产党人洞察世界风云,科学分析时代特征,敏锐把握时代发展的脉搏,深刻总结社会主义建设过程中出现正反两方面的经验教训,围绕着在社会主义建设、党的建设的过程中,怎样坚持发扬斗争精神问题进行思考,提出了一系列新观点、新论断、新举措,成为邓小平理论的重要组成部分。

与"两个凡是"的思想枷锁作斗争,完整地准确地理解毛泽东思想。是否高举毛泽东思想的伟大旗帜,关系到党和国家的前途命运;怎样高举毛泽东思想的伟大旗帜,同样关系到党和国家的前途命运。1977年2月7日,《人民日报》《解放军报》《红旗》发表了《学好文件抓住纲》的社论,提出"凡是毛主席作出的决策,我们都必须维护,凡是毛主席的指示,我们要始终不渝地遵循"的"两个凡是"错误方针,表面上维护毛泽东,而实际上是维护毛泽东晚年的错误,特别是维护"文化大革命"的错误。如果肯定"两个凡是",我们就只能"走老路",继续搞"文化大革命";如果否定"两个凡是",就否定了毛泽东思想、否定了社会主义,否定了中国共产党,我们只能走西方资本主义道路。因此,必须从根本上纠正"两个凡是"的错误。1977年4月10日,尚未恢复工作的邓小平以政治家的胆识和大无畏的革命精神,给党的负责人和中共中央写信提出:"我们必须世世代代地用准确的完整的毛泽东思想来指导我们全党、全军和全国人民,把党和社会主义的事业,把国际共产主义运动的事业,胜利地推向前进。"① 同年5月,他又旗帜鲜明地指出:"'两个凡是'不符合马克思主义";并强调:"这是个重要的理论问题,是个是否坚持历史唯物主义的问题。

---

① 《邓小平年谱(1975—1997)》(上),中央文献出版社2004年版,第157页。

彻底的唯物主义者，应该像毛泽东同志说的那样对待这个问题。"① 邓小平的这些讲话，对于推动党的十届三中全会揭批林彪、"四人帮"集团和拨乱反正起到了积极的作用。

与思想僵化的"怪现象"作斗争，支持真理标准问题大讨论，强调解放思想、实事求是、团结一致向前看。1978 年 12 月 13 日，邓小平在中共中央工作会议闭幕会上的讲话中提出："解放思想是当前的一个重大政治问题。"因为，在我们的干部特别是领导干部中间，解放思想的问题并没有完全解决，不少同志的思想还很不解放，脑筋还没有开动起来，也可以说还处在僵化或半僵化的状态。他分析了形成这种状况的原因，列举了由于思想僵化而导致的许多"怪现象"，并得出结论说："一个党，一个国家，一个民族，如果一切从本本出发，思想僵化，迷信盛行，那它就不能前进，它的生机就停止了，就要亡党亡国。……从这个意义上说，关于真理标准问题的争论，的确是个思想路线问题，是个政治问题，是个关系到党和国家的前途和命运的问题。"② 正是在解放思想、实事求是的旗帜下，我们与传统僵化的社会主义观念作斗争，提出科学的社会主义本质论；与超越社会发展阶段的历史唯心主义作斗争，提出社会主义初级阶段理论；与封闭僵化的思想观念作斗争，开创了改革开放的新时期；与各种错误思潮和行为作斗争，提出坚持四项基本原则是实现社会主义现代化的前提，是"立国之本"；与封建主义和资产阶级思想作斗争，要求健全和完善社会主义制度。习近平总书记在纪念邓小平诞辰 110 周年座谈会上的讲话中指出："邓小平同志以一生的实践证明，他是一位高瞻远瞩的思想

---

① 《邓小平文选》第 2 卷，人民出版社 1994 年版，第 38—39 页。
② 《邓小平文选》第 2 卷，人民出版社 1994 年版，第 143 页。

家、政治家、战略家,也是一位求实、务实、踏实的实干家。"①

与僵化守旧的势力作斗争,倡导善于学习、敢于创新的斗争精神。创新是马克思主义的理论品格,是马克思主义的灵魂,是马克思主义的生命力之源泉。1978年12月,邓小平在《解放思想,实事求是,团结一致向前看》的讲话中指出:"在党内和人民群众中,肯动脑筋、肯想问题的人愈多,对我们的事业就愈有利。干革命、搞建设,都要有一批勇于思考、勇于探索、勇于创新的闯将。"② 1984年2月,邓小平视察正在建设中的上海宝山钢铁总厂时题词:掌握新技术,要善于学习,更要善于创新。1992年春在南方谈话中,邓小平又指出:"改革开放胆子要大一些,敢于试验,不能像小脚女人一样。看准了的,就大胆地试,大胆地闯。深圳的重要经验就是敢闯。没有一点闯的精神,没有一点'冒'的精神,没有一股气呀、劲呀,就走不出一条好路,走不出一条新路,就干不出新的事业。"③ 积极创新、鼓励创新、勇于创新、全面创新,成为推进社会主义改革开放事业的重要理念。

(三)坚持发扬斗争精神把中国特色社会主义推进新世纪

世纪之交,中国共产党既面临着严峻的挑战和机遇,又承担着前所未有的历史重任。新中国成立后,中国共产党从领导人民为夺取全国政权而奋斗的党,成为领导人民掌握全国政权并长期执政的党;从受到外部封锁和实行计划经济条件下领导国家建设的党,成为对外开放和发展社会主义市场经济条件下领导国家建设的党。在这种全新的社会条件下,"建设什么样的党,怎样建设党""实现什么样的发展,

---

① 《习近平谈治国理政》第2卷,外文出版社2017年版,第6页。
② 《邓小平文选》第2卷,人民出版社1994年版,第143页。
③ 《邓小平文选》第3卷,人民出版社1993年版,第372页。

怎样发展"作为重大的理论和实践问题，摆在中国共产党人的面前。能否解决好这些重大理论和实践问题，直接关系到党和国家的前途命运，关系到中国特色社会主义的未来。以江泽民同志、胡锦涛同志为代表的中国共产党人，十分关注坚持发扬斗争精神问题。党的十八大报告明确提出：发展中国特色社会主义是一项长期而艰巨的历史任务，必须准备进行具有许多新的历史特点的伟大斗争。这是中国共产党人站在中国特色社会主义新时代作出的一个重大判断。

与党内各种不良思想和行为作斗争，提出党的先进性和纯洁性问题。先进性和纯洁性是马克思主义政党的本质属性，是马克思主义政党的生命所系、力量所在。中国共产党作为马克思主义政党，在领导中国革命、建设和改革的各个历史时期，在保持党的先进性的同时，特别强调把保持党的纯洁性作为党的建设的根本问题和重要目标。胡锦涛在十七届中央纪委七次全会上强调：实践证明，我们党作为马克思主义执政党，只有不断保持纯洁性，才能提高在群众中的威信，才能赢得人民信赖和拥护，才能不断巩固执政基础，才能实现党和国家兴旺发达、长治久安。全党都要从党和人民事业发展的高度，从应对新形势下党面临的风险和挑战出发，充分认识保持党的纯洁性的极端重要性和紧迫性，不断增强党的意识、政治意识、危机意识、责任意识，切实做好保持党的纯洁性各项工作。党的纯洁性，体现在党的思想、政治、组织和作风各个方面。保持思想上的纯洁性，是保证党的正确政治方向和党的团结统一的思想基础。保持政治上的纯洁，是在全党形成又有集中又有民主、又有纪律又有自由、又有统一意志又有心情舒畅的生动活泼政治局面的政治前提。保持组织上的纯洁性，是全党步调一致和增强党的创造力、凝聚力、战斗力的组织保证。保持作风上的纯洁性，是保持党同人民群众血肉联系和不断从人民群众实践中吸取经验、智慧和力量的固本之道。

与传统的发展观作斗争，提出科学发展观。经过改革开放事业的深入发展，我们取得了前所未有的成就，也面临着前所未有的问题。成就前所未有，意味着我国综合国力与经济实力显著增强，标志着我国已经由缺乏财力难以解决长期积压问题的阶段，进入具备较为雄厚的财力能够逐步解决长期积压问题的阶段。发展问题前所未有，意味着按照传统发展模式走下去，资源难以支撑，环境难以容纳，社会难以承受，发展难以持续，这就迫使我们必须转变发展观念，创新发展模式，破解发展难题，提高发展质量和效益。因此，以胡锦涛同志为代表的中国共产党人，顺应国内外形势发展变化，抓住重要战略机遇期，发扬求真务实、开拓进取精神，创新性地提出科学发展观。科学发展观是马克思主义关于发展的世界观和方法论的集中体现，是我国经济社会发展的重要指导思想，是必须长期坚持和贯彻的重大战略思想。

与各种不和谐因素作斗争，提出构建"和谐社会"的重要理念。随着改革开放的深入发展，国际环境复杂多变，综合国力竞争日趋激烈，影响和平与发展的不稳定不确定因素增多，我们仍将长期面对发达国家在经济科技等方面占优势的压力。同时，我国已进入改革发展的关键时期，经济体制深刻变革，社会结构深刻变动，利益格局深刻调整，思想观念深刻变化。这种空前的社会变革，给我国的发展进步带来巨大活力，也必然带来这样那样的矛盾和问题。因此，2006年10月，党的十六届六中全会召开，通过了《中共中央关于构建社会主义和谐社会若干重大问题的决定》，认为社会和谐是中国特色社会主义的本质属性，是国家富强、民族振兴、人民幸福的重要保证。在此基础上，提出"建设富强民主文明和谐的社会主义现代化国家"，把社会主义现代化的内涵由"三位一体"扩展到"四位一体",与经济建设、政治建设、文化建设、社会建设相对应,反映了中国共产党人对社会主义现代化建设目标的认识在不断深化。

与忽视环境安全的观念作斗争,提出"建设生态文明"的重要理念。改革开放以来,我国大力发展社会生产力,综合国力得到极大提升,人民生活水平有了较大改善。同时,人们在享受充裕的物质生活时,也引发了大量的生态环境问题。因此,20世纪80年代初,中国共产党就把保护环境作为经济社会发展的一项基本国策。党的十六大提出,推动整个社会走上生产发展、生活富裕、生态良好的文明发展道路。党的十六届三中全会确立科学发展观,成为中国特色社会主义理论体系最新成果,是指导党和国家全部工作的强大思想武器。党的十六届四中全会完整地提出构建社会主义和谐社会的理念,将人与自然和谐相处作为社会主义和谐社会的基本特征之一,全面促进人与自然和谐共处、协调发展。党的十六届五中全会首次把建设资源节约型和环境友好型社会确立为国民经济与社会发展中长期规划的一项战略任务,要求采取有利于资源节约、环境保护的生产方式、生活方式和消费方式,建立人与环境、人与自然良性互动的关系。党的十七大报告第一次明确提出建设生态文明的思想。党的十七届四中全会强调生态文明建设与经济建设、政治建设、文化建设和社会建设同为实现全面建设小康社会奋斗目标的战略任务,并要求全面部署,整体推进。党的十七届五中全会从国际形势的新变化和国内经济社会发展的新要求出发,强调加快资源节约型和环境友好型社会建设、提高生态文明水平,积极应对全球气候变化,大力发展循环经济,加强资源节约和管理,加大环境保护力度,加强生态保护和防灾减灾体系建设,增强可持续发展能力。这一切不仅为社会主义生态文明建设提供重要理论指导,也标志着生态文明建设治国方略的正式确立和理论形态的初步形成。

与霸权主义和强权政治作斗争,提出"和谐世界"的重要理念。以胡锦涛同志为代表的中国共产党人,根据新世纪新阶段国际国内形势发展的新特点,继承、丰富和发展了前人的理论,明确提出构建"和谐世界"的思想。这个思想是从构建社会主义和谐社会的基础上发展而来,是和谐社会的思想从国内政治向国际政治的延伸,是国内经济和社会发展的新变化在外交政策上的必然反映。主要包括三方面的内容:一是坚持多边主义,实现共同安全;二是坚持互利合作,实现共同繁荣;三是坚持包容精神,共建和谐世界。党的十七大报告从基本原则、政治、经济、文化、安全、环保等方面进一步进行了阐述。由此可见,"和谐世界"思想是建立在对国际形势深刻分析和认识的基础之上的,是中国外交政策适应外部环境新变化而作出的必然调整。

三、坚持发扬斗争精神建设伟大社会主义现代化强国

党的十八大以来,习近平总书记在很多场合强调坚持发扬斗争精神,提高斗争本领。党的十九大报告指出:"实现伟大梦想,必须进行伟大斗争。""全党要充分认识这场伟大斗争的长期性、复杂性、艰巨性,发扬斗争精神,提高斗争本领,不断夺取伟大斗争新胜利。"[1] 党的二十大报告再次强调:"依靠顽强斗争打开事业发展新天地。"[2] 这

---

[1] 习近平:《决胜全面建成小康社会 夺取新时代中国特色社会主义伟大胜利——在中国共产党第十九次全国代表大会上的报告》,人民出版社2017年版,第15、16页。

[2] 习近平:《高举中国特色社会主义伟大旗帜 为全面建设社会主义现代化国家而团结奋斗——在中国共产党第二十次全国代表大会上的报告》,人民出版社2022年版,第27页。

是以习近平同志为核心的党中央向全党发出的伟大号召,要坚持发扬顽强斗争精神,团结带领全国各族人民全面建成社会主义现代化强国、实现第二个百年奋斗目标,以中国式现代化全面推进中华民族伟大复兴。

(一)坚持发扬斗争精神是习近平新时代中国特色社会主义思想重要内容

2017年7月26日,习近平总书记在省部级主要领导干部专题研讨班开班式上发表重要讲话时,第一次提出"四个伟大"的新概括,即"我们要进行伟大斗争、建设伟大工程、推进伟大事业、实现伟大梦想"[①],并把伟大斗争列在"四个伟大"的首位。把伟大斗争作为治国理政的基本手段,且居于先导性地位,是以习近平同志为代表的中国共产党人从中国特色社会主义新时代的实际出发作出的一项重大决策和理论贡献。

首先,中国共产党人所面临的复杂国际国内环境,要求必须进行伟大斗争。当前,国际形势波谲云诡,改革发展稳定的任务艰巨繁重,我们必须不断强化问题意识、坚持问题导向,积极面对前进中遇到的问题和挑战,善于把认识和解决问题作为打开局面的突破口,做到未雨绸缪、有备无患,牢牢把握主动权。习近平总书记指出:"我们必须积极主动、未雨绸缪、见微知著、防微杜渐,下好先手棋,打好主动仗,做好应对任何形式的矛盾风险挑战的准备,做好经济上、政治上、文化上、社会上、外交上、军事上各种斗争的准备,层层负责、人人

---

① 《习近平谈治国理政》第2卷,外文出版社2017年版,第62页。

担当。"①

其次，完成中国共产党所肩负的历史使命，要求必须进行伟大斗争。习近平总书记强调，各种敌对势力绝不会让我们顺顺利利实现中华民族伟大复兴，这就是为什么我们要郑重提醒全党必须准备进行具有许多新的历史特点的伟大斗争的一个原因。面对新形势新挑战，要发扬斗争精神，既要敢于斗争，又要善于斗争，在事关中国特色社会主义前途命运的大是大非问题上坚定不移，在改革发展稳定工作中敢于碰硬，在全面从严治党上敢于动硬，在维护国家核心利益上敢于针锋相对，不在困难面前低头，不在挑战面前退缩，不拿原则做交易，不在任何压力下吞下损害中华民族根本利益的苦果。②

最后，中国共产党人领导社会主义现代化建设所面临的各种问题和矛盾，要求必须进行伟大斗争。各级党政干部必须做到"五个更加自觉"："全党要更加自觉地坚持党的领导和我国社会主义制度，坚决反对一切削弱、歪曲、否定党的领导和我国社会主义制度的言行；更加自觉地维护人民利益，坚决反对一切损害人民利益、脱离群众的行为；更加自觉地投身改革创新时代潮流，坚决破除一切顽瘴痼疾；更加自觉地维护我国主权、安全、发展利益，坚决反对一切分裂祖国、破坏民族团结和社会和谐稳定的行为；更加自觉地防范各种风险，坚决战胜一切在政治、经济、文化、社会等领域和自然界出现的困难和挑战。全党要充分认识这场伟大斗争的长期性、复杂性、艰巨性，发扬斗争精神，提高斗争本领，不断夺取伟大斗争新胜利。"③ 因此，我

---

① 《习近平谈治国理政》第 2 卷，外文出版社 2017 年版，222—223 页。
② 《习近平谈治国理政》第 2 卷，外文出版社 2017 年版，第 190 页。
③ 习近平：《决胜全面建成小康社会 夺取新时代中国特色社会主义伟大胜利——在中国共产党第十九次全国代表大会上的报告》，人民出版社 2017 年版，第 15—16 页。

们要通过伟大斗争为伟大梦想开辟道路，为伟大工程扫清障碍，为伟大事业化解风险。

党的十九大报告再次强调："行百里者半九十。中华民族伟大复兴，绝不是轻轻松松、敲锣打鼓就能实现的。全党必须准备付出更为艰巨、更为艰苦的努力。"实现伟大梦想，必须进行伟大斗争；实现伟大梦想，必须建设伟大工程；实现伟大梦想，必须推进伟大事业。"伟大斗争，伟大工程，伟大事业，伟大梦想，紧密联系、相互贯通、相互作用，其中起决定性作用的是党的建设新的伟大工程。推进伟大工程，要结合伟大斗争、伟大事业、伟大梦想的实践来进行，确保党在世界形势深刻变化的历史进程中始终走在时代前列，在应对国内外各种风险和考验的历史进程中始终成为全国人民的主心骨，在坚持和发展中国特色社会主义的历史进程中始终成为坚强领导核心。"[①]

2019年1月21日，省部级主要领导干部坚持底线思维着力防范化解重大风险专题研讨班在中央党校（国家行政学院）开班。会议提出，要深刻认识和准确把握外部环境的深刻变化和我国改革发展稳定面临的新情况新问题新挑战，坚持底线思维，增强忧患意识，提高防控能力，着力防范化解重大风险，保持经济持续健康发展和社会大局稳定，为决胜全面建成小康社会、夺取新时代中国特色社会主义伟大胜利、实现中华民族伟大复兴的中国梦提供坚强保障。习近平总书记在讲话中就防范和化解政治、意识形态、经济、科技、社会、外部环境、党的建设等领域重大风险作出深刻分析，提出明确要求。他强调，防范化解重大风险，需要有充沛顽强的斗争精神。领导干部要敢于担当、

---

① 习近平：《决胜全面建成小康社会　夺取新时代中国特色社会主义伟大胜利——在中国共产党第十九次全国代表大会上的报告》，人民出版社2017年版，第17页。

敢于斗争，保持斗争精神、增强斗争本领，年轻干部要到重大斗争中去真刀真枪干。各级领导班子和领导干部要加强斗争历练，增强斗争本领，永葆斗争精神，以"踏平坎坷成大道，斗罢艰险又出发"的顽强意志，应对好每一场重大风险挑战，切实把改革发展稳定各项工作做实做好。

2021年7月，习近平总书记在庆祝中国共产党成立100周年大会上的讲话中指出："敢于斗争、敢于胜利，是中国共产党不可战胜的强大精神力量。"① 同年，在《中共中央关于党的百年奋斗重大成就和历史经验的决议》中，总结和提炼出十条历史经验，其中第八条是"坚持敢于斗争"。由此可见，坚持发扬斗争精神，作为中国共产党的红色基因，深深扎根于当代中国共产党人执政理念之中，成为当代中国共产党人攻坚克难、砥砺前行的精神动力，也成为习近平新时代中国特色社会主义思想的重要内容。

（二）坚持发扬斗争精神思想的系统阐述

党的十八大以来，以习近平同志为代表的中国共产党人系统地阐述了坚持发扬斗争精神的思想，构建起系统、完整的理论体系，为广大党政干部在中国特色社会主义新时代坚持发扬斗争精神提供了理论依据和行动指南。

坚持发扬斗争精神，是胜利实现我们党确定的目标任务的根本要求。马克思主义产生和发展、社会主义国家诞生和发展的历程充满着斗争的艰辛。建立中国共产党、成立中华人民共和国、实行改革开放、

---

① 习近平：《在庆祝中国共产党成立100周年大会上的讲话》，人民出版社2021年版，第17页。

推进新时代中国特色社会主义事业，都是在斗争中诞生、在斗争中发展、在斗争中壮大的。当今世界百年未有之大变局正加速演进，我们党领导的伟大斗争、伟大工程、伟大事业、伟大梦想正在如火如荼地进行，改革发展稳定任务艰巨繁重，我们既面临着难得的历史机遇，也面临着一系列重大风险考验。我们必须充分认识到，中华民族伟大复兴，绝不是轻轻松松、敲锣打鼓就能实现的，实现伟大梦想必须进行伟大斗争。在前进道路上我们面临的风险考验只会越来越复杂，甚至会遇到难以想象的惊涛骇浪。我们面临的各种斗争不是短期的而是长期的，至少要伴随我们建成社会主义现代化强国、实现第二个百年奋斗目标全过程。因此，我们必须坚定斗争意志，敢于斗争，善于斗争，更要能够赢得斗争的胜利。

坚持发扬斗争精神，必须明确斗争精神的主体。2013年6月28日，习近平总书记在全国组织工作会议上指出，进行具有许多新的历史特点的伟大斗争，关键在党，关键在人。毫无疑问，中国共产党作为执政党是发扬斗争精神、增强斗争本领的主体。办好中国的事情，关键在党。中国共产党是中国特色社会主义事业的领导核心。中国共产党领导是中国特色社会主义最本质的特征，是中国特色社会主义制度的最大优势。中国共产党是靠着敢于斗争、不懈斗争、善于斗争而取得革命、建设和改革的伟大胜利的。在中国特色社会主义新时代，中国共产党能不能坚持发扬斗争精神，不仅决定着中国共产党的执政水平，也决定着中国特色社会主义事业的发展，决定着中华民族的兴衰。同时，我们还要清醒地认识到，各级党政干部也是坚持发扬斗争精神的主体。因为，党和国家的路线方针政策最终是通过每一位党政干部的辛勤工作得到贯彻执行的。如果每一位党政干部都保持着旺盛的斗争精神，敢于研究新情况，勇于解决新问题，积极履行职责，开展创造性的工作,党和国家的事业必然会兴旺发达;反之亦然。各级党政干部斗争精神强,斗争本领高,我们就能干成大事,成就伟业;各级党政干部丧失斗争精神,没有斗争本领,遇事推诿拖延,我们就可能只能干小事,甚至干错事。因此,习近平总书记要求,社会是在矛盾运动中前进的,有矛盾就会有斗争。领导干部无论在哪个岗位、担任什么职务,都要勇于担当、攻坚克难,既当指挥员又当战斗员,培养和保持顽强的斗争精神、坚韧的斗争意志、高超的斗争本领。全党同志特别是各级领导干部,都要有斗争本领不够的危机感,都要努力提高斗争本领,克服斗争本领不足、斗争本领恐慌、斗争本领落后的问题,做到守土有责、守土尽责,召之即来、来之能战、战之必胜。

坚持发扬斗争精神,必须坚持正确的斗争方向。共产党人的斗争是有方向、有立场、有原则的,大方向就是坚持中国共产党领导和中国特色社会主义不动摇。实践证明,中国共产党是中国人民谋求民族独立、人民解放和国家富强、人民幸福的斗争的主心骨,是中国特色社会主义事业的领导核心;中国特色社会主义是科学社会主义理论逻辑和中国社会发展历史逻辑的辩证统一,是根植于中国大地、反映中国人民意愿、适应中国和时代发展进步要求的科学社会主义,是全面建成小康社会、加快推进社会主义现代化、实现中华民族伟大复兴的必由之路。因此,凡是危害中国共产党领导和我国社会主义制度的各种风险挑战,凡是危害我国主权、安全、发展利益的各种风险挑战,凡是危害我国核心利益和重大原则的各种风险挑战,凡是危害我国人民根本利益的各种风险挑战,凡是危害我国实现第二个百年奋斗目标、实现中华民族伟大复兴的各种风险挑战,只要来了,我们就必须进行坚决斗争,而且必须取得斗争胜利。我们的头脑要特别清醒、立场要特别坚定,牢牢把握正确斗争方向,做到在各种重大斗争考验面前

"不畏浮云遮望眼""乱云飞渡仍从容"。

坚持发扬斗争精神，必须坚持以人民为中心的立场，以让人民过上美好生活为奋斗目标。以人民为中心的发展思想，是我们党在新的历史条件下从历史观和价值观相统一的高度回答了发展为了谁、发展依靠谁和发展成果由谁享有这样一个核心问题。习近平总书记说："要坚持人民主体地位，顺应人民群众对美好生活的向往，不断实现好、维护好、发展好广大人民群众的根本利益，做到发展为了人民、发展依靠人民、发展成果由人民共享。"[①] 人民群众是改革的实践主体，是改革的价值主体，是改革的评价主体。习近平总书记在十八届中共中央政治局第二十六次集体学习时强调，凡是有利于党和人民事业的，就坚决干、加油干、一刻不停歇地干；凡是不利于党和人民事业的，就坚决改、彻底改、一刻不耽误地改。从根本上说，无产阶级政党所进行的一切活动，都是为广大人民谋利益；这恰恰体现了中国共产党人的最高价值追求和历史使命。

坚持发扬斗争精神，必须具有强烈的问题意识，广视野、多领域地去解决我们面临的问题。习近平总书记指出，我们共产党人的斗争，从来都是奔着矛盾问题、风险挑战去的。当前和今后一个时期，我国发展进入各种风险挑战不断积累甚至集中显露的时期，面临的重大斗争不会少，经济、政治、文化、社会、生态文明建设以及国防和军队建设、港澳台工作、外交工作、党的建设等方面都有，而且越来越复杂。领导干部要有草摇叶响知鹿过、松风一起知虎来、一叶易色而知天下秋的见微知著能力，对潜在的风险有科学预判，知道风险在哪里，表现形式是什么，发展趋势会怎样，该斗争的就要斗争。在斗争中取

---

① 《习近平谈治国理政》第2卷，外文出版社2017年版，第214页。

得经验,在斗争中认识规律,在斗争中增强本领,在斗争中赢得中国特色社会主义的全面胜利。①

坚持发扬斗争本领,必须讲究斗争艺术。斗争是一门艺术,要善于斗争。中国共产党人在领导革命、建设和改革过程中,积累了丰富斗争经验,形成了大量的斗争艺术。在中国特色社会主义新时代的各种重大斗争中,我们要坚持增强忧患意识和保持战略定力相统一、坚持战略判断和战术决断相统一、坚持斗争过程和斗争实效相统一。要注重策略方法,讲求斗争艺术。要抓主要矛盾、抓矛盾的主要方面,坚持有理有利有节,合理选择斗争方式、把握斗争火候,在原则问题上寸步不让,在策略问题上灵活机动。要根据形势需要,把握时、度、效,及时调整斗争策略。要团结一切可以团结的力量,调动一切积极因素,在斗争中争取团结,在斗争中谋求合作,在斗争中争取共赢。

(三)坚持发扬斗争精神要经受思想淬炼、政治历练、实践锻炼

习近平总书记在 2019 年秋季中央党校(国家行政学院)中青年干部培训班开班式上的讲话中指出:斗争精神、斗争本领,不是与生俱来的。领导干部要经受严格的思想淬炼、政治历练、实践锻炼,在复杂严峻的斗争中经风雨、见世面、壮筋骨,真正锻造成为烈火真金。领导干部要主动投身到各种斗争中去,在大是大非面前敢于亮剑,在矛盾冲突面前敢于迎难而上,在危机困难面前敢于挺身而出,在歪风邪气面前敢于坚决斗争。②

---

① 参见《发扬斗争精神增强斗争本领 为实现"两个一百年"奋斗目标而顽强奋斗》,《人民日报》2019 年 9 月 4 日。
② 参见《发扬斗争精神增强斗争本领 为实现"两个一百年"奋斗目标而顽强奋斗》,《人民日报》2019 年 9 月 4 日。

坚持发扬斗争精神要经受严格的思想淬炼。思想淬炼的本质是学习理论，而理论是行动的先导；只有用科学理论武装头脑，培植我们的精神家园，才能保证政治上的清醒和思想上的明白。习近平总书记指出："我们要进行伟大斗争、建设伟大工程、推进伟大事业、实现伟大梦想，仍然需要保持和发扬马克思主义政党与时俱进的理论品格，勇于推进实践基础上的理论创新。"① 党的二十大报告指出："马克思主义是我们立党立国、兴党兴国的根本指导思想。实践告诉我们，中国共产党为什么能，中国特色社会主义为什么好，归根到底是马克思主义行，是中国化时代化的马克思主义行。拥有马克思主义科学理论指导是我们学坚定信仰信念、把握历史主动的根本所在。"② 我们正处在迈上全面建设社会主义现代化国家新征程、向第二个百年奋斗目标进军的关键时刻。面对新任务新挑战，必须加强对马克思主义基本原理和方法的学习。当然，学习马克思主义基本原理，必须同中国具体实际相结合，要学会运用马克思主义的世界观和方法论解决中国的问题，不断回答中国之问、世界之问、人民之问、时代之问，作出符合中国实际和时代要求的正确回答。在当前，要做到经受思想的严格淬炼，"首先要把握好新时代中国特色社会主义思想的世界观和方法论，坚持好、运用好贯穿其中的立场观点方法"③，坚持人民至上、自信自立、守正创新、问题导向、系统观念、胸怀天下等基本观点，在复杂的国内外形势变化中，把握规律、利用机遇、创造条件，推进中国特色社会主义现代化建设伟大事业发展行稳致远。

---

① 《习近平谈治国理政》第 2 卷，外文出版社 2017 年版，第 62 页。
② 习近平：《高举中国特色社会主义伟大旗帜　为全面建设社会主义现代化国家而团结奋斗——在中国共产党第二十次全国代表大会上的报告》，人民出版社 2022 年版，第 16 页。
③ 习近平：《高举中国特色社会主义伟大旗帜　为全面建设社会主义现代化国家而团结奋斗——在中国共产党第二十次全国代表大会上的报告》，人民出版社 2022 年版，第 18—19 页。

引 言

坚持发扬斗争精神要经受严格的政治历练。政治历练的本质是加强党性修养，坚定理想信念信仰。中国共产党的党性是在其长期领导革命建设改革事业的过程中形成的，是党的政治主张和政治活动的最高、最集中的表现，是党的性质、宗旨、目标等各方面要素的综合反映，是衡量中国共产党区别于其他政党的显著标志，集中体现为党的理想信念信仰。加强党性修养，就要牢固树立坚定的共产主义理想信念。坚定理想信念，坚守共产党人精神追求，始终是共产党人安身立命的根本。对马克思主义的信仰，对社会主义和共产主义的信念，是共产党人的政治灵魂，是共产党人经受住任何考验的精神支柱。当然，共产主义信念的建立不是自发的，是建立在对人类社会复杂规律的深刻揭示和总体把握基础上的。共产主义的实现如同世界上其他事物发展一样，也不是一帆风顺、一蹴而就的。因此，各级党政干部必须发扬斗争精神，坚定马克思主义信仰和中国特色社会主义信念，自觉提升政治判断力、政治领悟力、政治执行力，牢固树立政治理想，正确把握政治方向，严守政治纪律，加强政治历练，积累政治经验，自觉将讲政治贯穿于党性锻炼的全过程。真正做到，在重大政治原则和大是大非问题上，能够自觉把准政治方向，始终站稳脚跟，把握好政治方向之"舵"，做到政治上同向、思想上同心、步调上同频、行动上同力。正如习近平总书记所要求的那样，"在思想政治上讲政治立场、政治方向、政治原则、政治道路，在行动实践上讲维护党中央权威、执行党的政治路线、严格遵守党的政治纪律和政治规矩"[①]。

坚持发扬斗争精神要经受严格的实践锻炼。实践锻炼的本质是增

[①] 《以时不我待只争朝夕的精神投入工作　开创新时代中国特色社会主义事业新局面》，《人民日报》2018年1月6日。

强斗争本领，成为敢于斗争、善于斗争的战士。习近平总书记指出，斗争精神、斗争本领，不是与生俱来的，必须通过不断学习和实践锻炼才能够培养和造就。因此，各级党政干部要通过严格的实践锻炼，学会认识规律和把握规律，增强按照客观规律办事的本领。要确立狠抓落实意识，增强驾驭复杂局面、处理复杂问题的本领。特别要关注中国社会主义现代化建设的重点领域，增强抓住和解决主要矛盾的本领。习近平总书记指出："在抓落实的问题上，我们必须根据经济社会发展中的主要矛盾和矛盾的主要方面，分清轻重缓急，突出工作重点，抓住关键环节，明确主攻方向。"① 总之，我们踏上建设社会主义现代化国家的新征程，面临着发展关键期、改革攻坚期、矛盾凸显期的"三期叠加"，如何解决这个过程中所出现的许多可以预料和更多难以预料的矛盾，各级党政领导干部必须坚持发扬斗争精神，保持敢啃硬骨头、敢闯难关的劲头，增强攻坚克难、勠力前行的本领，真正成为政治更加过硬、本领更加高强、为中国特色社会主义事业而英勇奋斗的战士。

---

① 习近平：《之江新语》，浙江人民出版社2007年版，第88页。

第一章
把握斗争内涵　坚持发扬自觉斗争精神

中国共产党是在斗争中成长起来的政党，在长期的斗争过程中，坚持发扬自觉斗争精神，不断增强斗争本领，依靠斗争走向未来。党的二十大报告指出，"全面建设社会主义现代化国家，是一项伟大而艰巨的事业，前途光明，任重道远"①，前进道路上，必须牢牢把握坚持发扬斗争精神的原则。中华民族伟大复兴的实现是在与一个个"挡路虎"与"绊脚石"的斗争中不断取得胜利而完成的。党政干部作为实现中华民族伟大复兴的骨干力量，必须深刻把握斗争内涵，在干事创业的时代洪流中坚持发扬自觉斗争精神。

一、正确把握斗争内涵是发扬自觉斗争精神的前提

斗争，是指斗争主体为了特定目标而借助于某种手段或通过某种方式与客体之间所开展的自觉性活动。社会生活中总是充满着各种各样的矛盾，有矛盾就会有斗争。各级党政干部特别是领导干部只有充分把握斗争内涵，才能有效开展斗争活动，实现斗争目标。

---

① 习近平：《高举中国特色社会主义伟大旗帜　为全面建设社会主义现代化国家而团结奋斗——在中国共产党第二十次全国代表大会上的报告》，人民出版社2022年版，第26页。

（一）斗争概念内涵的多维度理解

对于斗争概念内涵的理解，不同的学科、不同的话语体系、不同的认知层面，会有不同的理解。而人们对斗争概念内涵的不同理解，往往决定着人们不同的斗争实践方式，进而决定着斗争实践的社会效果。因此，必须对斗争概念的内涵进行理论的厘清。

1. 斗争的内涵

斗争，是人们的一种生活观念、生活态度和文化精神，是人们对整个世界的理解及处理矛盾的一种策略与对策。从传统意义上讲，斗争是不同主体之间的对抗性行为，其目的是一方压倒另一方而取得胜利为结果的行动。从军事角度讲，斗争是一个军事集团与其他军事集团之间所开展的在军事及其他领域的对抗性活动。从社会学角度讲，斗争是个人与个人、个人与组织、组织与组织之间因为利益而发生的冲突活动，斗争的结果往往呈现出一方向另一方的服从、妥协、屈服甚至消亡等形式。从心理学角度讲，斗争是一个人在生理上、心理上及社会适应上进行自我范畴的调整，它是个体内部的自我调整与恢复活动。这种活动往往以个体的世界观、人生观、价值观为基础，从而决定了其心理走向。从政治学角度讲，斗争是一个利益集团与另一个利益集团围绕着特定利益而展开的一系列的政治活动。

从哲学的角度讲，斗争是矛盾的一种属性，是主体与客观或主体的主观因素与客观因素之间的对抗性的行为。唯物辩证法认为，事物内部矛盾是推动事物运动发展的动力，而事物矛盾是由矛盾的主要特性即斗争性所决定的，事物的运动发展实际上根源于斗争或者说发展就是诸对立物斗争的结果。正如马克思所说："因为辩证法在对现存事物的肯定的理解中同时包含对现存事物的否定的理解,即对现存事物的必然灭亡的理解;辩证法对每一种既成的形式都是从不断的运动中,因而也是从它的暂时性方面去理解;辩证法不崇拜任何东西,按其本质来说,它是批判的和革命的。"①

斗争的主体可以是个人,也可以是组织。从斗争主体的觉悟程度来看,有自觉斗争、盲目斗争。从斗争的形式来看,既有直接的对抗行为、间接的对抗行为,也有妥协屈服等示弱性行为,更有消亡与毁灭等行为。从斗争的程度来看,既有激烈的斗争,也有较温和的斗争。从斗争的性质来看,有正义的斗争与非正义的斗争:维护国家利益和人民利益、推动社会发展进步的斗争,就是正义的斗争;损害国家利益和人民利益、阻碍社会发展进步的斗争,则是非正义的斗争。从斗争的范围来看,既有国内的斗争,也有国与国之间的斗争。从斗争的方式来看,既有隐蔽的斗争,也有公开的斗争。从斗争的对抗性来看,既有对抗性的敌我斗争,也有非对抗性的人民内部斗争。从斗争的具体方式来看,既有军事斗争、经济斗争、文化斗争、社会斗争、文明斗争、外交斗争等,也有执法与违法、扫毒与吸毒、扫黄与贩黄、批假与造假、禁赌与聚赌、走私与反走私等。从斗争的主体意识层面看,存在着勇敢与怯懦、勤劳与懒惰、热情与颓废、廉洁与贪欲、自私自利与克己奉公等方面的斗争。

当今之世,国家与国家之间在经济、政治、文化、外交、军事等方面的斗争从未停止过。当今中国,在推进中国特色社会主义事业的历史征程上,斗争也时刻存在着。干事创业的党政干部与懒惰懈怠的党政干部之间的斗争,个体内部的积极向上成分与消极落后成分之间

---

① 《马克思恩格斯选集》第2卷,人民出版社2012年版,第94页。

的斗争都无时无刻不存在着。无数的历史教训提醒我们：越是和平时期，我们越要保持头脑的清醒，时刻警惕来自外部和内部敌对势力给我们的事业造成的危害，并与之进行坚决的斗争。

当然，因斗争不力或盲目斗争而带来的负面影响也是存在的。近年来，占卜算卦、求神拜佛，虚假气功等反科学、伪科学的东西开始泛滥，家族宗亲、江湖义气、拉帮结派等封建思想抬头，唯利是图、损人利己、拜金主义、享乐主义等资产阶级人生观、价值观的蔓延，一些社会丑恶现象、违法违纪行为等屡禁不止，都与斗争不力、放弃斗争或盲目斗争有关。因而，党政干部要坚持发扬自觉斗争精神，不但是实现中华民族伟大复兴的需要，也是促进个人事业发展、实现人生价值的内在需要。

2. 斗争的特征

在以中国式现代化全面推进中华民族伟大复兴的第二个百年奋斗目标实现的过程中，中国共产党人所讲的斗争有其自身的独特性。党政干部只有把握好斗争的特征，才能更好地有效开展各项斗争工作。

斗争的必然性。矛盾无时不有、无时不在，斗争亦无时不有、无时不在。矛盾的斗争性是无条件的、绝对的、必然的。只有认识到斗争的必然性，头脑中绷紧斗争的弦，才能在斗争未发生的时候眼睛亮、见事早、行动快；在斗争到来的时候不畏惧、不发软、不退缩。以此，才会时刻保持斗争姿态，积极向上，奋发有为，以"踏平坎坷成大道，斗罢艰险又出发"的顽强意志，做好斗争准备。

斗争的客观性。斗争不以人们的主观意志而生灭，也不以人们的好恶而增减。在政治、经济、文化、社会、生态、安全与发展、涉外、党的建设、主观世界的改造等各个领域都存在斗争；同样，正义与邪恶、进步与落后、统一与分裂、遏制与反遏制、腐败与反腐败之间的矛盾是客观存在的、无法调和的，唯一的办法是与之进行坚决的斗争。

斗争的方向性。任何斗争都是有方向的。斗争的方向就是要维护、巩固、加强斗争主体的统治地位，强化斗争主体的影响，实现斗争主体的斗争意图。斗争的方向性要求斗争要有科学的指导思想，这样斗争起来才能不犯方向性错误、不犯颠覆性错误，才不会迷失方向，不会半途而废，不会无的放矢。中国共产党人所讲的斗争方向就是坚持中国共产党领导和中国特色社会主义制度不动摇，团结带领全国各族人民坚持以中国式现代化全面推进中华民族伟大复兴。

斗争的敏锐性。进行斗争还必须确立敏锐的观察力，练就草摇叶响知鹿过、松风一起知虎来、一叶易色而知天下秋的见微知著能力，对潜在的风险有科学预判，知道风险在哪里，表现形式是什么，发展趋势会怎样，该斗争的就要坚持斗争。既要有防范风险的先手，也要有应对和化解风险挑战的高招；既要打好防范和抵御风险的有准备之战，也要打好化险为夷、转危为机的战略主动战。

斗争的战略性。斗争的形式多种多样、五花八门，而要取得斗争的胜利，必须注重斗争的战略谋划与前瞻预判，站在全局、战略的高度审视斗争全局，做到有理有利有节，时刻掌握斗争的主动权。

斗争的实践性。斗争必须付诸实践活动，在斗争中学习斗争，在斗争实践中锤炼斗争精神。必须坚持在困难大、矛盾多的地方，练胆魄、磨意志、长才干。多当几回热锅上的蚂蚁，越是吃不下饭、睡不着觉、嘴上长泡的时候，可能越是壮筋骨、长才干、增本领的时候。

斗争的长期性。斗争既有短期的，又有长期的，但总体是长期的。斗争是一个长期的历史的过程，斗争双方在斗争过程中形成了此消彼长的斗争态势。实现中华民族伟大复兴征程中的斗争更是长期的艰辛的历史过程，必须深刻认识斗争的长期性，坚持发扬自觉斗争精神，做好敢于斗争、善于斗争、长期斗争的准备。

斗争的艺术性。恩格斯指出，"马克思的整个世界观不是教义，而是方法。它提供的不是现成的教条，而是进一步研究的出发点和供这种研究使用的方法。"① 斗争不是争强好胜、争勇斗狠，更不是盲目冲动、毫无根据、无的放矢，而是要掌握斗争的艺术，在斗争过程中，因时、因地、因人、因势而异，灵活善变、掌握主动。其最高境界是斗而不破，并通过斗争迫使对手回到谈判桌前，寻找最优的解决办法，实现符合自身的利益需求。

（二）敢于自觉斗争是中国共产党人的红色基因

中华文明的发展史，是中华民族推动社会向前发展的斗争史。可以毫不夸张地说，斗争谱写了中华民族的精神图谱，勇于斗争、善于斗争成为中华民族的遗传基因。在古代，钻木取火、大禹治水、愚公移山、精卫填海、夸父逐日、后羿射日等故事至今仍是激励中华民族斗争的内在动力。也正因为这种斗争精神，中华民族虽多次遭受磨难仍屹立至今。自强不息、不畏艰险、勇于斗争的精神深深地熔铸在中华民族的血脉之中。

《周易·乾卦》就以"天行健，君子以自强不息"为起语；面对变法改革的阻力，商鞅喊出了"治国不一道，便国不法古"的壮语。面对秦末水深火热的生活和残暴无情的统治，陈胜高呼"王侯将相宁有种乎？"揭竿而起，反抗暴政；为实现政治革新、安定天下、富民强国的政治抱负，王安石发出了"天变不足畏，祖宗不足法，人言不足

---

① 《马克思恩格斯选集》第4卷，人民出版社2012年版，第664页。

恤"的豪言；为反抗外族侵略，岳飞用"壮志饥餐胡虏肉，笑谈渴饮匈奴血"展示出斗争的魄力。正是有了斗争精神，我们才能够治乱安邦，建立起大一统的多民族国家；正是富有斗争本领，我们才能历经苦难，推动中华文明绵延不断。

中国共产党人通过自觉斗争，带领中华民族经历了站起来、富起来并向强起来迈进的历史进程，无数优秀的中华儿女用血肉筑起了新的长城，抒写了可歌可泣的斗争史诗。无论是在革命战争时期，还是在和平建设时期，有没有斗争精神，敢不敢坚持发扬自觉斗争精神，往往决定着事业的兴衰成败。国民党在大革命时期有着"打倒列强、除军阀"的坚定的斗争意志和革命信念，但内部的争权夺利和腐化堕落，导致其斗争意志丧失，甚至出现分化瓦解、未战先逃，最后失去政权。中国共产党人在南昌起义失败后，部队南下遭受重大损失，部队不足千人，面临革命火种随时可能熄灭的危局，朱德喊出"中国也会有个1917年！"的斗争呼声，用坚定的斗争意志和革命信念，将这支革命火种保存下来。在东欧剧变、苏联解体、国际共产主义运动遭遇重大挫折的关键时刻，邓小平说："我坚信，世界上赞成马克思主义的人会多起来的，因为马克思主义是科学。"[①] 这句名言极大地鼓舞了广大共产党人的斗志，"走自己的道路，建设中国特色社会主义"成为时代最强音。历史实践告诉我们，只有发扬斗争精神，具备坚定的斗争意志，我们才能在困难面前不畏惧，在诱惑面前不动心，在干扰面前不迷惑，在胜利面前不骄傲。由此可见，保持斗争意识，坚持发扬自觉斗争精神，是中国共产党人的红色基因，也是共产党人"不忘初心、牢记使命"的内在含义。

---

① 《邓小平文选》第3卷，人民出版社1993年版，第382页。

正确把握斗争内涵，坚持发扬自觉斗争精神，是坚定不移坚持和发展中国特色社会主义的内在需要。回顾中华民族的昨天，立足中华民族的今天，展望中华民族的明天，党政干部要充分认识到，中国特色社会主义伟大事业来之不易，是党和亿万中国人民经历了无数的浴血斗争，靠长期坚持不懈的努力奋斗得来的。因此，党政干部必须"在事关中国特色社会主义前途命运的大是大非问题上坚定不移"①。发扬自觉斗争精神，就是要高举中国特色社会主义伟大旗帜，沿着中国特色社会主义道路走下去，而绝不走封闭僵化的老路，也不走改旗易帜的邪路，夺取中国特色社会主义事业更大的胜利。习近平总书记指出，"我们正在推进具有许多新的历史特点的伟大斗争、党的建设新的伟大工程、中国特色社会主义伟大事业，时刻面对各种风险考验和重大挑战"②，"我国发展进入战略机遇和风险挑战并存、不确定难预料因素增多的时期，各种'黑天鹅'、'灰犀牛'事件随时可能发生"③。我们要充分认识到，中国特色社会主义是前无古人的伟大事业，任重道远，坚持和发展中国特色社会主义绝不是轻轻松松的事情，需要顺应时代大势，进行艰苦卓绝的斗争，尤其需要与那些刻意破坏国家主权、国家安全、民族团结和社会和谐稳定的行为，与那些攻击、削弱、歪曲、丑化、否定、别有用心企图颠覆中国特色社会主义的行为进行严厉的斗争，绝不能态度暧昧、动摇基本政治立场、被错误言论所左右。否则，就会自掘坟墓，自讨苦吃，自食恶果。

正确把握斗争内涵，坚持发扬自觉斗争精神，是以中国式现代化

---

① 《习近平谈治国理政》第 2 卷，外文出版社 2017 年版，第 190 页。
② 《习近平谈治国理政》第 2 卷，外文出版社 2017 年版，第 381 页。
③ 习近平：《高举中国特色社会主义伟大旗帜　为全面建设社会主义现代化国家而团结奋斗——在中国共产党第二十次全国代表大会上的报告》，人民出版社 2022 年版，第 26 页。

全面推进中华民族伟大复兴历史任务的现实需要。国家前途、民族命运、人民幸福、人类进步，是当代中国共产党人必须担当起的责任，这需要中国共产党人具有鲜明的主体自觉意识，对中国的战略目标和头等大事保持清晰的认识。要"永远把人民对美好生活的向往作为奋斗目标，以永不懈怠的精神状态和一往无前的奋斗姿态，继续朝着实现中华民族伟大复兴的宏伟目标奋勇前进"①。党政干部必须清醒认识到，"我们还有许多'雪山'、'草地'需要跨越，还有许多'娄山关'、'腊子口'需要征服"②。党的二十大报告指出，"今天我们所面临问题的复杂程度、解决问题的艰巨程度明显加大，给理论创新提出了全新要求。我们要增强问题意识，聚集实践遇到的新问题、改革发展稳定存在的深层次问题、人民群众急难愁盼问题、国际变局中的重大问题、党的建设面临的突出问题，不断提出真正解决问题的新理念新思路新办法。"③在实现第二个百年奋斗目标的历史征程中，在实现中华民族伟大复兴的历史进程中，我们还面临着无比艰巨繁重的改革发展稳定任务，以及体制性矛盾和结构性障碍、利益固化藩篱、严峻复杂反腐败斗争形势等突出矛盾和问题，更需要党政干部以百折不挠的斗争精神来克难攻坚，宁死不屈的革命精神来闯关夺隘，坚韧不拔的钉钉子精神来化解风险。党政干部必须牢记"团结带领全国各族人民全面建成社会主义现代化强国、实现第二个百年奋斗目标，以中国式现代化全面推进中华民族伟大复兴"④这个中心任务，发扬逢山开

---

① 习近平：《决胜全面建成小康社会　夺取新时代中国特色社会主义伟大胜利——在中国共产党第十九次全国代表大会上的报告》，人民出版社2017年版，第1页。
② 《习近平谈治国理政》第2卷，外文出版社2017年版，第49页。
③ 习近平：《高举中国特色社会主义伟大旗帜　为全面建设社会主义现代化国家而团结奋斗——在中国共产党第二十次全国代表大会上的报告》，人民出版社2022年版，第20页。
④ 习近平：《高举中国特色社会主义伟大旗帜　为全面建设社会主义现代化国家而团结奋斗——在中国共产党第二十次全国代表大会上的报告》，人民出版社2022年版，第21页。

路、遇水架桥的奋斗精神，坚持不懈接力奋斗，长期艰苦奋斗，共同努力奋斗，矢志顽强奋斗；永远为了真理、为了理想、为了事业而斗争；练就过硬斗争本领，壮大同各种困难风险挑战作斗争的力量，凝聚起同心共筑中国梦的磅礴力量。

（三）中国共产党人的斗争是自觉斗争

中国共产党是中国工人阶级的先锋队，同时是中国人民和中华民族的先锋队，是中国特色社会主义事业的领导核心，代表中国先进生产力的发展要求，代表中国先进文化的前进方向，代表中国最广大人根本利益。党的最高理想和最终目标是实现共产主义。① 中国共产党的性质和宗旨决定着中国共产党人所进行的斗争是自觉斗争。

自觉斗争是主体进行的具有自主性、自为性、选择性和创造性的斗争。自主性是相对于依赖性而言的。自主性是指中国共产党从中国的国情出发，按照党的意志和人民的愿望，围绕着时代所赋予自己的历史使命去进行斗争；而不是依赖于他人，依赖于书本，依赖于经验，甚至犯教条主义的错误。马克思指出："任何一个存在物只有当它用自己的双脚站立的时候，才认为自己是独立的，而且只有当它依靠自己而存在的时候，它才是用自己的双脚站立的。"② 一个没有自主性的党就谈不上是一个成熟的党，更谈不上进行伟大斗争。自为性是相对于自在性而言的。自在性是指主体斗争的自发性和盲目性；而自为性则指中国共产党斗争的理性和计划性，表现为在对斗争规律的充分把握的基础上，依据对自身内在目的和使命的理解而开展斗争的活动过程。

---

① 《中国共产党章程》，人民出版社 2022 年版，第 1 页。
② 《马克思恩格斯全集》第 42 卷，人民出版社 2012 年版，第 129 页。

选择性是相对于单一性而言的。因为自为性通过对客观规律性和自身目的性的科学理解和把握，为中国共产党的斗争开拓了广阔领域，提供了多种可能性。所以，选择性就要求中国共产党根据自己最迫切的需要和客观条件在多种可能性中选择最合自己目的性的那种作为自身活动的根据，表现了中国共产党人的自由意志的性质和本质力量。创造性是自觉斗争的最高最充分的表现形式，要求中国共产党依据自身内在固有的尺度和客体内在固有的尺度，并以自己的实际活动把二者统一起来，通过斗争创造出一个全新世界，这实际上是改造客观世界与改造主观世界的统一，是创造物质世界与创造精神世界的统一。

中国共产党的性质决定中国共产党所进行的斗争是自觉斗争。中国共产党是按照马克思列宁主义的建党原则建立起来的伟大政党。这个党有统一的理论基础、组织原则、组织纪律、根本宗旨、奋斗目标、路线方针政策和行为准则，在思想上、组织上、行动上保持高度一致，而这一切是建立在伟大斗争基础上的。中国共产党人讲的斗争，是从马克思主义的精神底色、中华文明的精神基因、中国共产党的精神图谱中传承而来的斗争意志、斗争信念、斗争能力。一部马克思主义发展史，就是一部同各种敌对势力和错误思潮的斗争史；一部中国共产党人的奋斗史，也是一部同国内外强大敌人和错误思潮进行艰苦卓绝的斗争史。无论是在血雨腥风的战争年代，还是在激情燃烧的社会主义建设和改革时期，一大批共产党人始终以国家民族利益为重、以人民幸福安康为念，顽强拼搏、勇敢战斗，奉献着智慧、心血甚至生命。正是这些斗争的伟大胜利，为党的事业打下了强大的精神基础和物质基础，也为我们赢得了荣耀和尊严。

中国共产党所领导的伟大事业决定着党的斗争是自觉斗争。中华民族伟大复兴事业进入第二个百年奋斗目标的新阶段，但也要看到我国经济社会的发展也进入一个风险集聚爆发的时期，经济建设、政治建设、文化建设、社会建设、生态文明建设以及国防和军队建设、港澳台工作、外交工作、党的建设等方面都面临着诸多风险和挑战。这就要求广大党政干部能够及时发现问题，科学判断问题，该出手就出手，该斗争就要斗争。党政干部要意识到斗争领域的广泛性，如改革发展稳定、内政外交国防、治党治国治军等工作中都面临着不同方面的斗争；无论是开辟马克思主义中国化时代化新境界、担当新时代新征程中国共产党的使命任务、加快构建新发展格局着力推动高质量发展、实施科教兴国战略强化现代化建设人才支撑、发展全过程人民民主保障人民当家作主、坚持全面依法治国推进法治中国建设、推进文化自信自强铸就社会主义文化新辉煌、增进民生福祉提高人民生活品质、推动绿色发展促进人与自然和谐共生，还是推进国家安全体系和能力现代化坚决维护国家安全和社会稳定、开创国防和军队现代化新局面、坚持和完善"一国两制"推进祖国统一、促进世界和平与发展推动构建人类命运共同体、坚定不移全面从严治党深入推进新时代党的建设新的伟大工程等方面，都要求广大党政干部必须敢于斗争，善于斗争，勇于取得斗争的胜利。

党的二十大报告指出："十年前，我们面对的形势是，改革开放和社会主义现代化建设取得巨大成就，党的建设新的伟大工程取得显著成效，为我们继续前进奠定了坚实基础、创造了良好条件、提供了重要保障，同时一系列长期积累及新出现的突出矛盾和问题亟待解决。党内存在不少对坚持党的领导认识模糊、行动乏力问题，存在不少落实党的领导弱化、虚化、淡化问题，有些党员、干部政治信仰发生动摇，一些地方和部门形式主义、官僚主义、享乐主义和奢靡之风屡禁不止，特权思想和特权现象较为严重，一些贪腐问题触目惊心；经济结构性体制性矛盾突出，发展不平衡、不协调、不可持续，传统发展模式难以为继，一些深层次体制机制问题和利益固化藩篱日益显现；一些人对中国特色社会主义政治制度自信不足，有法不依、执法不严等问题严重存在；拜金主义、享乐主义、极端个人主义和历史虚无主义等错误思潮不时出现，网络舆论乱象丛生，严重影响人们思想和社会舆论环境；民生保障存在不少薄弱环节，资源环境约束趋紧、环境污染等问题突出；维护国家安全制度不完善、应对各种重大风险能力不强，国防和军队现代化存在不少短板弱项；香港、澳门落实'一国两制'的体制机制不健全；国家安全受到严峻挑战，等等。当时，党内和社会上不少人对党和国家前途忧心忡忡。"[1] 这些问题成为影响党和国家事业推进与发展的重要因素，在某种程度了影响了中国人民干事创业的信心与决心，迫切需要在解决这些问题上继续发扬自觉斗争精神。"面对这些影响党长期执政、国家长治久安、人民幸福安康的突出矛盾和问题，党中央审时度势、果敢抉择，锐意进取、攻坚克难，团结带领全党全军全国各族人民撸起袖子加油干、风雨无阻向前行，义无反顾进行具有许多新的历史特点的伟大斗争。"[2] 也正如党的二十大报告所言，中国共产党在"面对国际局势急剧变化，特别是面对外部讹诈、遏制、封锁、极限施压，我们坚持国家利益为重、国内政治优先，保持战略定力，发扬斗争精神，展示不畏强权的坚定意志，在斗争中维护国家尊严和核心利益，牢牢掌握了我国发展和安全主动权。五年来，我们党团结带领人民，攻克了许多长期没有解决的难题，办

---

[1] 习近平：《高举中国特色社会主义伟大旗帜　为全面建设社会主义现代化国家而团结奋斗——在中国共产党第二十次全国代表大会上的报告》，人民出版社2022年版，第4—5页。

[2] 习近平：《高举中国特色社会主义伟大旗帜　为全面建设社会主义现代化国家而团结奋斗——在中国共产党第二十次全国代表大会上的报告》，人民出版社2022年版，第5—6页

成了许多事关长远的大事要事，推动党和国家事业取得举世瞩目的重大成就"①，使党面临的上述各种问题得以顺利解决。

新时代新征程，党政干部要认识到斗争趋势的紧迫性，主动投身到各种斗争中去，在大是大非面前敢于亮剑，在矛盾冲突面前敢于迎难而上，在危机困难面前敢于挺身而出，在歪风邪气面前敢于坚决斗争。打好每一个领域斗争的有准备之仗，完成中华民族伟大复兴历史任务中的每一个子目标、分目标，保证中华民族伟大复兴事业的伟大航船乘风破浪、高歌前行。

二、中国共产党的历史是坚持发扬自觉斗争精神的历史

我们今天所说的斗争，绝非传统意义上的不同人、不同群体、不同组织之间为了争夺利益而进行的争斗或争夺，不是"内斗""乱斗""瞎斗"，而是指党政干部要直面前进道路上的风险和挑战，要以敢于直面矛盾、敢于较真碰硬、敢于尽责尽力的精神状态，以闯关夺隘、善作善成的意志品质，不断攻坚克难，破解各种难题的实际行动。

（一）自觉斗争是马克思主义的特质

马克思主义认为，矛盾的普遍性决定了人类社会在矛盾运动中前进，社会发展就是社会基本矛盾运动的结果。有矛盾就会有斗争，任何社会更替和发展都是不断斗争的结果。从原始社会、奴隶社会、封建社会到资本主义社会，再到社会主义社会，每次社会形态更迭，都

---

① 习近平：《高举中国特色社会主义伟大旗帜　为全面建设社会主义现代化国家而团结奋斗——在中国共产党第二十次全国代表大会上的报告》，人民出版社2022年版，第4页。

是新与旧、进步与落后、低级与高级斗争的结果。深刻认识斗争是马克思主义发展史、中华文明史、中国共产党党史、新中国史、改革开放史、社会主义发展史的鲜明主线,在进一步强化斗争意志、斗争信念、斗争魅力上下功夫。

马克思主义不是书斋里的学问,而是为了改变人民历史命运而创立的,是在人民求解放的实践中形成、丰富和发展的,为人民认识世界、改造世界提供了强大精神力量。马克思的一生是为了工人阶级的利益而甘愿忍受贫困的一生,是同各种资产阶级反对势力尖锐斗争的一生,是同工人运动中各种错误思潮不懈斗争的一生。马克思指出:"哲学家们只是用不同的方式解释世界,问题在于改变世界。"[1] 他的女儿曾问他:"您认为人生最大的幸福是什么?"他回答:"斗争!"《关于共产主义者同盟的历史》中所讲的"无产阶级所进行的斗争"就是无产阶级为摆脱受剥削、受压迫的地位而进行的一种努力,这种努力就是无产阶级求得自身解放的一种手段。列宁也曾说过,他的命运就是连续不断地战斗,并创造性地把马克思的理论在一国变成了现实,使用的方式是非和平的。斯大林率领不屈的苏联人民英勇斗争,顶住了德国法西斯的进攻并最终取得胜利。

早期的马克思主义者李大钊说:"青年之文明,奋斗之文明也,与境遇奋斗,与时代奋斗,与经验奋斗。"[2] 陈独秀也大力提倡斗争,坚决反对调和论,他指出,国人须知,奋斗乃人生之天职。世界一战场,人生一恶斗,一息尚存,绝无逃遁苟安之余地。毛泽东青年时就发出"与天奋斗,其乐无穷!与地奋斗,其乐无穷!与人奋斗,其乐无穷!"

---

[1] 《马克思恩格斯选集》第1卷,人民出版社2012年版,第136页。
[2] 《李大钊全集》第1卷,人民出版社2013年版,第330页。

的壮志豪言。毛泽东在党的七大报告上讲到党的独立自主路线和对国民党实行又团结又斗争的政策时说：权利是争来的，不是送来的，这世界上有一个"争"字，我们的同志不要忘记了。有人说我们党的哲学叫"斗争哲学"，……自从有了奴隶主、封建主、资本家，他们就向被压迫的人民进行斗争，斗争哲学是他们先发明的。被压迫人民的"斗争哲学"出来得比较晚，那是斗争了几千年，才有了马克思主义。放弃斗争，只要团结，或者不注重斗争，马马虎虎地斗一下，但是斗得不恰当、不起劲，这是小资产阶级软弱性的表现。①

习近平总书记指出：马克思主义产生和发展、社会主义国家诞生和发展的历程充满着斗争的艰辛。建立中国共产党、成立中华人民共和国、实行改革开放、推进新时代中国特色社会主义事业，都是在斗争中诞生、在斗争中发展、在斗争中壮大的。实践告诉我们：越是艰难越向前，要始终保持清醒头脑，把工作基点放在应对复杂情况、驾驭复杂局面上，在按原则、规则、程序办事中抢抓机遇，应对挑战，苦干实干，克难奋进，以实践实干实效诠释共产党人的初心和使命。

（二）社会主义事业在自觉斗争中发展

人类社会是在解决各类矛盾过程中不断向前发展的，矛盾双方的此消彼长、推陈出新，推动着事物朝着更加高级、更加进步的方向前进。

科学社会主义的发展史是一部充满着矛盾和斗争的历史。无论是马克思恩格斯指导的国际工人争取自身解放和独立的运动史，列宁建立、建设苏维埃社会主义共和国的历史，还是社会主义中国从革命、

---

① 《毛泽东文集》第3卷，人民出版社1996年版，第316页。

建设到改革开放，再到新时代中国特色社会主义建设的历史，都是克服发展中的困难与挑战，解决发展中的问题与难题，朝着共产主义目标而发展的斗争史。

19世纪40年代，马克思主义一经问世，就遭到欧洲反动势力的围剿。1871年，巴黎公社成立后，还没有完全颁布自己的施政纲领，就被资产阶级和各种反动势力绞杀在了摇篮之中，仅存在不到60天。1917年，经过艰苦斗争，列宁领导十月革命取得胜利，社会主义从理论变为现实，打破了资本主义一统天下的世界格局。在这之前，俄国革命同样遭受到多次挫折，为斗争的胜利作了理论上的准备与实践上的准备。20世纪中叶，第二次世界大战结束后，伴随着民族解放运动的高涨，一大批社会主义国家诞生，尤其是中华人民共和国的成立，壮大了世界社会主义的力量。在社会主义国家的发展过程中，从始至终都受到了西方敌对势力的阻挠与打压。西方敌对势力针对社会主义国家也制定了较为长期的战略性的斗争策略，20世纪80年代末90年代初，出现了东欧剧变、苏联解体，社会主义国家与西方敌对势力的斗争转入了低潮。

在同各种复杂的困难、挑战、问题作斗争的过程中，中国共产党始终高举中国特色社会主义的旗帜，坚持中国共产党的领导，使社会主义的旗帜在21世纪高高飘扬。社会主义国家的发展虽然经历了20世纪东欧剧变、苏联解体的低潮，但是在社会主义中国的发展仍然焕发出勃勃生机。中国共产党所领导的中华民族伟大复兴事业，发生在贫穷落后且人口众多的东方大国，其面临的长期性、艰巨性、复杂性世所罕见、时所罕见，面临的阻力与挑战更是史无前例。中国共产党团结和带领全国各族人民，经过异常艰难困苦的斗争，推翻了帝国主义、封建主义、官僚资本主义的压迫，取得了新民主主义革命的胜利；

面对国民党留下的"一穷二白、满目疮痍"的烂摊子，中国共产党以斗争到底、敢斗必胜的决心与勇气，突破西方国家对我国军事、经济、外交等方面的威胁与封锁，提前完成三大改造，拉开了社会主义建设的新帷幕；党的十一届三中全会作出了改革开放的伟大决策，党在推进中国改革开放的新篇章的过程中，始终坚持以经济建设为中心，坚持与来自各方面思潮、杂声的质疑与诘难作斗争，走出了中国特色社会主义的新路。

所以说，无论是世界范围内的社会主义的发展史，还是中国特色社会主义的发展史，都是一部社会主义事业与阻碍质疑社会主义事业之间的斗争史。历史反复证明，要想推动社会主义事业不断向前发展，就必须进行斗争，必须依靠斗争走向胜利。

（三）中国共产党在自觉斗争中走向成熟

习近平总书记多次强调：要培养斗争精神，始终保持共产党人敢于斗争的风骨、气节、操守、胆魄。各级党政干部要加强斗争历练，增强斗争本领，永葆斗争精神。尤其是年轻干部，更要到重大斗争中去真刀真枪干。建立中国共产党、成立中华人民共和国、实行改革开放、推进新时代中国特色社会主义事业，都是在斗争中诞生、在斗争中发展、在斗争中壮大的。[①] 坚持发扬斗争精神已成为新时代对党政干部的迫切要求。

中国近代史就是一部实现民族独立人民解放、国家富强人民富裕的斗争史，是中国近代仁人志士探寻国家出路的探索史。自 1840 年鸦

---

① 《发扬斗争精神增强斗争本领　为实现"两个一百年"奋斗目标而顽强奋斗》，《人民日报》2019 年 9 月 4 日。

片战争以来，中国先进的知识分子在国家出路上进行了艰辛的探索，进行了顽强不屈的斗争。为了挽救民族危亡，实现民族独立，中国社会各阶层开始探索民族和国家的出路，农民阶级发起的太平天国运动和义和团运动、洋务派发起的洋务运动、资产阶级维新派掀起的戊戌变法、资产阶级革命派发动的辛亥革命等，都在一定程度上推动了社会变革，但因其缺乏科学的指导思想等原因，最终都没能取得成功。中国共产党一经成立，就把实现共产主义作为党的最高理想和最终目标，义无反顾地肩负起实现中华民族伟大复兴的历史使命，以争取民族独立和人民解放、实现国家富强和人民幸福为己任，带领人民进行气壮山河、改天换地的伟大斗争。

中国共产党在斗争中完成了新民主主义革命。20世纪初，以毛泽东同志为代表的中国共产党人在中国革命的历史进程中，历经北洋军阀政权、国民党反动派、日本侵略者，从井冈山到长征路，从延安到北京，面对严酷凶险的生存环境，发扬斗争精神、增强斗争本领，攻克难关、打败顽敌、历经磨难、付出巨大牺牲，推翻了帝国主义、封建主义和官僚资本主义的统治，建立了新中国，取得了最终胜利。正如毛泽东在《战略和战争问题》一文中指出的："我们是战争消灭论者，我们是不要战争的；但是只能经过战争去消灭战争，不要枪杆子必须拿起枪杆子。"[①] 这是中国共产党从血的经验和教训中得出的真理。

中国共产党在斗争中进行了社会主义建设的探索。新中国成立后，国内发展困难重重，国际形势波谲云诡，国外反华势力亡我之心不死，中国共产党迎难而上，勇敢面对挑战，领导全国人民进行艰难探索，

[①]《毛泽东选集》第2卷，人民出版社1991年版，第547页。

找到了、坚持了、拓展了中国社会主义道路，带领中华民族大踏步走向充满希望的未来。巩固新生政权，抗美援朝，打出了和平建设的外部环境，"两弹一星"、重返联合国、中美中日建交打开了外交新局面等等，都是敢于斗争、善于斗争的结果。完成社会主义革命，确立社会主义基本制度，推进社会主义建设，完成了中华民族有史以来最为广泛而深刻的社会变革，为当代中国一切发展进步奠定了根本政治前提和制度基础，实现了中华民族由近代不断衰落到根本扭转命运、持续走向繁荣富强的伟大飞跃。然而，随着国内外形势的剧烈变化，1962年党的八届十中全会提出，无产阶级同资产阶级的矛盾为整个社会主义历史阶段的主要矛盾，我们的基本路线是以"以阶段斗争为纲"，阶级斗争必须年年讲，月月讲，天天讲。因为对社会的主要矛盾的错误把握，使我们在斗争概念、斗争对象、斗争形式、斗争策略等方面犯了一系列严重错误，最终导致"文化大革命"的发生，使社会主义事业经受了极大挫折。

中国共产党在斗争中取得了改革开放的伟大成就。1978年党的十一届三中全会果断停止"以阶级斗争为纲"的错误口号，决定把党和国家的工作重心转移到经济建设上来，作出改革开放的战略决策，破除阻碍国家和民族发展的一切思想和体制障碍，开辟了中国特色社会主义道路，使中国大踏步赶上了时代，实现了历史性的伟大转折，开启了改革开放的历史新时期。以邓小平同志为代表的中国共产党人在改革开放的历史进程中发扬斗争精神和增强斗争本领，坚定不移推进改革开放，完成了中国人民富起来的历名使命。改革开放40多年，我们"涉深潭""过险滩"，极大解放和发展了生产力，人民生活水平显著改善，综合国力显著提高，迎来了从站起来、富起来到强起来的伟大飞跃，迎来了中华民族伟大复兴的光明前景。

中国共产党要继续在斗争中实现中华民族伟大复兴的历史使命。党的十八大以来，以习近平同志为核心的党中央勇于直面党和国家改革发展进程中面临的重大风险、严峻考验，以巨大政治勇气、顽强意志品质与党内外一切顽疾恶习、丑恶现象进行坚决斗争，解决了许多长期想解决而没有解决的难题，办成了许多过去想办而没有办成的大事，推动党和国家事业取得历史性成就、发生历史性变革，推动我国迈上全面建设社会主义现代化国家新征程。党的二十大报告指出："十年来，我们经历了对党和人民事业具有重大现实意义和深远历史意义的三件大事：一是迎来中国共产党成立一百周年，二是中国特色社会主义进入新时代，三是完成脱贫攻坚、全面建成小康社会的历史任务，实现第一个百年奋斗目标。这是中国共产党和中国人民团结奋斗赢得的历史性胜利，是彪炳中华民族发展史册的历史性胜利，也是对世界具有深远影响的历史性胜利。"[①] "实现中华民族伟大复兴进入了不可逆转的历史进程。"[②] 尽管如此，但到 21 世纪中叶的未来几十年时间里，要想实现中华民族伟大复兴的光荣与梦想，我们所面临的问题和挑战还有很多且很严峻，既有新的问题和挑战，也有旧的问题和挑战，新老问题盘根错节，所以全党全国各族人民不能懈怠、不能马虎、不能大意、不能掉以轻心，更不能骄傲自满，必须准备付出更为艰巨、更为艰苦的努力，进行更加伟大的斗争。

当然，各级党政干部也必须看到，中国共产党在百年斗争历程中虽取得了伟大的历史成就，但党也有过错误与过失，也有过严重的挫

[①] 习近平：《高举中国特色社会主义伟大旗帜　为全面建设社会主义现代化国家而团结奋斗——在中国共产党第二十次全国代表大会上的报告》，人民出版社 2022 年版，第 4 页。

[②] 习近平：《高举中国特色社会主义伟大旗帜　为全面建设社会主义现代化国家而团结奋斗——在中国共产党第二十次全国代表大会上的报告》，人民出版社 2022 年版，第 16 页。

折、惨痛的失败，给党的事业造成了极大的损失。在新民主主义革命的过程中，曾出现的"左"与右的错误，给党的事业带来了严重甚至是毁灭性的后果；在社会主义建设时期，发生的"大跃进"、人民公社化运动以及十年"文化大革命"给我们带了惨痛的教训。一些党政干部在斗争中丢失了初心、忘掉了使命、迷失了方向、迷失了自我，走到了党与人民的对立面，不但使自己的人生走入了歧途，更给党的事业带来了损失和危害。黄克功、刘青山、张子善、陈希同、胡长清、周永康、郭伯雄、薄熙来、令计划等在斗争的过程中由斗争的战士变成斗争的蛀虫，使党的事业蒙受了巨大的损失。还有一些党政干部，虽然没有走上违犯党规党纪、法律法规的地步，但是在斗争的过程中，出现了懒政怠政的状态，以得过且过的心态应付了事，不推不动、不打不进，起到了负面的示范效应，带来了极为恶劣的影响。这些现象值得我们沉思，在今后的斗争中都必须力争杜绝。

天下之患，最不可为者，名为治平无事，而其实有不测之忧。党政干部必须看到，当前和今后一个时期，我国将会为第二个百年奋斗目标不懈努力，我们面临的大斗争不会少。这要求各级党政干部在斗争中成长、在斗争中反思、在斗争中提升、在斗争中学会斗争，努力成为无坚不摧又充满生机的坚强政党的坚强斗士。必须主动担当作为、锻炼斗争意志、增强斗争本领，主动维护广大人民群众的根本利益，维护中国特色社会主义制度，推进中国特色社会主义事业稳步向前。

三、在完成第二个百年奋斗目标中继续坚持发扬自觉斗争精神

党的十八大以来，中国特色社会主义进入了新时代，既要面临

"世界百年未有之大变局"的国际大环境，又要面对"实现中华民族伟大复兴的战略全局"。在"两个大局"背景下，距离实现中华民族伟大复兴的目标越近，面临的问题与挑战就越多。党政干部只有继续坚持发扬自觉斗争精神，以"功成不必在我，功成必定有我"的斗争姿态迎接各种风险问题的挑战，接受更加严峻斗争的洗礼，才能使党的事业取得一个又一个的胜利。

（一）在完成党的历史使命过程中坚持发扬自觉斗争精神

党的二十大报告指出："从现在起，中国共产党的中心任务就是团结带领全国各族人民全面建成社会主义现代化强国、实现第二个百年奋斗目标，以中国式现代化全面推进中华民族伟大复兴。"[①] 党政干部处于"以中国式现代化全面推进中华民族伟大复兴"事业所面临的各种斗争的第一线，在新时代新挑战的大环境下，更要提升斗争的自觉性，坚持发扬自觉斗争精神，以积极主动、奋斗拼搏的精神投入伟大事业的斗争中去。

新时代新征程面临的新问题新挑战需要坚持发扬自觉斗争精神。新时代新征程新任务，也必然面临许多新问题新挑战，解决新问题新挑战需要进行新的斗争。以中国式现代化全面推进中华民族伟大复兴不是轻轻松松、敲锣打鼓就能完成的，必须进行伟大斗争。习近平总书记强调："领导干部要敢于担当、敢于斗争，保持斗争精神、增强斗争本领。"[②] 党的十九大报告指出："当前，国内外形势正在发生深刻

[①] 习近平：《高举中国特色社会主义伟大旗帜　为全面建设社会主义现代化国家而团结奋斗——在中国共产党第二十次全国代表大会上的报告》，人民出版社2022年版，第21页。
[②] 《发扬斗争精神增强斗争本领　为实现"两个一百年"奋斗目标而顽强奋斗》，《人民日报》2019年9月4日。

复杂变化，我国发展仍处于重要战略机遇期，前景十分光明，挑战也十分严峻。"① 党的二十大报告也指出："我们所处的是一个充满挑战的时代，也是一个充满希望的时代。"② 党的十九大明确了从 2020 年到本世纪中叶全面建设社会主义现代化国家的新的奋斗目标。党的二十大报告进一步指出：全面建成社会主义现代化强国，总的战略安排是分两步走：从 2020 年到 2035 年基本实现社会主义现代化；从 2035 年到本世纪中叶把我国建成富强民主文明和谐美丽的社会主义现代化强国。③ 这是时代的声音，更是时代的号角，需要广大党政干部坚持发扬自觉斗争精神，投身到中华民族伟大复兴事业的斗争中去。这种斗争是为事业而进行的斗争，是有目的的、是合乎理性的。这就需要清醒地认识到国际与国内的形势。

一方面，西方国家从来就没有放弃对中国的制裁与围猎。自 2010 年中国成为世界第二大经济体后，以美国为首的西方国家更是加紧了对中国的制裁，制定出了包括国际事务、经济发展、国际交流与合作、外交主权军事等方面在内的具有战略性与全局性的针对性的战略安排，企图在有效的"窗口期"内抑制中国的发展，使中国"拉美化"。"当前，世界百年未有之大变局加速演进，新一轮科技革命和产业变革深入发展，国际力量对比深刻调整，我国发展面临新的战略机遇。同时世纪疫情影响深远，逆全球化思潮抬头，单边主义、保护主义明显上升，世界经济复苏乏力，局部冲突和动荡频发，全球性问题加剧，世

---

① 习近平：《决胜全面建成小康社会　夺取新时代中国特色社会主义伟大胜利——在中国共产党第十九次全国代表大会上的报告》，人民出版社 2017 年版，第 2 页。
② 习近平：《高举中国特色社会主义伟大旗帜　为全面建设社会主义现代化国家而团结奋斗——在中国共产党第二十次全国代表大会上的报告》，人民出版社 2022 年版，第 63 页。
③ 习近平：《高举中国特色社会主义伟大旗帜　为全面建设社会主义现代化国家而团结奋斗——在中国共产党第二十次全国代表大会上的报告》，人民出版社 2022 年版，第 24 页。

界进入新的动荡变革期。"① 这些问题都会影响和阻碍当代中国发展，斗争的难度系数呈增加趋势。

另一方面，"我国发展进入战略机遇和风险挑战并存、不确定难预料因素增多的时期，各种'黑天鹅'、'灰犀牛'事件随时可能发生"②。这是因为，我国正处于爬"坡"过"坎"的紧要关口，进入发展关键期、改革攻坚期、矛盾凸显期，许多问题相互交织、叠加呈现：发展不平衡不充分等一些突出问题尚未解决，成为满足人民对美好生活需要的关键性障碍；民生领域还有不少短板；社会矛盾和问题交织叠加；意识形态领域斗争依然复杂；党的建设方面还存在不少薄弱环节；等等。在国家安全、国土安全、军事安全、经济安全、社会安全、生态安全、资源安全、核安全、分裂势力问题等方面面临越来越多的挑战，并呈现出系统性挑战，对党的事业提出了更高的斗争要求。习近平总书记指出，面对波谲云诡的国际形势、复杂敏感的周边环境、艰巨繁重的改革发展稳定任务，我们必须始终保持高度警惕，既要高度警惕"黑天鹅"事件，也要防范"灰犀牛"事件；既要有防范风险的先手，也要有应对和化解风险挑战的高招。这个"先手"和"高招"便是敢于斗争、善于斗争。党政干部必须保持自觉斗争精神，既要敢于应对挑战，也要善于化解危机，这样才能处变不惊，化险阻为夷途，转危为安，牢牢把握战略主动权。

（二）推进党的建设伟大工程需要坚持发扬自觉斗争精神

中国共产党是在斗争中成长壮大的党，是敢于并善于领导人民开

---

① 习近平：《高举中国特色社会主义伟大旗帜　为全面建设社会主义现代化国家而团结奋斗——在中国共产党第二十次全国代表大会上的报告》，人民出版社2022年版，第26页。
② 习近平：《高举中国特色社会主义伟大旗帜　为全面建设社会主义现代化国家而团结奋斗——在中国共产党第二十次全国代表大会上的报告》，人民出版社2022年版，第26页。

展斗争又在斗争中不断取得胜利的党。党的十八大以来，我们以自我革命精神推进全面从严治党，清除了党内存在的严重隐患，成效是显著的。党的二十大报告指出：我们深入推进全面从严治党，坚持打铁必须自身硬，从制定和落实中央八项规定开局破题，提出和落实新时代党的建设总要求，以党的政治建设统领党的建设各项工作，坚持思想建党和制度治党同向发力，严肃党内政治生活，持续开展党内集中教育，提出和坚持新时代党的组织路线，突出政治标准选贤任能，加强政治巡视，形成比较完善的党内法规体系，推动全党坚定理想信念、严密组织体系、严明纪律规矩。我们持之以恒正风肃纪，以钉钉子精神纠治"四风"，反对特权思想和特权现象，坚决整治群众身边的不正之风和腐败问题，刹住了一些长期没有刹住的歪风，纠治了一些多年未除的顽瘴痼疾。我们开展了史无前例的反腐败斗争，以"得罪千百人、不负十四亿"的使命担当祛疴治乱，不敢腐、不能腐、不想腐一体推进，"打虎"、"拍蝇"、"猎狐"多管齐下，反腐败斗争取得压倒性胜利并全面巩固，消除了党、国家、军队内部存在的严重隐患，确保党和人民赋予的权力始终用来为人民谋幸福。经过不懈努力，党找到了自我革命这一跳出治乱兴衰历史周期率的第二个答案，自我净化、自我完善、自我革新、自我提高能力显著增强，管党治党宽松软状况得到根本扭转，风清气正的党内政治生态不断形成和发展，确保党永远不变质、不变色、不变味。①

同时，党政干部也要清醒地认识到，党面临的长期执政考验、改革开放考验、市场经济考验、外部环境考验具有长期性和复杂性，党

---

① 习近平：《高举中国特色社会主义伟大旗帜　为全面建设社会主义现代化国家而团结奋斗——在中国共产党第二十次全国代表大会上的报告》，人民出版社2022年版，第13—14页。

面临的精神懈怠危险、能力不足危险、脱离群众危险、消极腐败危险具有尖锐性和严峻性，全面从严治党的任务比以往任何时候都更为繁重、更为紧迫。在执政考验上，20世纪90年代以来，世界上一些大党和老党纷纷丧失政权，我们必须警醒和反思。如何抵御权力的诱惑，避免官僚主义、特权思想产生，跳出"其兴也勃焉，其亡也忽焉"的历史周期率，是我们党面临的长期而严峻的考验。在改革开放考验上，改革开放已进入攻坚期、深水区，荆棘载途，如何披荆斩棘、乘风破浪，考验党的勇气和智慧。在市场经济考验上，市场经济和社会主义制度的结合，极大解放和发展了生产力，但也应看到市场经济原则与党性原则的冲突所造成的党政干部中的腐败、社会的撕裂，给党政干部的斗争能力提出了新的要求。在外部环境考验上，当今世界正面临深刻变革，不确定性和风险性加剧，如何应对和化解这些挑战，牢牢把握战略机遇期，也是党面临的长期考验。

我们党面临的四大危险仍然威胁着党的执政根基、破坏着党与人民群众的血肉联系。精神懈怠的危险，主要表现为"在其位不谋其政"，面对工作难题和艰巨使命"不愿为""不想为""不肯为""不敢为"。能力不足的危险，表现在一些党员干部仍然存在着"本领恐慌"的问题，新办法不会用，老办法不管用，硬办法不敢用，软办法不顶用；面对"本领恐慌"，有的人既不愿学习也不善于学习，自身不够"硬"，就打不了"铁"，更啃不下"硬骨头"。脱离群众的危险，表现在一些党政干部眼睛只向上看，不向下看，远离群众，脱离群众，对群众疾苦视若无睹，对群众利益麻木不仁，严重影响了党群干群关系的和谐。消极腐败的危险，表现在一些党政干部由于缺乏坚定的理想信念，丧失了"政治定力"，经受不住声色犬马、纸醉金迷的考验，逐渐丧失了党性，走向了腐败，对党的形象造成了极其恶劣的影响。

当前，为实现伟大事业而进行的斗争，不是革命时期暴风骤雨式的阶级斗争，也不是建设时期规模宏大的群众运动，而是为实现中华民族伟大复兴攻坚克难、不懈奋斗的伟大实践。党政干部只有政治立场坚定，心明眼亮，才能保持高昂的斗争意志，充沛的斗争精神，自觉担当作为，在斗争实践中学会斗争，在斗争实践中增强自觉斗争本领。

一要坚持不忘初心，牢记使命。初心即理想，使命即担当。人类历史上任何一次斗争的胜利都有着伟大理想的引导。中国特色社会主义事业是宏伟壮丽的事业，有着伟大理想的指引。理想信念是共产党人安身立的根本，是共产党人的政治灵魂，是共产党人经受住任何考验的精神支柱。理想信念是共产党人的精神之钙，是指引我们坚定前行的思想灯塔，只有理想信念坚定了，才会有"不畏浮云遮望眼""乱云飞渡仍从容"的冷静清醒，才会有"为有牺牲多壮志，敢教日月换新天"的豪情壮志。有锐气、敢斗争，源于境界情怀崇高。无私才能无畏，我们党没有自己的特殊利益，共产党员也不能有私心杂念。有了"我将无我，不负人民"的情怀，才能做到人民群众反对什么、痛恨什么，我们就重点防范和纠正什么，也才能在监督别人时做到底气足、腰杆硬，善于发现问题、敢于指出问题，义无反顾地唱"黑脸"、当"包公"。

必须在全党形成学习马克思主义、信仰马克思主义、运用马克思主义的氛围。要坚持用习近平新时代中国特色社会主义思想指导实践、推动工作，忧党所忧、急党所急、盼党所盼，坚守共产党人的精神高地。要善于从政治上分析问题、解决问题，敢于亮剑、敢于斗争，提高政治敏锐性和政治鉴别力。弘扬共产党人价值观，坚决反对事不关己、高高挂起，明知不对、少说为佳的庸俗哲学，不断培厚敢于斗争的土壤。党员干部要树立正确的权力观、价值观，不贪一时之功、不求一时之快、不图一时之名，既要做看得见、摸得着、得实惠的实事，也要干作铺垫、打基础、利长远的好事，既要做显绩也要做潜绩，努力书写无愧于时代、无愧于人民的答卷。

二要加强党性锤炼。用好批评与自我批评这一强有力的思想斗争武器，引导年轻干部扎实开展党内政治生活，鼓励他们坚持原则，既要同错误倾向、错误言行、歪风邪气作斗争，也要同自己的思想问题、作风问题作斗争，在不断批评改正中锤炼党性。改革发展稳定越是向前拓展，就越要触及深层次矛盾和问题，就越需要斗争精神和斗争本领，把改革一线和基层一线作为锻炼年轻干部的主阵地，选派优秀年轻干部到边远艰苦、发展滞后和情况复杂的乡镇去摔打，到推进重大任务、应对突发事件的关键岗位上去磨炼，在重大斗争中真刀真枪打几场硬仗，把"热锅上的蚂蚁"实践作为最好的课堂，不断积累斗争经验，提升斗争本领。

三要强化斗争历练。必须发扬自觉斗争精神，做到斗争是发自内心、不讲条件、落细落小落实。加强斗争的实践锻炼，重在领悟实事求是的思想路线和求真务实的工作作风，坚持把实践作为检验真理的唯一标准，坚持问题导向和效果导向，坚持辩证思维和历史思维，遵循规律推动创新，埋头苦干多作贡献。贯彻落实习近平新时代中国特色社会主义思想，做敢于斗争、善于斗争的战士，必须增强斗争意识、绷紧斗争之弦，坚定理想信念、铸牢斗争之魂，涵养浩然正气、具备斗争之胆，注重效果导向、讲求斗争之策，坚持学思践悟、夯实斗争之基，做到弦紧不松、魂定不摇、胆备不缺、策明不乱、基实不虚。人须在事上磨，方立得住。党员干部多点"热锅上的蚂蚁"的煎熬，就会多几分处变不惊的镇定、庖丁解牛的老练，多经历几回大事要事、急事难事的考验，就会多收获狭路相逢勇者胜的经验。

四要树立敢斗必胜的信心。习近平总书记在党的二十大报告中指出："我国改革发展稳定面临不少深层次矛盾躲不开、绕不过，党的建设特别是党风廉政建设和反腐败斗争面临不少顽固性、多发性问题，来自外部的打压遏制随时可能升级。"① 这说明，实现中华民族伟大复兴必须进行伟大斗争，在前进道路上我们面临的风险考验只会越来越复杂，甚至会遇到难以想象的惊涛骇浪；我们面临的各种斗争不是短期的而是长期的。中华民族伟大复兴事业到了船到中流浪更急、人到半山路更陡的时期，越是承平日久，越要居安思危，保持创业初期那种励精图治、艰苦奋斗的精神状态，保持"越是艰险越向前""狭路相逢勇者胜"的英雄气概。总的来说，就是要做到"坚持发扬斗争精神。增强全党全国各族人民的志气、骨气、底气，不信邪、不怕鬼、不怕压，知难而进、迎难而上，统筹发展和安全，全力战胜前进道路上各种困难和挑战，依靠顽强斗争打开事业发展新天地"②。

斗争头脑清晰。在斗争问题上，要保持清醒头脑、坚持理性态度，既不要天真也不要盲目。斗争实践证明，我们社会生活中长期存在的一些严重问题、不良现象，恰恰是不敢斗争、不善斗争所造成的。不要把斗争普遍化绝对化，在不需要斗争的事情上，不要随意斗争，但也不能一味地害怕斗争、回避斗争，在必须斗争的事情上，必须进行坚决的、有力有效的斗争。

斗争立场坚定。凡是危害中国共产党领导和我国社会主义制度的

---

① 习近平：《高举中国特色社会主义伟大旗帜　为全面建设社会主义现代化国家而团结奋斗——在中国共产党第二十次全国代表大会上的报告》，人民出版社2022年版，第26页。
② 习近平：《高举中国特色社会主义伟大旗帜　为全面建设社会主义现代化国家而团结奋斗——在中国共产党第二十次全国代表大会上的报告》，人民出版社2022年版，第27页。

各种风险挑战,凡是危害我国主权、安全、发展利益的各种风险挑战,凡是危害我国核心利益和重大原则的各种风险挑战,凡是危害我国人民根本利益的各种风险挑战,凡是危害我国实现第二个百年奋斗目标、实现中华民族伟大复兴的各种风险挑战,只要来了,我们就必须进行坚决斗争,而且必须取得斗争胜利。

斗争策略明确。习近平总书记强调,在各种重大斗争中,我们要坚持增强忧患意识和保持战略定力相统一、坚持战略判断和战术决断相统一、坚持斗争过程和斗争实效相统一;要注重策略方法,在原则问题上寸步不让,在策略问题上灵活机动,要根据形势需要,把握时、度、效。同其他领域的斗争一样,反腐败斗争也需要有勇有谋,把握力度节奏,拿捏分寸火候,做到标本兼治。

斗争底气硬实。习近平总书记强调,斗争精神、斗争本领,不是与生俱来的,领导干部要经受严格的思想淬炼、政治历练、实践锻炼,才能真正把自己锻造成为烈火真金。习近平总书记指出:"当代中国正经历着我国历史上最为广泛而深刻的社会变革,也正在进行着人类历史上最为宏大而独特的实践创新。"[1] 中华民族伟大复兴不会自动实现,这个过程中肯定会遇到诸多的困难与问题。"今天,我们比历史上任何时期都更接近、更有信心和能力实现中华民族伟大复兴的目标,同时必须准备付出更为艰巨、更为艰苦的努力。全党必须坚定信心、锐意进取,主动识变应变求变,主动防范化解风险,不断夺取全面建设社会主义现代化国家新胜利!"[2]

---

[1] 习近平:《在哲学社会科学工作座谈会上的讲话》,人民出版社 2016 年版,第 8 页。
[2] 习近平:《高举中国特色社会主义伟大旗帜 为全面建设社会主义现代化国家而团结奋斗——在中国共产党第二十次全国代表大会上的报告》,人民出版社 2022 年版,第 27—28 页。

（三）在坚持党的领导和社会主义制度过程中发扬自觉斗争精神

大是大非问题，是最根本的问题，是事关民族、国家、政党、社会发展根本方向和前途命运的大问题。增强斗争的自觉性，在事关中国特色社会主义前途命运的大是大非问题上必须旗帜鲜明，坚定不移，毫不动摇地坚持党的领导，坚决维护社会主义制度。

党的领导和社会主义制度是实现中华民族伟大复兴的政治保证。1840年的鸦片战争，标志着中国成为半殖民地半封建社会。近代中国面临着实现国家独立、民族解放和国家富强、人民富裕两大历史任务。为了民族复兴，近代中国的农民阶级、地主阶级改良派、资产阶级改良派和革命派都曾走上历史舞台，进行了可歌可泣的斗争，进行了各式各样的尝试，但终究未能改变旧中国的社会性质和中国人民的悲惨命运。中国共产党一经成立，就义无反顾地肩负起实现民族复兴的使命，并为实现这一历史使命进行了艰苦卓绝的斗争，谱写了气吞山河的壮丽史诗。党团结带领人民完成了新民主主义革命，实现了中国从几千年封建专制政治向人民民主的伟大飞跃；建立了社会主义基本制度，实现了中华民族由近代不断衰落到根本扭转命运、持续走向繁荣富强的伟大飞跃；开启了改革开放伟大进程，实现了中国由站起来、富起来到强起来的伟大飞跃。可见，党的领导和社会主义制度是实现中华民族伟大复兴的历史选择，正是有了党的坚强领导，有了党的正确引领，中国人民从根本上改变了自己的命运，从而为实现民族复兴提供了光明的前景。坚持党的领导和社会主义制度，"是党和国家的根本所在、命脉所在，是全国各族人民的利益所系、幸福所系"①。任何削弱、歪曲、否定党的领

---

① 《习近平谈治国理政》第2卷，外文出版社2017年版，第43页。

导和我国社会主义制度的言行都是伟大斗争的对象。

随着世界多极化、经济全球化、文化多样化、社会信息化深入发展，各种思想文化交流交融交锋，意识形态领域的较量是经常的、现实的，制度模式、发展方向等重大原则问题的考验也是经常的、现实的，这是一个没有硝烟的战场，党政干部对一切否定马克思主义的错误思想，对一切否定党的领导、我国社会主义制度、党的基本路线的言行，对一切歪曲、丑化、否定党史国史的言行，对一切歪曲、丑化、否定党的领袖和英雄模范的言行，对一切分裂祖国、破坏民族团结和社会和谐稳定的言行，必须敢于站出来说话，敢于表明自己的态度，挺起胸膛奋起反击，以雄壮的气势碾压过去，坚决保卫住我们的阵地，绝不能沉默失语、当"吃瓜群众"，绝不能搞"爱惜羽毛"那一套。我们必须看到，一段时期以来，国内历史虚无主义思潮在一些领域沉渣泛起，他们往往以所谓的"重新评价"为名，有的通过否定党和人民奋斗的历史，否定党的领导和执政的必然性和合法性；有的否定马克思主义指导地位和中国走向社会主义的历史必然性，竭尽攻击、丑化、污蔑之能事，企图搞乱人心，煽动推翻中国共产党的领导和我国社会主义制度。如果任由这种歪曲、否定党的领导和我国社会主义制度的言行横行泛滥的话，必然会削弱党的执政地位和人民群众坚定不移走社会主义道路的信心。

坚定不移坚持党的领导，始终把党章作为最高政治原则，提高遵守党的规章制度的自觉性。《中国共产党章程》规定："中国共产党的领导是中国特色社会主义最本质的特征，是中国特色社会主义制度的最大优势，党是最高政治领导力量。党政军民学，东西南北中，党是领导一切的。"[①] "必须增强'四个意识'、坚定'四个自信'，坚决维

[①]《中国共产党章程》，人民出版社2022年版，第23页。

护党中央权威和集中统一领导，把党的领导贯彻和体现到改革发展稳定、内政外交国防、治党治国治军等各个领域"①，确保"党政军民学、东西南北中"等所有方面都归属于党的领导之下，确保党始终总揽全局、协调各方。只有这样，才能真正做到对党绝对忠诚，不断增强政治定力，营造团结奋进的良好氛围，确保党始终成为中国特色社会主义事业的领导核心，团结带领人民朝着实现伟大梦想的目标前进。

坚定不移通过全面深化改革完善中国特色社会主义制度。唯改革者进，唯创新者强，唯改革创新者胜。改革创新是实现中华民族伟大复兴的强大动力和关键一招，是党在新的历史条件下带领人民进行的新的伟大革命。党的十一届三中全会作出了改革开放的历史性决策，我国进入了改革开放和社会主义现代化建设的新时期。40多年的改革开放极大地解放和发展了我国的生产力，推动我国的经济实力、科技实力、国防实力和综合国力进入了世界前列，"极大改变了中国的面貌、中华民族的面貌、中国人民的面貌、中国共产党的面貌。中华民族迎来了从站起来、富起来到强起来的伟大飞跃"②，为我们到本世纪中叶实现中华民族伟大复兴奠定了坚实的基础。毫无疑问，伴随着改革开放的深入发展，好改的、容易改的内容，都已经基本上改革到位了；而剩下的都是难改的、深层次的、被利益集团所固守的内容，这些自然成为改革的硬骨头，也是影响继续深化改革的顽瘴痼疾。"改革开放每一步都不是轻而易举的，未来必定会面临这样那样的风险挑战，甚至会遇到难以想象的惊涛骇浪。"③ 当前，中国改革已经进入攻坚期

---

① 习近平：《在庆祝改革开放40周年大会上的讲话》，人民出版社2018年版，第23页。
② 习近平：《在庆祝改革开放40周年大会上的讲话》，人民出版社2018年版，第19页。
③ 习近平：《在庆祝改革开放40周年大会上的讲话》，人民出版社2018年版，第23页。

和深水区，我们要以壮士断腕的勇气、凤凰涅槃的决心，以勇于自我革命的气魄、坚忍不拔的毅力推进改革，切实做到改革不停顿、开放不止步。"全党全国各族人民要更加紧密地团结在党中央周围，高举中国特色社会主义伟大旗帜，不忘初心，牢记使命，将改革开放进行到底"①，要在牢牢把握"坚持和改善党的领导、坚持和完善中国特色社会主义制度"这一正确政治方向的前提下，敢于向体制机制中的顽瘴痼疾开刀，敢于触及深层次利益关系和矛盾，努力冲破思想观念束缚，坚决破除利益固化藩篱。同时，要更加注重系统性、整体性、协同性，全面深化经济、政治、文化、社会、生态文明等各领域的改革，进一步清除妨碍社会生产力发展的各种体制机制障碍，不断把改革开放推向前进，实现"推进国家治理体系和治理能力现代化"这一全面深化改革的总目标，不断为中国特色社会主义发展注入强大动力，最终实现中华民族伟大复兴的宏伟目标。

党政干部在改革发展的过程中还遇到一些亟待解决的问题，必须发扬自觉斗争精神，敢于和善于与之进行坚决的斗争。在思想观念方面，要与部分社会群体的守旧思想、心理、行为作坚决斗争。一些党政干部思想保守，市场意识、开放意识不强，"官老爷"作风严重，习惯于旧环境中的平稳和安逸，对深化改革忧心忡忡甚至有所抵触；一些国企干部抱残守缺思想严重，创新创业氛围不浓厚，体制机制的活力不足。在改革共识方面，要与少数社会群体形成的利益固化藩篱作坚决斗争。他们因害怕触动自己的利益而不愿意甚至反对改革的继续进行。在体制机制方面，要与妨碍社会生产力发展的体制机制障碍作坚决斗争。如行政管理体制中存在政府对微观经

---

① 习近平：《在庆祝改革开放40周年大会上的讲话》，人民出版社2018年版，第44页。

济运行干预过多、管得过死，重审批、轻监管等问题；在营商环境方面存在制约非公有制经济发展的问题；在科技创新体制中存在行政主导和部门分割，没有建立起主要由市场决定技术创新项目和经费分配的机制，评价成果机制不健全等问题。站在新的历史起点上，党要带领全国各族人民实现中华民族伟大复兴，党政干部就必须与一切影响和阻碍改革创新的顽瘴痼疾进行坚决的斗争，继续坚定不移地推进改革开放。

坚定不移维护我国主权、安全和发展利益。国家安全是民族复兴的根基，社会稳定是国家强盛的前提。必须坚定不移贯彻总体国家安全观，把维护国家安全贯穿党和国家工作各方面全过程，确保国家安全和社会稳定。① 国家主权是指一个国家独立自主处理自己内外事务、管理自己国家的最高权力。其根本目的是保护国家的完整性和全体国民的利益。一个国家如果没有国家主权，不能实现独立自主，就无法实现领土完整和保证国家与人民的安全，更谈不上实现国家富强和民族振兴。当前，以中国式现代化全面推进中华民族伟大复兴的历史进程中，遇到的挑战越来越多、越来越尖锐。党的二十大报告提出要"推进国家安全体系和能力现代化，坚决维护国家安全和社会稳定"②的目标，就是要"坚持以人民安全为宗旨、以政治安全为根本、以经济安全为基础、以军事科技文化社会安全为保障、以促进国际安全为依托，统筹外部安全和内部安全、国土安全和国民安全、传统安全和非传统安全、自身安全和共同安全，统筹维护和塑造国家安全，夯实

---

① 习近平：《高举中国特色社会主义伟大旗帜　为全面建设社会主义现代化国家而团结奋斗——在中国共产党第二十次全国代表大会上的报告》，人民出版社2022年版，第52页。
② 习近平：《高举中国特色社会主义伟大旗帜　为全面建设社会主义现代化国家而团结奋斗——在中国共产党第二十次全国代表大会上的报告》，人民出版社2022年版，第52页

国家安全和社会稳定基层基础，完善参与全球安全治理机制，建设更高水平的平安中国，以新安全格局保障新发展格局"[1]，在健全国家安全体系、增强维护国家安全能力、提高公共安全治理水平、完善社会治理体系等任务上做实做牢。同时，要通过坚持走中国特色强军之路，开创国防和军队现代化新局面，加快把人民军队建成世界一流军队，提高捍卫国家主权、安全、发展利益战略能力，为实现中华民族伟大复兴提供战略支撑；通过坚持和完善"一国两制"，推进实现祖国的完全统一，坚决维护国家的领土完整；通过坚定不移地走和平发展道路，构建相互尊重、公平正义、合作共赢的新型国际关系，推动构建人类命运共同体，为我国发展营造一个更加长久的重要战略机遇期。这些将是我们以中国式现代化全面推进中华民族伟大复兴的强有力保证。

中国共产党在斗争中诞生，在斗争中壮大并走向成熟，中国共产党也必然要依靠斗争战胜未来征程中的各种困难与挑战，走向更加光辉灿烂的未来。中华民族伟大复兴事业越是接近目标，情况就显得越复杂，就越不容有任何的失误与懈怠。党政干部必须树立斗争意志，发扬斗争精神，增强斗争本领，为实现中华民族伟大复兴敢于斗争、善于斗争、不懈斗争，直至最后的胜利。

---

[1] 习近平：《高举中国特色社会主义伟大旗帜　为全面建设社会主义现代化国家而团结奋斗——在中国共产党第二十次全国代表大会上的报告》，人民出版社2022年版，第52—54页。

第二章
凝聚斗争意志　坚持发扬踔厉斗争精神

斗争是思想的交锋、力量的比拼，斗争需要坚定的意志作支撑，是党政干部干事创业的内在驱动力。历史经验告诉我们，一个政党，一个国家，一支队伍，如果失去了斗争意志，离危亡也就不远了。坚定斗争意志不是好斗，而是当严峻形势和斗争任务摆在面前时，骨头要硬，不能胆怯、不能当逃兵，要敢于出击、敢战能胜，在大是大非面前敢于亮剑，在矛盾冲突面前敢于迎难而上，在危机困难面前敢于挺身而出，在歪风邪气面前敢于坚决斗争。因此，要实现中华民族伟大复兴中国梦，实现社会主义现代化强国目标，就必须凝聚党政干部的斗争意志，强化踔厉斗争精神。

一、踔厉斗争是中国共产党完成历史使命的根本保证

中国共产党是有着光荣而伟大的历史使命的政党。中国共产党所肩负的历史使命是由多个历史时期的分目标所组成的，它不是一蹴而就、一劳永逸地实现的，而是一个长期的、艰巨的、历史的过程。这就要求党政干部发扬踔厉斗争精神，努力推动党和国家的事业顺利前进。

（一）踔厉斗争是马克思主义政党的本质规定

马克思主义政党是工人阶级的先锋队，把全心全意为人类谋利益作为根本宗旨，始终把人民利益放在最高位置，为实现人民解放、人民幸福进而实现人的自由而全面发展的价值追求，而永远保持踔厉斗争精神，不断增强斗争本领。恩格斯在给奥·倍倍尔的信中曾说："一个新的纲领毕竟总是一面公开树立起来的旗帜，而外界就根据它来判断这个党。"① 《德意志意识形态》第一次明确提出："只有在共同体中，个人才能获得全面发展其才能的手段，也就是说，只有在共同体中才可能有个人自由。"② 《共产党宣言》指出："共产党人同其他无产阶级政党不同的地方只是：一方面，在无产者不同的民族的斗争中，共产党人强调和坚持整个无产阶级共同的不分民族的利益；另一方面，在无产阶级和资产阶级的斗争所经历的各个发展阶段上，共产党人始终代表整个运动的利益。"③ 未来的社会"将是这样一个联合体，在那里，每个人的自由发展是一切人的自由发展的条件"④。在《资本论》中，马克思提出，社会主义在社会本质上是"为一个更高级的、以每个人的全面而自由的发展为基本原则的社会形式建立现实基础"⑤。

政党是代表一定阶级、阶层的利益和意志，有独立的纲领、路线、策略，为参与或掌握政权而斗争的政治组织。马克思主义政党是在工人运动的发展与科学社会主义理论传播的基础上产生的。前者是马克思主义政党产生的阶级基础，后者是马克思主义政党产生的思想基础。

---

① 《马克思恩格斯选集》第 3 卷，人民出版社 1995 年版，第 325—326 页。
② 《马克思恩格斯选集》第 1 卷，人民出版社 2012 年版，第 199 页。
③ 《马克思恩格斯选集》第 4 卷，人民出版社 2012 年版，第 277—278 页。
④ 《马克思恩格斯选集》第 1 卷，人民出版社 2012 年版，第 422 页。
⑤ 《马克思恩格斯选集》第 2 卷，人民出版社 2012 年版，第 239 页。

只有这两者结合起来,才能产生马克思主义政党。工人阶级是先进生产力的代表者,肩负着推翻资产阶级统治、建立社会主义制度并最终实现共产主义的历史使命。这是因为,工人阶级最有社会政治远见,最有组织纪律性,最大公无私,是一支生气勃勃的力量。"在资本主义制度下,无产阶级是被压迫阶级,是被剥夺了任何生产资料所有权的阶级,是唯一同资产阶级直接对立和完全对立的因而也是唯一能够革命到底的阶级。"① 工人阶级是在斗争中不断成长成熟,从自在的阶级走向自为的阶级。工人阶级最初的斗争是分散的,他们的联合局限于特定的行业,斗争方向也往往是破坏机器、争取经济利益等比较初级的形式;随着斗争的发展,他们的联合日益扩大而作为一个阶级来行动,其斗争也走上政治舞台,并进一步认识到成立自己政党的必要性和紧迫性。

马克思主义政党是为共产主义而奋斗的使命型政党。马克思主义从来都不是僵死的教条,而是在具体的、历史的实践过程中不断丰富发展的。"我们没有最终目标。我们是不断发展论者,我们不打算把什么最终规律强加给人类。"② 《共产党宣言》也对无产阶级政党的性质这样表述:"共产党人不是同其他工人政党相对立的特殊政党"③,"他们不提出任何特殊的原则,用以塑造无产阶级的运动"④。作为使命型的马克思主义政党,在不同国家、民族和地区,基于具体的历史实践,随着具体历史和生产力发展的进步,主动自觉地推动着思想理论的新飞跃,是马克思主义及其政党理论发展的必然要求,也是马克思主义

---

① 《列宁全集》第37卷,人民出版社2017年版,第277页。
② 《马克思恩格斯文集》第4卷,人民出版社2009年版,第561页。
③ 《马克思恩格斯选集》第4卷,人民出版社2012年版,第277页。
④ 《马克思恩格斯选集》第1卷,人民出版社2012年版,第413页。

自身理论逻辑的内在要求。所以，马克思、恩格斯所设想的共产主义是以实现人的自由全面发展为目的，废除私有制，建立生产资料公有制，解放发展生产力，推动社会向前发展的。共产党在马克思主义指导下，制定了鲜明的政治纲领。这个纲领规定了党为之奋斗的最终目的和近期目的，是党的行动的指南。共产主义理想不是乌托邦，不是凭空猜测，而是建立在马克思、恩格斯对人类社会历史发展规律特别是资本主义社会基本矛盾运动规律科学分析的基础之上而发展出来的。共产主义的实现要经历不同的阶段，在不同的国家、不同的历史阶段又有代表那个阶段最广大人民利益的奋斗纲领。只有以马克思主义为指导的共产党，才是代表工人阶级整体利益和长远利益的先进政党。为了最终实现这一根本目的，在不同的历史时期和条件下又有近期的奋斗目标。

国际共产主义运动和社会主义革命实践已经证明，如果没有马克思主义理论的指导，无产阶级发动和领导的革命斗争是不可能取得胜利的。自从有了马克思主义理论指导下的马克思主义政党的领导，各国无产阶级革命运动就出现了新局面。1847年成立的共产主义者同盟，就是科学社会主义理论与工人运动相结合建立的第一个国际性的党组织。1869年成立的德国社会民主工党是最早在一个国家内建立起来的马克思主义政党。1898年，列宁成立的俄国社会民主工党（布），是与第二国际各党完全不同的新型的马克思主义政党。1921年，马列主义与中国工人运动相结合，产生了中国共产党。

社会主义事业的发展必须有马克思主义政党的领导。社会主义是共产主义的初级阶段。没有马克思主义政党的领导，社会主义革命和建设事业就不能取得胜利。马克思主义理论是无产阶级与被压迫人民争取独立、获得自由的指导思想和行动指南。马克思主义政党是社会主义革命、建设和改革的领导核心。在社会主义革命取得成功并建立起社会主义国家之后，工人阶级就要为巩固社会主义制度，特别是为建设社会主义而奋斗，这是工人阶级更重要更艰巨的任务。工人阶级和劳动群众是社会劳动的主要承担者，是社会存在和发展的支柱。他们不仅善于破坏一个旧世界，更善于建设一个新世界。在建设社会主义的进程中，同样需要马克思主义政党的领导作用。在社会主义国家，马克思主义政党成为执政党，掌握了国家政权，能够有效地利用全社会的资源和力量，来为社会主义建设事业服务。

中国共产党作为马克思主义政党，是为人民群众谋利益的执政党，代表着最广大人民的根本利益，以全心全意为人民服务、让人民过上美好生活为根本宗旨；是按照民主集中制原则组织起来的团结统一的党。它要求充分发扬党内民主，健全民主制度，保障党章规定的党的组织和党员的民主权利，使各级党组织和广大党员朝气蓬勃，以自己的积极性和创造性贡献于党的事业，并有效地监督党的干部特别是领导干部；在充分发扬民主的基础上，还要实行正确的集中，使全党在思想上政治上保持统一，在行动上做到步调一致。

中国共产党作为马克思主义政党，要完成自己的历史使命必须时刻凝聚斗争意志，坚持发扬踔厉斗争精神。唯物辩证法认为，事物的同一性是相对的，斗争性是绝对的，二者相互区别又相互关联，存在于任何矛盾中。主体在推动事物发展的斗争实践过程中，所形成的关于斗争的思维活动和心理状态或精神风貌被称为斗争意志。具体而言，斗争意志是党政干部在进行干事创业的过程中所展现出的敢于担当、敢于负责、敢于拼搏、敢于牺牲的风骨、气节、操守、胆魄，是党政干部理想信念、政治品格、战略思维、专业能力等各方面素养的集中体现。说到底，斗争意志是一种担当精神、奉献精神、拼搏精神、奋斗精神，就是要做到在各种风险挑战面前保持志气、骨气、底气，依靠斗争意志与各种困难挑战风险斗争到底。

中国共产党人所讲的斗争意志不同于传统意义上的人与人之间争斗所形成的那些歪曲、扭曲甚至变形的所谓的"斗争精神"。中国共产党所讲的斗争意志体现的是理想信念坚定、担当意识强烈、战略思维前瞻、斗争本领过硬。

坚定的理想信念是斗争意志的核心内容。中国共产党一经成立，就把实现共产主义作为党的最高理想和最终目标，义无反顾肩负起实现中华民族伟大复兴的历史使命，团结带领人民进行了艰苦卓绝的斗争，谱写了气吞山河的壮丽史诗。坚定的理想信念不仅是取得斗争胜利的根本保证，也是斗争精神的思想源泉和不竭动力，构成斗争精神的核心内容。党政干部应当清醒认识到，斗争具有长期性、复杂性、艰巨性，是一个历史性过程。只有理想信念坚如磐石，斗争才具有无比强大的精神动力，才能不畏惧任何困难和挑战，经受住各种风浪的考验，坚定不移地为实现斗争目标而奋斗。

强烈的担当意识是斗争意志的本质规定。党政干部敢于担当作为，就是要把习近平新时代中国特色社会主义思想转化为推进改革发展稳定和党的建设各项工作的实际行动，把初心使命变成党员干部锐意进取、开拓创新的精气神和埋头苦干、真抓实干的自觉行动，力戒形式主义、官僚主义，推动党的路线方针政策落地生根，推动解决人民群众反映强烈的突出问题，不断增强人民群众获得感、幸福感、安全感。就是要牢记我们党肩负的实现中华民族伟大复兴的历史使命，保持斗争精神，敢于直面风险挑战，把党的原则、党的事业和人民利益放在第一位，在大是大非、重大原则性问题方面，敢于较真碰硬，针锋相对，寸步不让；在各种繁重复杂的改革发展任务面前，敢挑最重的担子、敢啃最硬的骨头，既敢于斗争又善于斗争，以坚韧不拔的意志和无私无畏的勇气战胜前进道路上的一切艰难险阻。

前瞻的战略思维是斗争意志的方向性规定。党政干部是实现中华民族伟大复兴的骨干力量，处在重要的领导岗位之上，处于干事创业的第一线。"夫未战而庙算胜者，得算多也；未战而庙算不胜者，得算少也。"习近平总书记指出，战略思维能力，就是高瞻远瞩、统揽全局，善于把握事物总体趋势和方向的能力。党政干部不但要确立战略思维，还必须具有前瞻性的战略思维。领导干部只有站在战略和全局的高度观察和处理问题、从政治上认识和判断形势、透过纷繁复杂的表面现象把握事物的本质和发展的内在规律，才能视野开阔、胸襟博大，紧跟时代前进步伐，才能既抓住重点又统筹兼顾，既立足当前又放眼长远，既熟悉国情又把握世情，克服和避免只见现象不见本质、只见树木不见森林以及急功近利、目光短浅等现象，才能在斗争中赢得先机，牢牢掌握斗争主动权，不犯颠覆性错误。

过硬的斗争本领是斗争意志的外在表现。斗争精神最终体现在斗争实践上，党政干部要想在斗争实践中获得胜利，实现斗争意志，就必须练就高强的斗争本领。不但要成为专业素养和工作能力上的行家里手，还要成为驾驭全局的斗争高手，更要成为斗争团队的旗手。党政干部的斗争是建立在各项能力基础之上的创造性实践，随着斗争领域的不断拓展，斗争形势的日益复杂，斗争方式的不断增加，不仅要求党政干部讲究章法地"敢闯敢干"，更要求党政干部在把握斗争规律的前提下巧干妙干。

刀在石上磨，人在事中练。党政干部在任何时候、任何情况下都应做到敢于斗争、善于斗争、勇于进取，在任何威胁、困难面前决不能有丝毫犹豫不决、徘徊彷徨，决不能有任何低头退却。强化党政干部的斗争意志,就是要党政干部在风险挑战面前临危不惧、冲锋在前,在关键时刻和危急关头豁得出来、顶得上去、经得住考验,"踏平坎坷成大道,斗罢艰险又出发",以永不懈怠的精神状态和一往无前的斗争姿态,在党和人民需要的地方发光发热。

(二)踔厉斗争是中国共产党取得胜利的重要经验

中国近代以来的历史就是中国人民为了实现国家独立、民族解放和国家富强、人民富裕两大历史任务而踔厉斗争、不懈斗争、英勇斗争的历史。19世纪末期到20世纪初的这段时间,先进的中国人历尽艰难而苦苦探索,依然没有解决"中国向何处去"的问题。中华民族面临着亡国灭种的危险。毛泽东说:"革命不是请客吃饭,不是做文章,不是绘画绣花,不能那样雅致,那样从容不迫,文质彬彬,那样温良恭俭让。革命是暴动,是一个阶级推翻一个阶级的暴烈的行动。"[①] 所以,只有革命才能救中国,只有凝聚斗争意志、踔厉斗争才能救中国。

中国近代以来的两大历史任务是统一的,但是要实现还必须分阶段分步骤来进行,这些阶段与步骤之间又是相互衔接、相互贯通的。总的来看,中国式现代化的路程可以分为两大阶段。第一个阶段是实现国家独立和民族解放。在这个过程中,中国共产党肩负起时代赋予的重任,带领中国人民依靠不怕牺牲、敢于斗争的斗争意志,与帝国主义、封建主义、官僚资本主义和一切反动势力,进行了艰苦卓绝的斗争。历经北伐战争、土地革命、抗日战争、解放战争,终于推翻了压在中国人民头上的三座大山,建立了社会主义新中国。从1921年中国共产党成立到1949年中华人民共和国成立的28年间,我们有370多

---

① 《毛泽东选集》第1卷,人民出版社1991年版,第17页。

万名党员英勇牺牲，平均每天牺牲约370人。

第二个阶段是实现国家富强和人民富裕。在这个阶段中，又划分为不同的历史时期。社会主义建设探索时期，党凝聚全党全国人民的斗争意志，带领人民在一穷二白的基础上建立起现代化的工业体系，奠定了实现国家富强人民富裕目标的坚实基础。改革开放以来，中国共产党人提出了实现国家富强人民富裕的目标，并发出了一定要实现这个目标的号召，激发了全党全国人民的斗争意志，一往无前，努力拼搏。邓小平在党的十三大上提出"三步走"的总体战略部署：第一步，实现国民生产总值比1980年翻一番，解决人民的温饱问题；第二步，实现到20世纪末国民生产总值再翻一番，人民生活达到小康水平；第三步，到21世纪中叶，基本实现现代化，人均国民生产总值达到中等发达国家水平，人民过上比较富裕的生活。邓小平提出的"三步走"战略的第一步在20世纪80年代末期已基本实现，第二步在1995年就已完成。党的十五大报告指出，21世纪我们的目标是：第一个十年实现国民生产总值比2000年翻一番，使人民的小康生活更加宽裕，形成比较完善的社会主义市场经济体制；再经过十年的努力，到建党一百年时，使国民经济更加发展，各项制度更加完善；到21世纪中叶建国一百年时，基本实现现代化，建成富强民主文明的社会主义国家。[①] 第一个十年目标在21世纪初已经实现，第二个十年目标也已在党的十七大召开时胜利实现。

党的十九大报告指出：我们既要全面建成小康社会、实现第一个百年奋斗目标，又要乘势而上开启全面建设社会主义现代化国家新征程，向第二个百年奋斗目标进军。综合分析国际国内形势和我国发展

---

① 《十五大以来重要文献选编》（上），人民出版社2000年版，第4页。

条件，从 2020 年到本世纪中叶可以分两个阶段来安排。第一个阶段，从 2020 年到 2035 年，在全面建成小康社会的基础上，再奋斗十五年，基本实现社会主义现代化。第二个阶段，从 2035 年到本世纪中叶，在基本实现现代化的基础上，再奋斗十五年，把我国建成富强民主文明和谐美丽的社会主义现代化强国。党的二十大报告再次强调，全面建成社会主义现代化强国，总的战略安排是分两步走：从 2020 年到 2035 年基本实现社会主义现代化；从 2035 年到本世纪中叶把我国建成富强民主文明和谐美丽的社会主义现代化强国。①

每一个阶段性历史任务的实现过程中，都是一代又一代的中国共产党人凝聚斗志意志，以忘我的精神状态发挥积极性、主动性、创造性，使得国家富强人民富裕的阶段性目标得以如期甚至提前实现。当然，在前进的道路上，我们面临的风险考验只会越来越复杂，甚至会遇到难以想象的惊涛骇浪。我们不怕风险，就怕承平日久，缺乏斗争意志，嗅不出敌情、分不清是非、辨不明方向。

（三）发扬踔厉斗争精神是新时代党政干部的政治责任

要全面建成社会主义现代化强国、以中国式现代化全面推进中华民族伟大复兴，广大党政干部必须凝聚斗志意志，坚持发扬踔厉斗争精神，增强斗争本领。因为，党和国家的路线方针政策最终是通过每一位党政干部的辛勤工作得到贯彻执行的。如果各级党政干部凝聚斗争意志，坚持发扬踔厉斗争精神，充满工作激情，积极开展创造性工作，执政能力必定能够得到加强，各项工作必定能够顺利发展；反之，

---

① 习近平：《高举中国特色社会主义伟大旗帜　为全面建设社会主义现代化国家而团结奋斗——在中国共产党第二十次全国代表大会上的报告》，人民出版社 2022 年版，第 24 页。

各级党政干部缺乏斗争精神,不想干事、不愿干事,对工作推诿拖延,我们就无法干成大事,甚至可能会干错事。所以,凝聚斗争意志,坚持发扬踔厉斗争精神,增强斗争本领,是新时代各级党政干部的政治责任。

其一,把握斗争意志的科学内涵,自觉锤炼踔厉斗争的品格。斗争意志具有时代性,每个时代的斗争意志都有其专属的时代特征。新时代,我们所面临的问题和挑战都发生了较大的变化,党所要完成的任务也被赋予了新的时代内涵。我们所倡导的斗争精神同样具有丰富的时代内涵。

凝聚斗争意志,弘扬自我革命精神。党的二十大报告指出:"经过不懈努力,党找到了自我革命这一跳出治乱兴衰历史周期率的第二个答案,自我净化、自我完善、自我革新、自我提高能力显著增强,管党治党宽松软状况得到根本扭转,风清气正的党内政治生态不断形成和发展,确保党永远不变质、不变色、不变味。"[①] 中国共产党之所以具有自我革命的勇气,是因为党除了国家、民族、人民的利益,没有任何自己的特殊利益。不谋私利,才能谋根本、谋大利,才能从党的性质和根本宗旨出发,从人民根本利益出发,检视自己;不谋私利,才能不掩饰缺点、不回避问题、不文过饰非;不谋私利,才能光明磊落,有缺点克服缺点,有问题解决问题,有错误承认并纠正错误。要把以中国式现代化全面推进中华民族伟大复兴这个历史任务完成好,党必须勇于进行自我革命,把党建设得更加坚强有力。发挥自我革命精神,坚守政治方向是实现自我革命的基础,提高政治能力是实现自

---

① 习近平:《高举中国特色社会主义伟大旗帜 为全面建设社会主义现代化国家而团结奋斗——在中国共产党第二十次全国代表大会上的报告》,人民出版社2022年版,第14页。

我革命的核心,防范政治风险是实现自我革命的重点。自我革命是自我反思、自我扬弃、自我超越的过程。中国共产党作为一个先进的执政党,只有在自我反思、自我扬弃、自我超越的过程中,才能不断自我净化、自我完善、自我革新、自我提高,才能经得起任何风浪的考验。党政干部也只有通过自我革命实现自我净化、自我完善、自我革新、自我提高,才能心无旁骛地投入中华民族伟大复兴事业的斗争之中。

凝聚斗争意志,发扬艰苦奋斗精神。发扬艰苦奋斗精神,要勇于在艰苦奋斗中净化灵魂、磨砺意志、坚定信念。各级党政干部要紧紧围绕人民对美好生活的向往这个目标,始终带领广大人民群众不懈奋斗,形成竞相奋斗、团结奋斗的生动局面。发扬艰苦奋斗精神要树立奋斗志向。奋斗是艰辛的、长期的、曲折的,具有传承性和时代性。历史只会眷顾坚定者、奋进者、搏击者,而不会等待犹豫者、懈怠者、畏难者。当代中国要完成广泛而深刻的社会革命,宏大而独特的实践创新,要以更加强大的创新劲头去开创新生活,树立创造人间新奇迹的伟大志向。发扬艰苦奋斗精神要有百折不挠的斗争品格。斗争是直面前进道路上的新情况、新问题,以动真碰硬、不达目的誓不罢休的精神状态,闯关夺隘、善作善成的意志品格,不断攻坚克难,推动各种问题的解决。发扬艰苦奋斗精神要有自主精神。艰苦奋斗才有出路,自强不息方有前途。奋斗不能指望依靠别人来实现自己的梦想,不能拄着别人的拐棍走路,必须坚持走自力更生的道路,扎扎实实做好我们自己正在做的事情。

凝聚斗争意志,弘扬无私奉献精神。奉献是中华民族的传统美德,更是共产党人重要的精神特质。无私奉献,特指那些为党和人民事业不计得失、不求回报、真诚无私的情怀和格局。舍小家而为大家,舍己而为人，这是党政干部的基本素养，是人类社会文明进步的重要标志，是人类最纯洁最崇高最伟大的精神。中国共产党员作为无产阶级的先锋队，不是随便叫出来的，而是在勇于牺牲的斗争中干出来的，是在实现国家富强人民富裕的实践中干出来的。中国共产党是最讲奉献精神、最具奉献精神的先进政党。离开了奉献，党的斗争意识、精神谱系就会缺少内涵、失去神韵。在中国式现代化的进程中，共产党人为了民族独立、人民幸福、国家富强，以对党、国家和人民的忠诚，主动担当作为、无私敬业奉献，成就了举世瞩目的宏图伟业。新时代强烈呼唤共产党人的奉献精神。党的事业，人民的事业，是靠千千万万党员的忠诚奉献而不断铸就的。"我们共产党人讲奉献，就要有一颗为党为人民矢志奋斗的心，有了这颗心，就会'痛并快乐着'，再怎么艰苦也是美的、再怎么付出也是甜的，就不会患得患失。这才是符合党和人民要求的大奉献。"① 党政干部必须坚守全心全意为人民服务宗旨，一定要吃苦在前，享受在后，克己奉公，多做贡献，以"踏石留印、抓铁有痕"的干劲，一个声音喊到底，一个目标干到底，不断提升个人的理想追求，坚定自己的理想信念。真正在改革、发展和稳定中起榜样和表率作用，确保把每一项工作都抓紧抓实，抓出成效。对国家、对民族、对人民的赤诚奉献，是通过一个个党政干部来展现的。要教育引导广大党员干部坚守人民立场，树立以人民为中心的发展理念，增进同人民群众的感情，自觉同人民想在一起、干在一起，着力解决群众的操心事、烦心事，以为民谋利、为民尽责的实际成效取信于民。我们的党政干部要干事，特别是要干成事，尤其要注意到两个

---

① 《习近平关于党风廉政建设和反腐败斗争论述摘编》，中国方正出版社2015年版，第144—145页。

方面：一方面，我们这个14亿多人口的发展中大国，要在2035年基本实现现代化，在本世纪中叶全面建成社会主义现代化强国的蓝图，不是凭空描绘的，更不是说说而已的，而是必须朝着既定目标不断奋勇前进，一步一个脚印去努力实现的；另一方面，由于经济社会快速发展积累了不少矛盾和问题，加上面对复杂的国际环境，我们在前进的道路上还要继续跨越许多"雪山""草地"，征服许多"娄山关""腊子口"，在这个过程中，流汗是经常的，流血也是难免的，到了关键时刻还可能要献身，说到底就是要奉献，是党政干部带头奉献、无私奉献。这是中国共产党之根本所在，做不到这一点，就不是真正的共产党人。

凝聚斗争意志，坚持批评和自我批评精神。新时代发扬批评和自我批评精神必须坚持实事求是，讲党性不讲私情、讲真理不讲面子，坚持"团结—批评—团结"，按照"照镜子、正衣冠、洗洗澡、治治病"的要求，严肃认真提意见，满腔热情帮同志，决不能把自我批评变成自我表扬、把相互批评变成相互吹捧。党政干部对各种不同意见要虚心听取，鼓励下级反映真实情况。特别是高级干部必须带头从谏如流、敢于直言，以批评和自我批评的示范行动引导党员干部打消"自我批评怕丢面子、批评上级怕穿小鞋、批评同级怕伤和气、批评下级怕丢选票"等思想顾虑。要坚持用批评和自我批评的武器，切实提高领导班子发现和解决自身问题的能力。发扬批评和自我批评精神，要敢于较真。党政干部要敢于说真话、曝真相，敢于打破情面，善于找出问题，乐于帮助同事，而不是你好我好大家好地和稀泥。要敢于担当。党政干部要经常审视自己，敢于剖析自己，不断修正自己，努力提高自己。有接纳批评的勇气，才会从批评中获取政治营养，才能不断进步。要注重实际。党政干部要秉承"惩前毖后、治病救人"的方针，坚持"批中有帮，批中有教，批中有情，批中有责"，使批评与自我批评令人心悦诚服，切实起到解决问题、改正错误、促进工作的作用。

其二，从红色基因中汲取凝聚斗争意志的基因。斗争意志是马克思主义政党的精神内核。马克思将斗争精神融入血液和灵魂，把为人类解放而斗争作为毕生的使命。恩格斯在《在马克思墓前的讲话》中这样评价马克思："斗争是他的生命要素。很少有人像他那样满腔热情、坚韧不拔和卓有成效地进行斗争。"[①]《共产党宣言》是一部充满斗争精神、批判精神、革命精神的经典著作，至少有32处用到"斗争"一词，是全世界共产党人斗争的宣言书。中国共产党自诞生之日起，便继承了马克思主义者的斗争意志，始终保持着敢于斗争的鲜明政治品格和英勇无畏的英雄气概。无论是在革命战争年代，还是在社会主义建设和改革时期，一大批中国共产党人为争取民族独立、实现国家富强而顽强拼搏、不懈战斗，甚至付出了宝贵的生命。在不同的年代，又形成了具有时代特色的斗争意志：在革命战争年代，斗争意志是面对枪林弹雨，勇于浴血奋战、视死如归；在和平建设年代，斗争意志是面对艰难局面，始终激情燃烧、无私奉献；在改革开放年代，斗争意志是面对千钧重担，敢于不畏艰险、担当作为，善于研究新情况，不断解决新问题，积极开创中国特色社会主义伟大事业；在新时代，斗志意志就是要克服中华民族伟大复兴征途中的各种困难险阻、风险挑战，奋力实现第二个百年奋斗目标。

中国共产党人的斗争意志在实现中国式现代化的历史进程中发挥了重要作用，是中国共产党带领人民战胜困难、取得胜利的精神动力。

[①] 《马克思恩格斯选集》第3卷，人民出版社2012年版，第1003页。

中国共产党在中华民族处于亡国灭种的危难之中诞生，自诞生之日起，就以斗争意志作为前进动力砥砺前行，始终保持敢于斗争的鲜明政治品格和英勇无畏的英雄气概。"我们党领导的革命、建设、改革伟大实践，是一个接续奋斗的历史过程，是一项救国、兴国、强国，进而实现中华民族伟大复兴的完整事业。"① 习近平总书记指出，我们共产党人的斗争，从来都是奔着矛盾问题、风险挑战去的。面对各种危难，中国共产党人始终发扬斗争精神，不惧艰险不怕失败，在斗争中不断总结经验教训，把马克思主义基本原理同中国具体实际相结合、同中华优秀传统文化相结合，总是能正确回答时代和实践提出的重大问题，找到最符合时代要求的前进道路和战略策略。

其三，从实践出发培育和增强凝聚斗争意志的本领。新时代，我国社会主要矛盾已经转化为人民日益增长的美好生活需要和不平衡不充分的发展之间的矛盾，我们面临的风险考验只会越来越复杂，斗争精神弥足珍贵，更需要凝聚斗争意志、发扬斗争精神、增强斗争本领。

新时代，我们比历史上任何时期都更接近、更有信心和能力实现中华民族伟大复兴的目标，但中华民族伟大复兴绝不是轻轻松松、敲锣打鼓就能实现的。越是接近目标，斗争的形势就越是严峻，斗争的方向也越是清晰。习近平总书记指出："新形势下，我们党面临着许多严峻挑战，党内存在着许多亟待解决的问题。尤其是一些党员干部中发生的贪污腐败、脱离群众、形式主义、官僚主义等问题，必须下大气力解决。全党必须警醒起来。"② 我们在前进的道路上既有良好的发展机遇，也不可避免会遇到诸多风险挑战。我们现在所处的是一个船

---

① 《十八大以来重要文献选编》（上），中央文献出版社2014年版，第694页。
② 《习近平关于全面从严治党论述摘编》，中央文献出版社2016年版，第147页。

到中流浪更急、人到半山路更陡的时候，是一个愈进愈难、愈进愈险而又不进则退、非进不可的时候。在新的历史条件下，我们党要团结带领人民有效应对重大挑战、抵御重大风险、克服重大阻力、解决重大矛盾，必须进行具有许多新的历史特点的伟大斗争，必须凝聚斗争意志、发扬斗争精神、增强斗争本领，必须有效防范化解政治、意识形态、经济、科技、社会、外部环境、党的建设等领域的重大风险挑战。

当前，中国共产党的中心任务就是团结带领全国各族人民全面建成社会主义现代化强国、实现第二个百年奋斗目标，以中国式现代化全面推进中华民族伟大复兴。[①] 这是新时代的重要任务，形势紧迫、任务艰巨、工作繁重，对广大党政干部提出了更加严峻且具体的要求。党政干部只有把握好习近平新时代中国特色社会主义思想的世界观和方法论，坚持好、运用好贯穿其中的立场观点方法，去发现、分析和解决工作中的突出矛盾和复杂问题，只有倍加珍惜党和人民赋予的职责使命，不断凝聚坚韧的斗争意志，才能始终做到在大是大非面前敢于亮剑，在矛盾冲突面前敢于迎难而上，在危机困难面前敢于挺身而出，在歪风邪气面前敢于较真碰硬，才能"踏平坎坷成大道，斗罢艰险又出发"，朝着既定的奋斗目标前进。

二、斗争意志是中国共产党百年奋斗的内在驱动力

斗争意志已融入中国共产党人的精神血脉中，是中国共产党的精

---

① 习近平：《高举中国特色社会主义伟大旗帜　为全面建设社会主义现代化国家而团结奋斗——在中国共产党第二十次全国代表大会上的报告》，人民出版社2022年版，第21页。

神动力,也是中国共产党人的精神动力。斗争意志不但激励着一代又一代的中国共产党人持之以恒地努力奋斗,更激励着中国共产党坚持发扬踔厉斗争精神,团结和带领全国各族人民以中国式现代化全面推进中华民族伟大复兴。

(一)斗争意志具有鲜明的时代特性

马克思、恩格斯曾指出:"一切划时代的体系的真正的内容都是由于产生这些体系的那个时期的需要而形成起来的。"① 在中华民族伟大复兴的历史新征程中,摆在我们眼前的是异常深刻复杂的内外部环境,党政干部必须充分认识和准确把握这些新情况新问题新挑战,顺应时代大势,一如既往地凝聚斗争意志,坚持发扬踔厉斗争精神,增强斗争本领,才能经受住风云变幻的世界形势的挑战,在各种风浪考验中得到革命性锻造,不断从胜利走向新的胜利。

中国共产党的斗争意志具有鲜明的时代特性:

一是人民性。人民性是共产党人斗争意志首要的、根本的特性,是斗争意志的核心内涵,也是共产党人坚持发扬踔厉斗争精神的依靠力量。《共产党宣言》指出:"过去的一切运动都是少数人的,或者为少数人谋利益的运动。无产阶级的运动是绝大多数人的,为绝大多数人谋利益的独立的运动。"② 中国共产党的斗争意志,不是为了个人私利的斗争,更不是为了"食利者"阶层的斗争,而是站在人民群众的立场上,为了最广大人民群众利益的英勇斗争。无私方可无畏,无畏才能心无杂念、一往无前。斗争的人民性让党政干部站在了道义的制

---

① 《马克思恩格斯全集》第3卷,人民出版社1960年版,第544页。
② 《马克思恩格斯选集》第1卷,人民出版社2012年版,第411页。

高点，获得人民群众的衷心拥护和全力支持。

二是率先性。率先性是中国共产党及各级党政干部带领广大人民群众为实现伟大事业目标而英勇奋斗的特性，是中国共产党先进性的集中表现。发挥好各级党政干部的表率作用，才能以上率下，团结和带领人民群众开展各个领域的伟大斗争。要实现第二个百年目标、以中国式现代化全面推进中华民族伟大复兴，必须始终如一地坚持和加强中国共产党的全面领导，党政干部要凝聚斗争意志，自觉、积极、主动投身到伟大事业的斗争中去。

三是艰巨性。艰巨性是指中国共产党在领导全国各族人民实现第二个百年奋斗目标、以中国式现代化全面推进中华民族伟大复兴的过程中所可能遇到的各类矛盾与问题、风险与挑战，任务是艰巨的，使命是伟大的，过程是长期的。在世界百年未有之大变局和中华民族伟大复兴战略全局下，要实现新时代新征程中国共产党的使命任务，就必须与实现这一使命任务过程中的各种问题作坚决斗争。"我们中国共产党人干革命、搞建设、抓改革，从来都是为了解决中国的现实问题。"[①] 党政干部要始终凝聚斗争意识，坚持发扬踔厉斗争精神，敢于正视问题，勇于解决矛盾，善于攻克难关，扫除中国特色社会主义发展道路上的一个个"绊脚石"与"拦路虎"。

四是继承性。新时代所需要的斗争意志继承了中华优秀传统文化中的斗争意志、马克思主义经典作家的斗争意志、中国共产党革命建设改革文化中的斗争意志。中华优秀传统文化中的自立自强、不畏艰险、敢于斗争的斗争意志既是自强不息民族意志的最重要内核和最直观体现，更是中华优秀传统文化不可分割的重要组成部分。马克思主

---

① 《十八大以来重要文献选编》（上），中央文献出版社2014年版，第497页。

义经典作家革命思想的重要内容与一贯主张，充满了斗争意志，彰显了马克思主义经典作家为人类解放事业终生奋斗的高尚品德。中国共产党在领导中国人民进行革命斗争、社会主义建设和改革的过程中所形成的斗争经验、斗争意志、斗争策略，为新时代进行伟大斗争提供了有益参考。

五是自我革命性。自我革命性是共产党人斗争意志区别于其他政党最鲜明的特性，是斗争意志的灵魂。自我革命性使得党政干部敢于刀刃向内，向自己开刀，面对顽瘴痼疾时具有壮士断腕的决心和刮骨疗毒的狠劲；始终坚持与时代同步伐、与人民同呼吸共命运，与时俱进地创新自己的思维方式、生产方式、生活方式，凝聚斗争意志，发扬斗争精神，永不僵化、永不停滞、永远前进。

（二）斗争意志鼓舞和激励着斗争实践

中国共产党的百年斗争历程，既是党领导中国人民不懈奋斗的历史，也是一部斗争意志的凝练和发展的历史，更是踔厉斗争精神不断强化和提升的历史。中国共产党成功走出一条中国特色社会主义道路，每一项历史成就的取得都离不开斗争意志的推动和激励。

第一，新民主主义革命时期的斗争意志最集中地表现为自我牺牲精神。鸦片战争后，中国成为半殖民地半封建社会，深受帝国主义、封建主义、官僚资本主义的摧残与压迫。无数仁人志士前仆后继，为民族独立和人民解放展开了艰苦卓绝的抗争探索，积累了丰富的斗争经验，为找寻正确的斗争道路提供了实践参考。中国共产党自创立之日起，就义无反顾地担负起"为中国人民谋幸福，为中华民族谋复兴"的历史使命，历经北伐战争、土地革命、抗日战争、解放战争等伟大斗争，最终取得了新民主主义革命的胜利，建立了中华人民共和国。伟大革命锻造伟大精神，在这28年的历史时期的奋斗中，在每一个历史阶段经历了不同的斗争过程，形成了属于那个历史阶段的特有的斗争精神，包括建党精神、井冈山精神、长征精神、延安精神、抗战精神、西柏坡精神等，见证了中国共产党在战火洗礼中从稚嫩到成熟、从羸弱到强大的成长过程，诠释了中国共产党舍生忘死、不屈不挠的革命牺牲精神，向世界宣告"我们中华民族有同自己的敌人血战到底的气概，有在自力更生基础上的光复旧物的决心，有自立于世界民族之林的能力"①。

伟大建党精神。习近平总书记指出："一百年前，中国共产党的先驱们创建了中国共产党，形成了坚持真理、坚守理想，践行初心、担当使命，不怕牺牲、英勇斗争，对党忠诚、不负人民的伟大建党精神，这是中国共产党的精神之源。"② 伟大建党精神是中国共产党团结带领中国人民进行一切奋斗、一切创造的精神动力，是中国共产党立党、兴党、强党的精神原点和思想基点。

井冈山精神。大革命失败后，中国革命转入低潮。以毛泽东等为代表的中国共产党人，在井冈山创建了中国第一个农村革命根据地，开辟了农村包围城市、武装夺取政权的正确道路。培育和形成了"坚定信念、艰苦奋斗、实事求是、敢闯新路、依靠群众、勇于胜利"的井冈山精神。体现了无产阶级的思想、作风和道德风貌，体现了对共产主义远大理想的追求。

长征精神。第五次反"围剿"失败后，红军开始了二万五千里长征。红军指战员在长征途中表现出把全国人民和中华民族的根本利益看得高于一切，坚定革命理想和信念，坚信正义事业必然胜利的精神；

---

① 《十八大以来重要文献选编》（上），中央文献出版社2014年版，第690页。
② 习近平：《在庆祝中国共产党成立100周年大会上的讲话》，人民出版社2021年版，第8页。

表现出为了救国救民，不怕任何艰难险阻，不惜付出一切牺牲的精神；表现出坚持独立自主、实事求是、一切从实际出发的精神；表现出顾全大局、严守纪律、紧密团结的精神；表现出紧紧依靠人民群众，同人民群众生死相依、患难与共、艰苦奋斗的精神。这就是伟大的长征精神。长征精神是中华民族百折不挠、自强不息的民族精神的最高表现，是保证我们革命和建设事业走向胜利的强大精神力量。

延安精神。延安精神内容丰富、内涵深刻、源远流长。延安精神的主要内容是：坚定正确的政治方向，解放思想、实事求是的思想路线，全心全意为人民服务的根本宗旨，自力更生、艰苦奋斗的创业精神。它既是5000多年中华优秀传统文化的继承和发扬，也是我们党的宝贵精神财富。

抗战精神。抗战精神是中华民族在抗日战争过程中乃至在处理战时、战后诸多问题时所形成和表现出来的伟大民族精神，具体表现为天下兴亡、匹夫有责的爱国情怀，视死如归、宁死不屈的民族气节，不畏强暴、血战到战的英雄气概，百折不挠、坚忍不拔的必胜信念。

西柏坡精神。西柏坡精神是指以毛泽东为首的党中央在驻西柏坡期间，所体现和创立的一系列革命精神。它的主要内容包括：谦虚谨慎、艰苦奋斗的精神；敢于斗争、敢于胜利的精神；依靠群众、团结统一的精神。它的核心是教育全党牢记"两个务必"，要经得起新的历史阶段的考验；其实质是巩固和加强党的执政地位，不断地把社会主义事业推向前进。

第二，社会主义革命和建设时期的斗争意志集中表现为开拓奋斗精神。社会主义建设探索时期，以毛泽东同志为核心的第一代党和国家领导人秉承革命斗争意志，领导全国人民进行中华民族有史以来最为广泛而深刻的社会变革。对外，确立了独立自主的和平外交方针，清除帝国主义在中国的势力和一切特权，夺取了抗美援朝战争、珍宝岛保卫战等一系列重大胜利，使中国的国际威望空前提高，为经济建设和社会改革赢得了相对稳定的和平环境。对内，坚决镇压反革命，肃清反动残余势力，采取没收官僚资本建立国营经济、稳定物价、深化土改、合理调整工商业等切实可行的政策，迅速恢复了国民经济，完成了社会主义改造，开启了社会主义工业化进程。这一历史时期形成的"两弹一星"精神、雷锋精神、大庆精神（铁人精神）等，成为新生人民政权守业开拓、跨越严峻考验的强大精神动力，翻开了社会主义建设的新篇章，奠定了中华民族由衰落到强大的基础。

"两弹一星"精神。20世纪五六十年代，面对严峻的国际形势，为打破核大国的讹诈与垄断，为了世界和平和国家安全，在条件十分艰苦的情况下，党中央高瞻远瞩，果断作出了研制"两弹一星"的战略决策。老一代科学家和广大研制人员发扬"热爱祖国、无私奉献，自力更生、艰苦奋斗，大力协同、勇于攀登"的精神，风餐露宿，顽强拼搏，团结协作，克服了各种难以想象的艰难险阻，突破了一个又一个技术难关，取得了中华民族为之自豪的伟大成就。

雷锋精神。雷锋精神的主要内涵包括：热爱党、热爱祖国、热爱社会主义的崇高理想和坚定信念，服务人民、助人为乐的奉献精神，干一行爱一行、专一行精一行的敬业精神，锐意进取、自强不息的创新精神，艰苦奋斗、勤俭节约的创业精神。其核心是信念的能量、大爱的胸怀、忘我的精神、进取的锐气。它已经成为我们民族精神的最好写照。

大庆精神（铁人精神）。大庆精神（铁人精神）概括地说就是"爱国、创业、求实、奉献"。主要包括：为国争光、为民族争气的爱国主义精神；独立自主、自力更生的艰苦创业精神；讲求科学、"三老

"四严"的科学求实精神；胸怀全局、为国分忧的奉献精神。

第三，改革开放和社会主义现代化建设新时期的斗争意志集中体现为改革创新精神。1978年，党的十一届三中全会重新确立了"解放思想、实事求是"的思想路线，作出了改革开放的伟大决策。我国社会主要矛盾转向"人民日益增长的物质文化需要同落后的社会生产之间的矛盾"[①]，逐步确立了社会主义初级阶段基本路线，开始了走自己的路、建设中国特色社会主义的伟大探索。在改革开放征程中，共产党人以自我革命的勇气开拓了马克思主义中国化的新境界，从根本上改变束缚我国生产力发展的体制机制，提出经济特区建设、"一国两制"等创造性构想，开创了社会主义建设事业新局面。进入新世纪后，我国建立了全世界最完整的现代工业体系，成为世界第二大经济体，综合国力大幅增强。这一时期形成的改革开放精神、抗洪精神、抗击非典精神、抗震救灾精神、载人航天精神等伟大精神，赋予了共产党人崭新的斗争精神特质。

改革开放精神。改革开放精神是中国共产党在改革开放实践、探索和发展中国特色社会主义事业这一特定的历史时期中所形成"解放思想、实事求是，敢闯敢试、勇于创新，互利合作、命运与共"的精神品格。

抗洪精神。1998年夏，在抗洪抢险斗争中，形成了"万众一心、众志成城，不怕困难、顽强拼搏，坚韧不拔、敢于胜利"的伟大抗洪精神。其实质是，以公而忘私、舍生忘死的共产主义精神为灵魂；以人民利益、国家利益、全局利益至上的大局意识为核心；以团结一致，齐心协力，"一方有难，八方支援"的社会主义大协作精神为纽带；以

---

① 《十三大以来重要文献选编》（上），人民出版社1991年版，第12页。

不怕困难、不畏艰险、敢于胜利的革命英雄主义精神为旗帜；以自强不息、贵公重义、艰苦奋斗、同舟共济、坚韧不拔、自尊自励等传统美德为血脉为营养。

抗击非典精神。2002 年 11 月以来，我国一些地区发生了传染性非典型性肺炎疫情，面对非典型性肺炎疫情这场突如其来的重大灾害，共产党员冲锋在前、勇挑重担；人民群众团结一致、相互支援；医务工作者舍生忘死、前赴后继；科技工作者夙兴夜寐、全力攻关。在抗击非典的关键时刻，党中央提出"万众一心、众志成城，团结互助、和衷共济，迎难而上、敢于胜利"的抗击非典精神。

抗震救灾精神。2018 年，四川汶川特大地震的抗震救灾中所表现出来的伟大精神，概括为"万众一心、众志成城，不畏艰险、百折不挠，以人为本、尊重科学"。抗震救灾精神体现了中国人民团结奋进的强大力量，泰山压顶不弯腰的英勇气概；体现了对人民的高度关爱、对科学的高度尊重。

第四，新时代的伟大斗争精神。党的十八大以来，以习近平同志为核心的党中央，在习近平新时代中国特色社会主义思想的指引下，以反腐败为切入点，重塑党的形象；以党的建设为着眼点，强化党的领导作用；以中国梦为立足点，确立中国的世界方位。① 统筹推进"五位一体"总体布局、协调推进"四个全面"战略部局，提出"四个伟大"历史使命，树立以人民为中心的新发展理念，不断满足人民对美好生活的向往；"深刻回答了新时代坚持和发展什么样的中国特色社会主义、怎样坚持和发展中国特色社会主义这个重大时代课题"②。在新

---

① 马彦涛：《习近平总书记治国理政思想的战略重点解读》，《中共郑州市委党校学报》，2017 年第 1 期。

② 习近平：《在庆祝改革开放 40 周年大会上的讲话》，人民出版社 2018 年版，第 8 页。

的斗争实践中明确了斗争意志的新内涵新指向,为实现富强民主文明和谐美丽的社会主义现代化强国注入了新的精神之源。

中国共产党的成立、成长、发展、壮大史是一部"为有牺牲多壮志,敢教日月换新天"的斗争史,中国共产党旨在实现马克思主义所倡导的科学社会主义理想,就必须战胜来自自然界、人类社会、思维层面等各方面的挑战与诘难。在中国共产党逾百年的斗争历程中,每一个阶段之中又因斗争而产生了与那个阶段相响应的斗争意志,激励着一代代的中国共产党人继续向前奋斗。每一个历史时期的斗争的目标与内涵也存在着差异,但无论是哪个历史时期的斗争,都是中国共产党人朝着伟大理想而作出的努力,形成了激励人民不懈努力、持续奋斗的精神支撑。随着中国式现代化的推进,党政干部更要在干事创业的历史进程中,凝聚斗争意志、保持斗争姿态、发扬踔厉斗争精神,赢得斗争的最后胜利。

(三)党政干部斗争意志的"群英谱"

中国共产党人的斗争意志是由共产党人来塑造、传承、引领的。在中国共产党的斗争历程中,涌现出了许多为社会主义事业而斗争的时代代表,他们不但成为其所属时代的专有符号,还成为激励一代又一代中国人奋勇前进的精神动力。

榜样的力量是无穷的。一个典型就是一面旗帜,一个模范就是一座丰碑。在延安时期,毛泽东悼念因公殉职的张思德,发表了《为人民服务》的演讲,高度赞扬了张思德完全、彻底为人民服务的思想境界和革命精神。"人总是要死的,但死的意义有不同。中国古时候有个文学家叫做司马迁的说过:'人固有一死,或重于泰山,或轻于鸿毛。'为人民利益而死,就比泰山还重;替法西斯卖力,替剥削人民和压迫人民的人去死，就比鸿毛还轻。张思德同志是为人民利益而死的，他的死是比泰山还要重的。""因为我们是为人民服务的，所以，我们如果有缺点，就不怕别人批评指出。……只要我们为人民的利益坚持好的，为人民的利益改正错的，我们这个队伍就一定会兴旺起来。"① 在争取民族独立和人民解放的斗争中，还涌现出了董存瑞、黄继光、邱少云等战斗英雄，他们为了民主富强的新中国而斗争，奉献自己的热血与生命，呈现出了中国军人敢于斗争敢于牺牲的高尚情怀。

在社会主义建设时期，焦裕禄坚持实事求是、群众路线的领导工作方法，努力改变兰考内涝、风沙、盐碱三害现状，同兰考县干部和群众一起与严重的自然灾害顽强斗争，带领全县人民战天斗地，奋力改变兰考贫困面貌。他虽身患肝癌，依旧忍着剧痛坚持工作，被誉为"党的好干部""人民的好公仆"。习近平总书记在河南省兰考县指导党的群众路线教育实践活动时指出：要见贤思齐，组织党员、干部把焦裕禄精神作为一面镜子来好好照一照自己，努力做焦裕禄式的好党员、好干部。焦裕禄同志是县委书记的榜样，也是全党的榜样。无论过去、现在还是将来，焦裕禄精神都永远是亿万人民心中一座永不磨灭的丰碑，永远是鼓舞我们艰苦奋斗、执政为民的强大思想动力，永远是激励我们求真务实、开拓进取的宝贵精神财富，永远不会过时。

再如带领人民奋力治沙、被群众誉为"谷满仓"的谷文昌。1950年，福建省东山县解放后，谷文昌任中共东山县工委书记，后历任中共东山县工委组织部部长、东山县县长、中共东山县委书记。东山岛东南部原有3.5万多亩荒沙滩，起狂风时飞沙侵袭村庄，吞噬田园。谷文昌发出誓言：如不治服风沙，就让风沙把我埋掉。他带领干部群

---

① 《毛泽东选集》第3卷，人民出版社1991年版，第1004—1005页。

众筑堤拦沙、挑土压沙、植草固沙、种树防沙,在194公里的海岸线筑起了"绿色长城",实现粮食亩产过千斤,被群众称为"谷满仓"。1964年,全县造林8.2万亩,400多座小山丘和3万多亩荒沙滩基本完成绿化。谷文昌病逝后,当地群众把他的骨灰埋在东山岛上,每逢敬宗祭祖时节,都有老百姓祭奠这位为东山人民造福的共产党人。习近平总书记在同中央党校第一期县委书记研修班学员进行座谈时强调:"我经常提到五六十年代福建东山县委书记谷文昌,他一心一意为老百姓办事,当地老百姓逢年过节是'先祭谷公,后拜祖宗'。"① 这一时期,更是出现了跳下泥浆搅拌水泥、誓死也要摘掉中国贫油国帽子的"铁人"王进喜,把自己的生命都融入到做好事的好战士雷锋等模范典型,教会我们什么无私奉献,怎样才能无愧于民。

在中国特色社会主义新时代,为中国特色社会主义事业努力奋斗的榜样人物不断涌现。他们当中,有"两弹一星"元勋朱光亚、"中国核潜艇之父"黄旭华、"杂交水稻之父"袁隆平、"抗艾英雄"桂希恩、"飞天神女"王亚平、驻外大使孙必干、"暴走妈妈"陈玉蓉、"平民英雄"方俊明、"处处做好事"的全国道德模范吴天祥、"新年不欠旧年账,今生不欠来生债"的孙水林和孙东林兄弟、"无声世界创造美"的邰丽华。他们来自不同领域、不同地区、不同岗位、不同职业,但每个榜样人物身上都有一种让我们感到心灵震撼的精神力量——为事业而斗争,为事业而奉献。

2019年9月29日,中华人民共和国国家勋章和国家荣誉称号颁授仪式在北京人民大会堂金色大厅隆重举行,习近平总书记向于敏、申纪兰、孙家栋、李延年、张富清、袁隆平、黄旭华、屠呦呦等"共和

---

① 《习近平谈治国理政》第2卷,外文出版社2017年版,第144页。

国勋章"获得者,向于漪、卫兴华、王蒙、王文教、王有德、王启民、王继才、艾热提·马木提、布茹玛汗·毛勒朵、叶培建、申亮亮、朱彦夫、麦贤得、李保国、李道豫、吴文俊、张超、南仁东、秦怡、都贵玛、热地、顾方舟、高铭暄、高德荣、郭兰英、董建华、程开甲、樊锦诗等国家荣誉称号获得者颁授勋章奖章。习近平总书记指出,国家勋章和国家荣誉称号获得者,是千千万万为党和人民事业作出贡献的杰出人士的代表。他们身上生动体现了中华民族精神和社会主义核心价值观,他们的事迹和贡献将永远写在共和国史册上。崇尚英雄才会产生英雄,争做英雄才能英雄辈出。我们以最高规格褒奖英雄模范,就是要弘扬他们身上展现的忠诚、执着、朴实的鲜明品格。英雄模范们都对党和人民事业矢志不渝、百折不挠,都在党和人民最需要的地方冲锋陷阵、顽强拼搏,都在平凡的工作岗位上忘我工作、无私奉献,其中很多同志都是做隐姓埋名人、干惊天动地事的典型,展现了一种伟大的无我境界。英雄模范们用行动再次证明,伟大出自平凡,平凡造就伟大。只要有坚定的理想信念、不懈的奋斗精神,脚踏实地把每件平凡的事做好,一切平凡的人都可以获得不平凡的人生,一切平凡的工作都可以创造不平凡的成就。[①]

在中国特色社会主义新时代,在脱贫攻战的斗争中,也涌现出了以黄文秀为代表的榜样人物。2016年,黄文秀从北京师范大学研究生毕业后,回到家乡广西壮族自治区百色市工作。2018年,黄文秀积极响应组织号召,到乐业县百坭村担任驻村第一书记。她埋头苦干,带领88户418名贫困群众脱贫,使全村贫困发生率下降20%以上。黄文

---

① 习近平:《在国家勋章和国家荣誉称号颁授仪式上的讲话》,《人民日报》2019年9月30日。

秀特别注重加强党支部自身的战斗力、凝聚力和创造力。她以乐业县开展的村干部职业化管理工作为契机，大抓基层党组织建设。她还组织村规民约吟诵比赛，开展全村道德模范人物评选和文明家庭评选活动。2018年，百坭村获得百色市"乡风文明"红旗村称号。2019年6月17日凌晨，她在从百色市返回乐业县途中遭遇山洪不幸遇难，献出了年仅30岁的宝贵生命。习近平总书记对黄文秀的先进事迹作出重要指示：黄文秀同志研究生毕业后，放弃大城市的工作机会，毅然回到家乡，在脱贫攻坚第一线倾情投入、奉献自我，用美好青春诠释了共产党人的初心使命，谱写了新时代的青春之歌。广大党员干部和青年同志要以黄文秀同志为榜样，不忘初心、牢记使命，勇于担当、甘于奉献，在新时代的长征路上作出新的更大贡献。

三、积极凝聚斗争意志，强化踔厉斗争精神

在实现第二个百年奋斗目标的伟大征程上，我们距离实现中华民族伟大复兴的中国梦的目标越来越近，遇到的挑战也会越来越大，失败的成本与代价就会更大。面对世界百年未有之大变局，国际形势波谲云诡、周边环境复杂敏感、改革发展稳定任务艰巨繁重，党政干部必须加强政治建设，凝聚斗志意志，强化踔厉斗争精神，增强斗争本领。

（一）提高理论素养，坚定政治信仰

中国共产党是马克思主义的坚定信仰者和忠实实践者。有了科学理论武装头脑，我们才能一往无前、勇攀高峰。一直以来，中国共产党人始终坚持用马克思主义科学真理来武装全党，不断推进马克思主义中国化、时代化，以指导革命和改革发展实践。习近平总书记强调，

理想信念不坚定，精神上就会"缺钙"，就会得"软骨病"，就可能导致政治上变质、经济上贪婪、道德上堕落、生活上腐化。①精神上的懈怠将会导致行动上的迟缓，行动上的迟缓就会引发事业的不足，进而造成负面影响。

提高理论素养，坚定政治信仰，必须提升党性修养。提升党性修养，既是党员领导干部的终身必修课，也是新时代领导干部培育斗争精神的重要方法。这需要党政干部不断加强理论武装，不断提升马克思主义理论水平。学懂弄通马克思主义是领导干部凝聚斗争意志、发扬踔厉斗争精神的基础。马克思主义哲学是马克思主义理论体系的核心和灵魂，是共产党人的看家本领。党政干部要原原本本研读经典著作，不断接受马克思主义哲学智慧的滋养，努力掌握并熟练运用这一看家本领，不断提高战略思维、历史思维、辩证思维、创新思维、法治思维、底线思维能力；并坚持用马克思主义的立场、观点和方法来观察时代、解读时代、引领时代，用马克思主义的思维来发现问题、分析问题、解决问题，以更加昂扬的斗志、更加有力的举措，更有定力、更有信心、更有智慧地坚持和发展新时代中国特色社会主义，不断开创各项事业发展的新局面。

提高理论素养，坚定政治信仰，更需要党政干部深入学习习近平新时代中国特色社会主义思想，特别是要掌握其中的世界观和方法论。习近平新时代中国特色社会主义思想是当代中国马克思主义、二十一世纪马克思主义，是中华文化和中国精神的时代精华，实现了马克思主义中国化新的飞跃。习近平新时代中国特色社会主义思想就新时代坚持和发展什么样的中国特色社会主义、怎样坚持和发展中国特色社

---

① 参见《习近平谈治国理政》第2卷，外文出版社2017年版，第326页。

会主义，建设什么样的社会主义现代化强国、怎样建设社会主义现代化强国，建设什么样的长期执政的马克思主义政党、怎样建设长期执政的马克思主义政党等重大时代课题，提出了一系列原创性的治国理政新理念新思想新战略。[①] 党政干部要把学懂弄通做实习近平新时代中国特色社会主义思想作为理论武装的首要任务，必须坚持读原著学原文悟原理，全面系统学、及时跟进学、深入持久学、联系实际学，深刻认识其时代意义、理论意义、实践意义、世界意义，深刻理解其核心要义、精神实质、丰富内涵、实践要求，深刻领悟贯穿其中的马克思主义立场、观点、方法，经常性地与习近平总书记的思想对标对表，从中找准推进工作的正确方向、改革创新的思路、解决问题的路径方法，不断增强工作的原则性、系统性、预见性、创造性。党政干部要学懂弄通做实习近平新时代中国特色社会主义思想，深入理解"十个明确""十四个坚持""十三个方面成就"的主要内容，长期坚持并不断丰富发展。以此，才能凝聚斗争意志，发扬踔厉斗争精神，勇于战胜各种艰难险阻和风险挑战。

（二）强化问题意识，站稳政治立场

凝聚斗争意志，党政干部必须加强政治建设，增强政治判断力、政治领悟力、政治执行力，强化问题意识，坚定政治立场。要始终保持共产党人的风骨、气节、操守、胆魄，敢于同各种违背原则、违反党纪党规的人和事作斗争。

当前，虽然我国物质文明、政治文明、精神文明、社会文明、生

[①] 《中共中央关于党的百年奋斗重大成就和历史经验的决议》，人民出版社2021年版，第25—26页。

态文明得到了长足的发展,但并没有改变矛盾和斗争产生、发展、变化的主客观条件,各种各样的矛盾相互交织在一起,各式各样的斗争也隐蔽其中。党政干部要清醒认识到,这些风险对于中国共产党的领导和社会主义制度,我国主权、安全、发展利益,我国核心利益和重大原则,我国实现第二个百年奋斗目标、实现中华民族伟大复兴等方面时刻产生着威胁。习近平总书记指出:"全党要更加自觉地坚持党的领导和我国社会主义制度,坚决反对一切削弱、歪曲、否定党的领导和我国社会主义制度的言行;更加自觉地维护人民利益,坚决反对一切损害人民利益、脱离群众的行为;更加自觉地投身改革创新时代潮流,坚决破除一切顽瘴痼疾;更加自觉地维护我国主权、安全、发展利益,坚决反对一切分裂祖国、破坏民族团结和社会和谐稳定的行为;更加自觉地防范各种风险,坚决战胜一切在政治、经济、文化、社会等领域和自然界出现的困难和挑战。"[①] 党政干部必须时时、处处保持昂扬斗争的精神,对于已经发生在或还隐藏于经济、政治、文化、社会、生态文明建设以及国防和军队建设、港澳台工作、外交工作、党的建设等方面的风险挑战,要见微知著,做到松风一起知虎来、一叶易色而知天下秋,"对潜在的风险有科学预判,知道风险在哪里,表现形式是什么,发展趋势会怎样"[②],继而为维护我国既定的发展目标和发展要求举旗亮剑,该斗争的就要敢于斗争、勇于斗争。

凝聚斗争意志,要求党政干部坚持问题导向,保持清醒政治头脑,充分认识斗争的长期性、复杂性、艰巨性,看到我们工作中还存在的

---

① 习近平:《决胜全面建成小康社会 夺取新时代中国特色社会主义伟大胜利——在中国共产党第十九次全国代表大会上的报告》,人民出版社2017年版,第15—16页。
② 《发扬斗争精神增强斗争本领 为实现"两个一百年"奋斗目标而顽强奋斗》,《人民日报》,2019年9月4日。

许多不足,坚决反对和摒弃任何贪图享受、消极懈怠、回避矛盾的思想和行为,时刻做好斗争准备、凝聚斗争意志、保持斗争精神。党的二十大报告强调:"必须坚持问题导向。问题是时代的声音,回答并指导解决问题是理论的根本任务。今天我们所面临问题的复杂程度、解决问题的艰巨程度明显加大,给理论创新提出了全新要求。我们要增强问题意识,聚焦实践遇到的新问题、改革发展稳定存在的深层次问题、人民群众急难愁盼问题、国际变局中的重大问题、党的建设面临的突出问题,不断提出真正解决问题的新理念新思路新办法。"[1] 在事关党和国家前途命运的大是大非问题上是非鲜明、立场坚定,在意识形态领域斗争中敢于亮剑、善于斗争,在维护党和国家利益的斗争中毫不妥协、不怕牺牲,在改革发展稳定工作中敢于攻坚碰硬、夺取更多更大胜利。

党政干部在斗争过程中还要严肃党内政治生活,在党内政治生活这个"大熔炉"中淬炼党性观念、提高思想觉悟、增强斗争意识。要运用好批评与自我批评这个有力武器,自觉摒弃"明知不对,少说为佳"的庸俗哲学,克服"多栽花,少栽刺"的好人思想,敢于坚持原则,开展积极健康的思想斗争,在"团结—批评—团结"的良性循环中强化斗争意志。要善于从政治上分析问题、解决问题,主动用政治的"望远镜"登高望远,用政治"显微镜"见微知著,炼就一双政治慧眼,使自己的政治能力与担任职责相匹配。

(三)加强斗争历练,强化政治定力

凝聚斗争意志,不是简单的逞强好胜、争勇斗狠,更不是盲目冲

---

[1] 习近平:《高举中国特色社会主义伟大旗帜 为全面建设社会主义现代化国家而团结奋斗——在中国共产党第二十次全国代表大会上的报告》,人民出版社 2022 年版,第 20 页。

动、不讲变通，而是在坚定信仰、坚持原则、坚守底线的基础上既勇于斗争，又善于应变，真正夺取最终的胜利。这需要党政干部有丰富的政治历练、过硬的政治本领，才能有效应对斗争中的各种风险挑战、艰难险阻。

在斗争实践中练就过硬斗争本领。党政干部无论在哪个岗位、担任什么职务，都必须具有过硬的斗争本领，主动投身到各种斗争中去，多经历"风吹浪打"，多捧"烫手山芋"，多当几回"热锅上的蚂蚁"，始终保持一股牛劲、笨劲、犟劲，以"踏平坎坷成大道，斗罢艰险又出发"的顽强意志，以不达目的决不罢休的坚定与执着，推动改革发展稳定各项任务落实见效。

斗争本领不是与生俱来的，而是在复杂的斗争实践中依靠顽强的斗争意志丰富起来的。就是要求党政干部不断增强学习本领、政治领导本领、改革创新本领、科学发展本领、依法执政本领、群众工作本领、狠抓落实本领、增强驾驭风险本领，发扬斗争精神，增强斗争本领，提升防范和化解各领域重大风险的能力。政治领导本领是党政干部所有本领中最重要的、排在第一位的本领。党政干部要把自觉提升政治领导本领作为培育和弘扬斗争精神的基础与前提，这需要做到：一是坚持把对党绝对忠诚作为首要政治原则，始终保持对马克思主义的坚定信仰，毫不动摇坚持党的全面领导。认真贯彻执行《中共中央关于加强党的政治建设的意见》，增强"四个意识"、坚定"四个自信"、做到"两个维护"，始终在政治立场、政治方向、政治原则、政治道路上同以习近平同志为核心的党中央保持高度一致，不折不扣贯彻落实习近平总书记重要批示和党中央决策部署。二是保持政治定力，站稳政治立场，自觉增强政治判断力、政治领悟力、政治执行力，坚持运用马克思主义科学的世界观和方法论，坚决同"历史虚无主义"、西方"宪政民主"等错误思潮作斗争，在大是大非面前立场坚定。三是注重防范政治风险，善于从政治全局考虑问题，对潜在的政治风险要做到心中有数、应对有方，坚决防止个体事件升级为群体事件、一般性问题演变成政治性问题、安全风险转变成政治风险。

党政干部要增强政治领导本领，丰富政治历练是根本途径。党政干部最缺少的是实践经验，特别是在重大斗争中经风雨、见世面、练筋骨的经历。一些党政干部工作很勤奋、自我要求很严格、工作成绩很突出，但一到大风大浪、大是大非问题上就六神无主、没了主见，总希望一切都太太平平、和和气气、顺顺当当，求稳心态有余，斗争精神不足。特别是那些在和平环境中成长起来的年轻干部，想当太平官、过舒坦日子、平稳上升、平步青云的成长，遇到难事怪事急事坏事想方设法地推托躲避、避重就轻。这些问题的存在，反映了党政干部在斗争实践中存在的问题，也可以看出斗争意志、斗争精神、斗争本领不是与生俱来的，不会随党龄增加、职务升迁而自然提高。党政干部只有在实践中经受严格的思想淬炼、政治历练、实践锻炼，在重大斗争中经受考验，在事上练、火中烤、难上熬，在把火热的基层一线当作战斗疆场，把条件艰苦、矛盾复杂的地方当作熬炼筋骨意志的大熔炉，把多接"烫手山芋"，多当"热锅上的蚂蚁"作为积累经验才干的磨刀石，才能克服软骨病、恐惧症、无能症，练就真功夫、硬本领，做到临危不惧、处变不惊，实现化危为机、化险为夷。

（四）树立榜样典型，营造政治氛围

凝聚斗争意志，坚持发扬踔厉斗争精神，不但要求党政干部在政治意识、政治立场、政治信念、政治理论、政治本领、政治实践等方面提升，还要为党政干部营造斗争氛围，树立敢于斗争、善于斗争的

榜样典型，让各级党政干部感受到斗争无时不在、无处不在，敢于斗争、善于斗争的党政干部就在身边。

凝聚斗争意志，坚持发扬踔厉斗争精神，必须营造斗争氛围。营造斗争氛围，必须做好凝聚斗争意志的宣传教育工作。一要确立宣传教育的原则。凝聚斗争意志的宣传教育要坚持群众认可、群众监督的原则。对于具有斗争意志的先进事迹、集体、个人的宣传既要采用会议、报纸、电视等传统的表彰方式，又要采取互联网、自媒体等现代网络传媒方式，让群众感受到斗争精神的先进代表就在身边。二要确立宣传教育方式多元化。凝聚斗争意志，最主要的是要将斗争意志、斗争精神在人民群众中间发散出去、传播开来。这不但要利用传统的电视、电影等艺术形式将斗争精神传播出去，还要注重结合现代技术，使斗争意志与人民群众的时代需求结合起来。三要确立宣传教育的内容。要注重传承红色基因。我们党从无到有、由小变大、由弱变强，靠的是坚强不屈的斗争意志；我们国家和人民从积贫积弱的苦海中站起来、富起来、强起来，靠的是艰苦卓绝的斗争意志。学习党史、新中国史、改革开放史、社会主义发展史，就要继承一代代中华儿女冲锋陷阵、改天换地的力量和底气，砥砺、洗礼自己的思想，让敢于斗争、善于斗争的观念牢牢扎根，才能无愧于伟大的新时代。要注重弘扬时代精神。一个时代有一个时代的主题，每个时代都会造就属于自己时代的斗争意志。不但要将历史中的斗争精神弘扬出来，更要注重发掘新时代所具有的斗争意志，及时将之传播开来。四要确立宣传教育的平台。要用好思想平台。充分利用党报党刊党媒的牢固阵地优势，保护好、开发好弘扬踔厉斗争精神的舆论生态，加强内容监管和舆情监控，确保重大节点有声音、重大问题有观点，把广大党政干部的思想统一到初心使命上来，把力量聚焦到进行伟大斗争上来。要用好教育培训平台。充分发挥各级各类党政干部教育培训机构的政策优势、人才优势，创立培养和塑造斗争意志的主阵地。在贯彻落实教育培训规划的基础上，把斗争意志和斗争实践作为重要教学课题，纳入主体班次教学工作之中，研究推出有关教学标准，促进受训对象理解斗争本质、回归斗争初心、坚定斗争方向，不断升华与斗争形式相适应的价值体系、知识体系和能力体系。要用好团队协作平台。在斗争一线，共产党员要起到"连接器"的作用，引领、支撑或辅助团队建设，建立清晰的团队价值观、良好的协作关系，在开展斗争的过程中保持良好工作效能和团队氛围，克服缺乏信任、惧怕冲突、缺少共识、逃避责任、各自为政等障碍。

凝聚斗争意志，坚持发扬踔厉斗争精神，关键是要树立榜样典型。党政干部要充分认识树立榜样典型的作用。榜样是一种力量，彰显进步；榜样是一面旗帜，鼓舞斗志；榜样是一座灯塔，指引方向！有榜样的地方，就有进步的力量，榜样典型对一个人的心理、意志情感、道德品质、性格能力、生活方式等诸多方面都会产生重要影响。宣传斗争的榜样典型，可以凝聚人心、弘扬正气、催人奋进，可以使党政干部从中汲取不竭的精神力量。榜样典型的成功事例可以使广大党政干部得到启示和借鉴，给党政干部指明斗争的方向与前途，也可以使党的形象在榜样典型中得以确立。开展斗争工作的榜样典型不但有各级党政干部，也有普通的群众，他们的成功与受关注会在人民群众中产生极大的影响，使党的形象进一步树立，使党与人民群众的联系进一步紧密，也可以进一步激发党政干部干事创业的激情。榜样典型就是学习的标杆，党政干部与人民群众都为以榜样典型为标杆，向榜样典型看齐，学习榜样典型，争做榜样典型。

党政干部要拓展成为榜样典型的路径。学习榜样典型，争做榜样典型，不能只停留在听报告会、写感想的层面，那样不但会使学习成果束之高阁，还会陷入形式主义的泥潭。学习榜样典型，要从自身做起，发挥自身优势、找出自身不足，坚持在做好本职工作的前提下，提升工作的质量，拓展工作的边界。学习榜样典型，要入脑入心，学习榜样典型身上所体现出的民族精神与时代精神，将榜样典型的斗争精神与具体的工作结合起来。学习榜样典型，要实现制度化常态化，要杜绝一阵风、大帮哄，要注重持久用力、久久为攻。学习榜样典型，还要关注榜样典型、帮助榜样典型、维护榜样典型，要关心榜样典型的成长、发展及困难，帮助维护榜样典型的形象不倒、不臭、不消、不散，与一切污蔑、丑化、戏化、扭曲榜样典型的现象作斗争。

党政干部要关注不同层面的榜样典型。榜样典型存在于各条战线、各个领域、各个方面，无论是国家还是单位，都会有弘扬斗争精神的榜样典型。要以革命领袖为榜样典型，从一代代为了伟大梦想而努力奋斗的革命领袖中确立榜样典型，形成敢于斗争、善于斗争的精神群像；要以英雄人物为榜样典型，从英雄人物的事迹中传播中国共产党人敢于斗争、敢于牺牲、敢为人先的先进精神；要以先进模范为榜样典型，以先进模范的事迹激励不同岗位、不同职位、不同领域的社会主义事业建设者为社会主义事业不懈奋斗；要从人民中找寻榜样典型，党的事业的根基在人民，党的斗争力量、斗争精神也来自于人民、受益于人民、激励于人民。只有善于从人民中发现渺小中的伟大、平凡中的崇高，才会谱写出凝聚斗争意志的时代序曲。

斗争意志既是中华民族生生不息的思想武器，也是中国共产党人为人类求解放的意志力量。中国共产党人的斗争意志承载着中华民族伟大复兴的梦想和实现人的自由全面发展的希望。新时代我们必须将斗争意志薪火相传，只有不忘本来、吸收外来、面向未来，我们才能坚实地走好理想之路的每一步。党政干部要时刻牢记我们是共产党人、是革命者，要以永不懈怠的精神状态和一往无前的奋斗姿态，坚决以党的自我革命引领社会革命，奋力走好新的赶考之路。

第三章
把准斗争方向　坚持发扬勇于斗争精神

中国共产党人的斗争是有方向的。党政干部必须清醒认识到,当前,中国共产党的中心任务就是团结带领全国各族人民全面建成社会主义现代化强国、实现第二个百年奋斗目标,以中国式现代化全面推进中华民族伟大复兴。这是一个艰巨而伟大的历史任务,是一个曲折而远大的奋斗目标。奋斗目标决定着斗争方向,实现奋斗目标要求我们必须发扬勇于斗争精神。

一、中国共产党的性质决定着斗争方向

中国共产党的性质决定着中国向何处去,中华民族向何处去,中国共产党向何处去;中国共产党的性质也决定着我们的斗争方向。

(一)马克思主义政党历来重视把握正确的斗争方向

人类社会是在矛盾运动的复杂斗争中向前发展的。社会主体能否在纷繁复杂的斗争迷雾中廓清方向,在错综交织的斗争迷阵中掌握主动,是攸关生死存亡的根本性问题。对肩负着崇高历史使命的马克思主义政党而言,把准斗争方向,绝对不能含糊游移、掉以轻心。作为

马克思主义政党的骨干力量，党政干部能否把准斗争方向、坚持发扬勇于斗争精神，更是事关马克思主义政党事业兴衰成败的大事。

马克思、恩格斯在《共产党宣言》中庄严宣告："共产党人不屑于隐瞒自己的观点和意图。"① 邓小平指出："不讲党性，不讲原则，说话做事看来头、看风向，满以为这样不会犯错误。其实随风倒本身就是一个违反共产党员党性的大错误。"② 社会是在矛盾中发展的，事业是在斗争中前进的。中国共产党领导中国人民在革命、建设、改革开放及新时代所取得的一切成就都是在斗争中取得的。中国共产党人斗争的总方向就是实现"人的自由而全面发展"的共产主义。作为共产主义初级阶段的社会主义，则是为实现共产主义奠定基础的阶段。党的二十大报告明确指出："从现在起，中国共产党的中心任务就是团结带领全国各族人民全面建成社会主义现代化强国、实现第二个百年奋斗目标，以中国式现代化全面推进中华民族伟大复兴。"③ 这也指出了中国共产党的斗争方向就是要在第一个百年奋斗目标实现的基础上，到21世纪中叶实现社会主义现代化强国目标。

没有方向的斗争就是盲动的斗争。任何斗争的开展都必须有明确的斗争方向。中国共产党所开展的斗争方向是明确的，前途是光明的。中国共产党所确立的斗争方向不是普遍意义上的为了简单的个人或是某个团体的利益而进行一方压倒一方的斗争，不是为了眼前利益、短期利益而开展的斗争，而是为了实现人类社会的发展而进行的长期不懈的斗争，其最终是要实现全人类的自由而全面的发展。错误的斗争

---

① 《马克思恩格斯选集》第1卷，人民出版社2012年版，第435页。
② 《邓小平文选》第2卷，人民出版社1994年版，第142页。
③ 习近平：《高举中国特色社会主义伟大旗帜　为全面建设社会主义现代化国家而团结奋斗——在中国共产党第二十次全国代表大会上的报告》，人民出版社2022年版，第21页。

方向不但徒劳无益，更与正确的方向背道而驰、渐行渐远。中国共产党人只有在正确的斗争方向的指引下英勇斗争，才会最终实现斗争目的。但如果斗争方向是错误的，不但所有的努力都是徒劳，而且会距离斗争目标越来越远。同时，在坚持总的斗争方向的前提下，往往会以总的斗争目标为原则而制定诸多的阶段性目标。在向阶段性目标英勇斗争的过程中，也会因决策失误或一些意想不到的因素而走向偏离斗争方向的道路，从而出现工作的失误。在现实生活中，部分党政干部对下级顺着、宠着，怕丢掉选票；对上级捧着、迎着，怕得罪领导；对同级哄着、抬着，怕陷入孤立；对不良风气忍着、让着，怕遭受报复。"泡沫团结""虚假客气"，只讲和气不讲正气，纵容了错误言行，助长了不良风气，变相削弱了党的公信力和战斗力。不驰于空想，不骛于虚声。党政干部必须做到：无论从事什么岗位，不管面临多么复杂的局面，都要积极作为，做到学在前、谋在前、干在前、冲在前，自觉斗争、敢于斗争、善于斗争又要英勇斗争，才能为党分忧、为党担责、为党尽责。

正确的斗争方向是我们走向成功的前提。各级党政干部在工作的过程中，首先要确立正确的方向，再看清脚下的道路。马克思主义政党的斗争从来都是有着明确的斗争方向的。马克思主义从创立的第一天起，就具有革命性、战斗性的鲜明特质。而马克思主义指导下的斗争绝不是漫无目的的乱斗，而是以辩证唯物主义和历史唯物主义为指导的合目的性与合规律性的统一，是坚定方向性与高超艺术性的统一。离开了这一点，就会在斗争中迷失自我、误入歧途。但是，在斗争的实践中，有的马克思主义政党出现了偏离斗争方向的行为，其结果是不但失去了群众基础和执政地位，更使马克思主义政党的执政实践走向失败。苏联和东欧各国之所以会上演国家变色、政党垮台、失去政权的悲剧，最根本的原因是改旗易帜、迷失了斗争方向，找不到前行的道路，最终被历史淘汰，被人民抛弃。

把准斗争方向必须自觉抵制来自各方面的侵蚀和渗透。党政干部必须认清一些西方敌对势力或其代理人打着学术和文化交流的幌子而开展的政治、文化及意识形态上的侵蚀与渗透。西方敌对势力是最讲"斗争"的，他们以"新自由主义"的名义消解中国特色社会主义，动摇中国人的共同理想和理想信念；以"历史虚无主义"的名义否定中国历史、中华优秀传统文化；以主权和人权的旗号来颠覆中国共产党的领导、中国社会主义制度，摧毁我们的自信，分化人心；以"新闻自由"的名义消解党对意识形态及新闻舆论工作的领导权；以"宪政民主"的名义否定全过程人民民主，制造民众对中国共产党的对立情绪。他们的"斗争"就是要动摇中国人的理想信念，摧毁中国人的自信心，瓦解人心和消磨我们的斗志，阻挠中国的发展，最终颠覆社会主义制度和中国共产党的领导。各级党政干部在开展斗争的过程中，必须时刻把准斗争方向，坚持发扬勇于斗争精神，敢于善于争取每一个斗争的胜利。

马克思指出，"如果斗争只是在机会绝对有利的条件下才着手进行，那么创造世界历史未免就太容易了"[①]。党的十九大以来，习近平总书记多次强调斗争方向的问题，要求党政干部把准斗争方向，积极进取，勇于拼搏，主动到改革开放前沿去、到党和人民最需要的地方去、到重大斗争一线去真刀真枪磨砺，学好真本领、练就真功夫，在艰苦复杂环境中淬火成钢，在搏击风浪中增长胆识和才干，才能为实现中华民族伟大复兴贡献自己的力量。经过长期努力，党的斗争方向

---

① 《马克思恩格斯文集》第 10 卷，人民出版社 2009 年版，第 354 页。

更加明确、斗争意志更加坚决、斗争本领更加高强。党的二十大报告指出："在新中国成立特别是改革开放以来长期探索和实践基础上，经过十八大以来在理论和实践上的创新突破，我们党成功推进和拓展了中国式现代化。"① 正是新时代十年的伟大变革所取得的成就，使"中国人民的前进动力更加强大、奋斗精神更加昂扬、必胜信念更加坚定，焕发出更为强烈的历史自觉和主动精神，中国共产党和中国人民正信心百倍推进中华民族从站起来、富起来到强起来的伟大飞跃"②。但是我们也要看到，在前进道路上，除了难得的历史机遇，我们遇到的风险考验只会越来越复杂。"在充分肯定党和国家事业取得举世瞩目成就的同时，必须清醒看到，我们的工作还存在一些不足，面临不少困难和问题。主要有：发展不平衡不充分问题仍然突出，推进高质量发展还有许多卡点瓶颈，科技创新能力还不强；确保粮食、能源、产业链供应链可靠安全和防范金融风险还须解决许多重大问题；重点领域改革还有不少硬骨头要啃；意识形态领域存在不少挑战；城乡区域发展和收入分配差距仍然较大；群众在就业、教育、医疗、托育、养老、住房等方面面临不少难题；生态环境保护任务依然艰巨；一些党员、干部缺乏担当精神，斗争本领不强，实干精神不足，形式主义、官僚主义现象仍较突出；铲除腐败滋生土壤任务依然艰巨，等等。"③ 这些都要求广大党政干部在具体的工作中把准斗争方向，坚持发扬勇于斗争精神。

---

① 习近平：《高举中国特色社会主义伟大旗帜　为全面建设社会主义现代化国家而团结奋斗——在中国共产党第二十次全国代表大会上的报告》，人民出版社2022年版，第22页。
② 习近平：《高举中国特色社会主义伟大旗帜　为全面建设社会主义现代化国家而团结奋斗——在中国共产党第二十次全国代表大会上的报告》，人民出版社2022年版，第15页。
③ 习近平：《高举中国特色社会主义伟大旗帜　为全面建设社会主义现代化国家而团结奋斗——在中国共产党第二十次全国代表大会上的报告》，人民出版社2022年版，第14页。

（二）斗争方向正确与否决定着事业的兴衰成败

把准斗争方向，就是把准中国特色社会主义事业的前进方向，就是把准党政干部敢于斗争、善于斗争的大动脉，就是把准推动时代滚滚向前的总引擎。以此，才能推动党政干部更加积极主动投身于中国特色社会主义的英勇斗争中去。

把准斗争方向，坚持发扬勇于斗争精神，是党政干部安身立命的前提。从理论上讲，两点之间，直线最短。但在实践中，干任何事情都不可能存在能够直接到达终点的路径，而要经历艰难曲折的历史过程。对于党政干部而言，没有人生的方向就是没有方向的人生。因为，人生的结局不是由起点决定的，也不是由终点决定的，而是由前进的方向决定的。党政干部坚持正确的斗争方向，必须坚定不移地用马克思主义理论武装头脑，筑牢思想防线，加强理论学习和理论武装，努力做一名政治上的清醒者、坚定者。必须对党忠诚，在思想上、政治上、行动上始终坚定地同党中央保持高度一致。充分认识到党章、党纪、国法都是全党必须遵守的规矩。必须学习、理解、尊崇党章，严格执行新形势下党内政治生活若干准则，增强党内政治生活的政治性、时代性、原则性、战斗性，自觉抵制商品交换原则对党内生活的侵蚀，营造风清气正的良好政治生态。必须严守党的政治纪律、组织纪律、廉洁纪律、群众纪律、工作纪律、生活纪律，把懂规矩、守纪律当成自己立言立行立德的"生命线"。必须常修为政之德、常思贪欲之害、常怀律己之心，按照党员标准严格要求自己，身体力行做好党员工作、履行党员义务、执行党的决定。必须牢记中国共产党的初心和使命是为中国人民谋幸福、为中华民族谋复兴，把民族复兴和个人事业发展融为一体，做一名清醒而坚定的共产党人。

同时还要认识到，不同领域或行业有着具体奋斗目标，具体体现在"五位一体"总体布局上。我们要通过统筹推进经济、政治、文化、社会、生态文明、安全、国防和军队、祖国统一、外交、党的建设，切实维护和体现人民群众的各种利益和真实诉求，实现五大文明的协调统一。

按照党的二十大的部署，经济建设的斗争方向就是要加快构建新发展格局，着力推动高质量发展。在构建高水平社会主义市场经济体制、建设现代化产业体系、全面推进乡村振兴、促进区域协调发展、推进高水平对外开放上下功夫。同时，为保证高质量发展，还要重点做好实施科教兴国战略，强化现代化建设人才支撑工作。这是因为教育、科技、人才是全面建设社会主义现代化国家的基础性、战略性支持。需要在办好人民满意的教育、完善科技创新体系、加快实施创新驱动发展战略、深入实施人才强国战略上下功夫。政治建设的斗争方向就是要发展全过程人民民主，保障人民当家作主。要不断加强人民当家作主制度保障、全面发展协商民主、积极发展基层民主、巩固和发展最广泛的爱国统一战线。为此，要通过完善以宪法为核心的中国特色社会主义法律体系、扎实推进依法行政、严格公正司法、加快建设法治社会来进一步坚持全面依法治国，推进法治中国建设。文化建设的斗争方向就是要推进文化自信自强，铸就社会主义文化新辉煌。要进一步建设具有强大凝聚力和引领力的社会主义意识形态，广泛践行社会主义核心价值观，提高全社会文明程度，繁荣发展文化事业和文化产业，增强中华文明传播力影响力。社会建设的斗争方向是增进民生福祉，提高人民生活品质。注重在完善分配制度、实施就业优先战略、健全社会保障体系、推进健康中国建设上取得更大成就。生态文明建设的斗争方向是推进绿色发展，促进人与自然和谐共生。要注重加快发展方式绿色转型，深入推进环境污染防治，提升生态系统多样性、稳定性、持续性，积极稳妥推进碳达峰碳中和。安全建设的斗争方向是推进国家安全体系和能力现代化，坚决维护国家安全和社会稳定。要不断健全国家安全体系，增强维护国家安全能力，提高公共安全治理水平，完善社会治理体系。国防和军队建设的斗争方向是实现建军一百年奋斗目标，开创国防和军队现代化新局面。祖国统一事业的斗争方向是坚持和完善"一国两制"，推进祖国统一。外交事业的斗争方向是促进世界和平与发展，推动构建人类命运共同体。党的建设的斗争方向是坚定不移全面从严治党，深入推进新时代党的建设新的伟大工程。要坚持和加强党中央集中统一领导，用习近平新时代中国特色社会主义思想凝心铸魂，完善党的自我革命制度规范体系，建设堪当民族复兴重任的高素质干部队伍，增强党组织政治功能和组织功能，坚持以严的基调强化正风肃纪，坚决打赢反腐败斗争攻坚战持久战。总的来说，以中国式现代化全面推进中华民族伟大复兴是一项长期艰巨的历史任务，需要党政干部坚持发扬勇于斗争的精神，积极作为、主动出击，战胜中华民族伟大复兴过程中的各种困难挑战，推动党和国家事业的整体发展。

（三）中国共产党的斗争方向是由党的宗旨决定的

中国共产党的领导是中国特色社会主义最本质的特征，是中国特色社会主义制度的最大优势。中国共产党的性质决定着党的斗争方向。党的二十大报告更是旗帜鲜明地指出："全面建设社会主义现代化国家、全面推进中华民族伟大复兴，关键在党。"[①]

[①] 习近平：《高举中国特色社会主义伟大旗帜　为全面建设社会主义现代化国家而团结奋斗——在中国共产党第二十次全国代表大会上的报告》，人民出版社2022年版，第63页。

马克思、恩格斯在《共产党宣言》中指出："共产党人是各国工人政党中最坚决的、始终起推动作用的部分"；"在无产阶级和资产阶级的斗争所经历的各个发展阶段上，共产党人始终代表整个运动的利益"①。列宁也指出："党是阶级的先进觉悟阶层，是阶级的先锋队。"②《中国共产党章程》指出："同群众同甘共苦，保持最密切的联系，坚持权为民所用、情为民所系、利为民所谋，不允许任何党员脱离群众，凌驾于群众之上。"③

新时代新征程，党政干部必须时刻牢记初心和使命，永远保持对人民的赤子之心，永远把人民对美好生活的向往作为奋斗目标。"全心全意为人民服务"是我们党一切行动的根本出发点和落脚点，是我们党区别于其他一切政党的根本标志。习近平总书记指出："始终坚持全心全意为人民服务的根本宗旨，是我们党始终得到人民拥护和爱戴的根本原因。"④无论世情国情党情民情如何变化，中国共产党始终坚持并忠实践行这一根本宗旨，诚心诚意为人民谋利益。"以人民为中心的发展思想，不是一个抽象的、玄奥的概念，不能只停留在口头上、止步于思想环节，而要体现在经济社会发展各个环节。"⑤要当好人民的勤务员，真心诚意地给人民办实事、做好事、解难事。要把人民群众关心的事当作自己的大事，着力解决好人民群众最关心、最直接、最现实的利益问题，扎扎实实解决好人民群众最困难、最忧虑、最急迫的实际问题，在幼有所育、学有所教、劳有所得、病有所医、老有所养、住有所居、弱有所扶上不断取得新进展，使人民获得感、幸福感、

---

① 《马克思恩格斯选集》第4卷，人民出版社2012年版，第277—278页。
② 《列宁全集》第24卷，人民出版社1990年版，第38页。
③ 《中国共产党章程》，人民出版社2022年版，第21页。
④ 《十七大以来重要文献选编》（下），中央文献出版社2013年版，第1025页。
⑤ 《习近平谈治国理政》第2卷，外文出版社2017年版，第213—214页。

安全感更加充实，更有保障，更可持续。党员干部要牢固树立"权为民所赋，权为民所用"的马克思主义权力观，时刻牢记"我们的权力是党和人民赋予的，是为党和人民做事用的，姓公不姓私，只能用来为党分忧、为国干事、为民谋利"①。无论职位多高，都要把维护人民群众利益放在行使权力的最高位置，把人民群众满意作为行使权力的根本标准，在行使权力时必须为人民服务、对人民负责并自觉接受人民监督，真正为人民掌好权、用好权。

二、把握正确斗争方向的科学内涵

习近平总书记指出，共产党人的斗争是有方向、有立场、有原则的，大方向就是坚持中国共产党领导和我国社会主义制度不动摇。坚持中国共产党人的斗争方向，就是坚持中国共产党的领导核心地位，坚持马克思主义指导思想，坚持以人民为中心的根本立场，坚持中国式现代化的基本道路。

（一）坚持中国共产党的领导核心地位

坚持中国共产党的领导，是中国特色社会主义最本质的特征，是中国特色社会主义制度的最大优势。维护中国共产党的领导核心地位是立国之本、强国之基，是全党同志必须遵守的政治纪律，是中国化时代化马克思主义理论体系的鲜明特征。历史实践反复证明，没有中国共产党的领导，就没有新中国，就没有中国特色社会主义，就不可能实现中华民族的伟大复兴。

---

① 《十八大以来重要文献选编》（中），中央文献出版社 2016 年版，第 325 页。

坚持中国共产党的领导核心地位，是党在斗争历程中形成的优良传统和政治优势。革命战争年代，毛泽东非常注重发挥党的领导作用，在井冈山革命根据地创建时期就确立了"支部建在连上"和士兵委员会等民主制度，初步建立了党对军队的集中统一领导。古田会议确立了思想建党、政治建军原则，实现了党对军队的政治领导，红军成为在党绝对领导下思想高度统一的武装力量。改革开放后，邓小平强调，坚持四项基本原则的核心就是坚持党的领导。"党委的领导，主要是政治上的领导，保证正确的政治方向，保证党的路线、方针、政策的贯彻，调动各个方面的积极性。"① 改革开放进程中，中国特色社会主义各项事业成就的取得也是始终坚持党的领导核心地位获得的。党的十八大以来，以习近平同志为核心的党中央高瞻远瞩、深谋远虑，"着眼解决新时代改革开放和社会主义现代化建设的实际问题，不断回答中国之问、世界之问、人民之问、时代之问，作出符合中国实际和时代要求的正确回答，得出符合客观规律的科学认识，形成与时俱进的理论成果，更好指导中国实践"②，实现了党的全面领导的历史逻辑、政治逻辑、实践逻辑的高度统一，指出党的建设最鲜明的特征、最成功的经验就是坚持和加强党的全面领导，坚持党要管党、全面从严治党。

坚持中国共产党的领导核心地位，是解决中国特色社会主义事业发展难题的内在需要。中国共产党历来重视抓党的领导工作。新中国成立70多年来，我们在取得举世瞩目的伟大成就的同时，也面临着前所未有的风险和挑战。但无论是伟大成就的取得，还是风险挑战的化

---

① 《邓小平文选》第 2 卷，人民出版社 1994 年版，第 98 页。
② 习近平：《高举中国特色社会主义伟大旗帜　为全面建设社会主义现代化国家而团结奋斗——在中国共产党第二十次全国代表大会上的报告》，人民出版社 2022 年版，第 17—18 页。

解，都是建立在坚持党的领导核心地位的前提下。新时代新征程，新的时代任务的实现更要依靠中国共产党领导，通过制定符合实际的、真正代表广大人民根本利益的路线、方针、政策，不断开创中国特色社会主义伟大事业新局面。党的二十大报告指出："经过十八大以来全面从严治党，我们解决了党内许多突出问题，但党面临的执政考验、改革开放考验、市场经济考验、外部环境考验将长期存在，精神懈怠危险、能力不足危险、脱离群众危险、消极腐败危险将长期存在。"[①]有的党政干部对党的领导和党的建设认识不清、语焉不详、态度模糊；有的党政干部认为抓党的领导是不务正业、是走回头路、可有可无、与国际不接轨、不如抓业务等；有的党政干部由于不善于做深入细致的思想工作，与群众越来越远；还有的党政干部缺乏政治领导意识，存在政治信仰不牢、宗旨意识淡化等问题。除此之外，党的事业还面临着来自于外部环境、意识形态等领域的多方面的挑战。这些都要求各级党政干部坚持斗争方向，不断强化勇于斗争的精神。

坚持中国共产党的领导核心地位，是全面从严治党和自我革命的根本保证。恩格斯说，"一切历史上的斗争，无论是在政治、宗教、哲学的领域中进行的，还是在其他意识形态领域中进行的，实际上只是或多或少明显地表现了各社会阶级的斗争，而这些阶级的存在以及它们之间的冲突，又为它们的经济状况的发展程度、它们的生产的性质和方式以及由生产所决定的交换的性质和方式所制约"[②]。中国共产党历经磨难、曲折，依旧焕发出新的生命力，这要归功于党高度重视自我革命。新中国成立后，以毛泽东同志为代表的中国共产党人，提出

---

① 习近平：《高举中国特色社会主义伟大旗帜　为全面建设社会主义现代化国家而团结奋斗——在中国共产党第二十次全国代表大会上的报告》，人民出版社2022年版，第63—64页。
② 《马克思恩格斯选集》第1卷，人民出版社1995年版，第583页。

执政党建设的一系列重要思想，明确指出中国共产党是全国人民的领导核心，是领导社会主义事业的核心力量，奠定了马克思主义执政党建设的基础。改革开放以来，中国共产党根据不同历史阶段的形势和任务，高度重视并切实抓好自身建设，不断提高执政能力和领导水平，不断开辟中国特色马克思主义执政党建设的新境界。以习近平同志为核心的党中央，以坚定的决心、顽强的意志、空前的力度推进全面从严治党，推动党和国家事业发生历史性变革、取得历史性成就，对党、对国家、对民族都产生了不可估量的深远影响。党的二十大报告指出："坚持和加强党的全面领导。坚决维护党中央权威和集中统一领导，把党的领导落实到党和国家事业各领域各方面各环节，使党始终成为风雨来袭时全体人民最可靠的主心骨，确保我国社会主义现代化建设正确方向，确保拥有团结奋斗的强大政治凝聚力、发展自信心，集聚起万众一心、共克时艰的磅礴力量。"[1] 只有进一步把党建设好，确保我们党永葆旺盛生命力和强大战斗力，我们党才能带领人民以正确的导向和方法在面对重大阻力时排除万难，在重大矛盾面前能有效解决，在斗争中不断取得新的胜利。在新的历史条件下，党政干部必须清醒认识到，党仍然面临着复杂的执政环境，执政安全还受到诸多复杂因素的冲击，影响党长期执政能力提升的阻滞因素尚需消除。党政干部必须坚持在思想建设上坚决同一切破坏党的先进性和纯洁性的问题作斗争；在政治建设上坚决同违反政治纪律和规矩的行为、形形色色违反党内政治生活原则和制度的现象作斗争；在组织建设上坚决同一切违背党的组织路线的行为作斗争；在整风肃纪上坚决同一切违背党的

---

[1] 习近平：《高举中国特色社会主义伟大旗帜　为全面建设社会主义现代化国家而团结奋斗——在中国共产党第二十次全国代表大会上的报告》，人民出版社2022年版，第26—27页。

群众路线问题作斗争，同形式主义、官僚主义、享乐主义、奢靡之风等不良作风作斗争；在制度治党上坚决同一切不依规治党、执行党内法规制度不力搞"上有政策、下有对策"的行为作斗争，以高度的政治战略定力、过硬的政治领导本领，带领人民群众在伟大斗争中夺取新的胜利。

（二）坚持马克思主义指导思想

中国共产党的历史反复证明：只有坚持马克思主义才能保证我国社会发展的正确方向。习近平总书记指出："马克思主义是我们立党立国的根本指导思想。背离或放弃马克思主义，我们党就会失去灵魂、迷失方向。在坚持马克思主义指导地位这一根本问题上，我们必须坚定不移，任何时候任何情况下都不能有丝毫动摇。"[1] 党的二十大报告进一步指出："马克思主义是我们立党立国、兴党兴国的根本指导思想。实践告诉我们，中国共产党为什么能，中国特色社会主义为什么好，归根到底是马克思主义行，是中国化时代化的马克思主义行。拥有马克思主义科学理论指导是我们党坚定信仰信念、把握历史主动的根本所在。"[2]

马克思主义是中国共产党的指导思想。习近平总书记强调，马克思主义始终是我们党和国家的指导思想，是我们认识世界、把握规律、追求真理、改造世界的强大思想武器。"一部马克思主义发展史就是马克思、恩格斯以及他们的后继者们不断根据时代、实践、认识发展而发展的历史，是不断吸收人类历史上一切优秀思想文化成果丰富自己

---

[1] 《习近平谈治国理政》第2卷，外文出版社2017年版，第33页。
[2] 习近平：《高举中国特色社会主义伟大旗帜　为全面建设社会主义现代化国家而团结奋斗——在中国共产党第二十次全国代表大会上的报告》，人民出版社2022年版，第16页。

的历史。"① 中国共产党自成立之日起，就把马克思主义写在我们党高高飘扬的旗帜上。中国特色社会主义制度形成后，马克思主义依然是中国特色社会主义旗帜上最亮丽的政治底色。中国特色社会主义事业之所以不断发展壮大、成熟与完善，就在于中国共产党始终坚持以马克思主义及马克思主义中国化时代化的最新理论成果作为行动指南。中国特色社会主义制度是中国共产党灵活运用、准确把握马克思主义基本原理并将之付诸中国特色社会主义伟大实践的成功范例，是中国共产党灵活运用、创新发展马克思主义理论并将之付诸中国特色社会主义伟大实践的重大创造。实践表明，只有不断创新和发展马克思主义理论，不断推动马克思主义中国化时代化，中国特色社会主义制度才能获得源源不断、连绵不绝的理论力量；只有在中国特色社会主义制度不断发展与完善的过程中，马克思主义中国化时代化才能更加立足于科学实践，才能更加贴近民意与民情，才能更加符合中国特色社会主义事业发展的需要。习近平总书记一直强调对马克思主义的信仰、对社会主义和共产主义的信念是共产党人的政治灵魂，在共产党人面临危险困境时是其强大的精神支柱和精神动力，对马克思主义的伟大信仰和对实现社会主义、共产主义的伟大理想，正是我们战胜任何艰难险阻、赢得斗争胜利的法宝。

坚持马克思主义指导思想，必须掌握马克思主义的精髓。掌握马克思主义的精髓，就是要掌握马克思主义的世界观和方法论，就是要解决好真学真懂真信真用的问题。真学是前提。真学就是要孜孜不倦、持之以恒地学习。真学必须坚持解放思想、实事求是、与时俱进、求真务实的态度，必须坚持问题导向、强化问题意识，以研究新情况、

---

① 习近平：《在纪念马克思诞辰200周年大会上的讲话》，人民出版社2018年版，第9页。

解决新问题为抓手来开拓马克思主义理论学习和研究的新境界。真懂是关键。党政干部学习马克思主义理论不是装装样子、摆摆架子，而是要在深入学习马克思主义理论的前提下，真正学懂、学透、学好马克思主义的立场、观点和方法。一是要了解马克思主义理论的背景。必须了解理论背后的背景，熟悉理论产生的具体时代背景。二是要把握理论体系。学习马克思主义理论的核心在于系统而全面地掌握马克思主义理论体系。真信是根本。真信就是要意识明确、态度坚决、行动自觉、纯粹彻底。必须把学习、研究、坚持和发展马克思主义同中国具体实际相结合，同中国特色社会主义建设的实践融为一体，而非照抄照搬、闭门造车、本本主义。真用是目的。学、懂、信的最终目的是要用。党政干部学习、研究、坚持和发展马克思主义，就是要善于运用马克思主义立场、观点、方法解决现实中的新问题、新情况、新矛盾。不但要目的明确，"有的放矢"，在解决问题的具体过程中取得预期的效果；更要方法得当、手段正当，学习马克思主义首先是用来指导自己，就必须注重理论与实际的结合，一就是一，二就是二，来不得半点儿虚假。

坚持马克思主义指导思想，必须用科学态度对待马克思主义。党政干部用科学的态度对待马克思主义，既要坚决反对轻视和背离马克思主义的错误倾向，又要反对教条式地对待马克思主义和静止地孤立地研究马克思主义的错误倾向。在马克思主义指导下，俄国十月革命取得伟大胜利，使社会主义从理论变为现实，开创了世界历史的新纪元。在马克思主义的指导下，中国共产党将马克思主义基本原理同中国具体实际相结合，取得了革命、建设和改革开放的伟大成就，实现了马克思主义中国化时代化，概括出毛泽东思想、邓小平理论、"三个代表"重要思想、科学发展观和习近平新时代中国特色社会主义思想，解决了中国人民站起来、富起来、强起来的重大问题。特别是改革开放以来，在马克思主义理论的指导下，中国共产党经过艰苦的实践探索，在科学回答什么是社会主义、怎样建设社会主义，建设一个什么样的党、怎样建设党，实现什么样的发展、怎样发展等时代问题的基础上，创造性回答了新时代坚持和发展什么样的中国特色社会主义、怎样坚持和发展中国特色社会主义，建设什么样的社会主义现代化强国、怎样建设社会主义现代化强国，建设什么样的长期执政的马克思主义政党、怎样建设长期执政的马克思主义政党等重大时代课题，进一步深化了对共产党执政规律、社会主义建设规律、人类社会发展规律的认识，为发展马克思主义作出了原创性贡献。

坚持马克思主义指导思想，必须做到"两个结合"。在实现中华民族伟大复兴的历史实践中，"中国共产党人深刻认识到，只有把马克思主义基本原理同中国具体实际相结合、同中华优秀传统文化相结合，坚持运用辩证唯物主义和历史唯物主义，才能正确回答时代和实践提出的重大问题，才能始终保持马克思主义的蓬勃生机和旺盛活力"[①]。一方面，坚持和发展马克思主义，必须同中国具体实际相结合。我们坚持以马克思主义为指导，是要运用其科学的世界观和方法论解决中国的问题，而不是要背诵和重复其具体结论和词句，更不能把马克思主义当成一成不变的教条。我们必须坚持解放思想、实事求是、与时俱进、求真务实，一切从实际出发，着眼解决新时代改革开放和社会主义现代化建设的实际问题，不断回答中国之问、世界之问、人民之问、时代之问，作出符合中国实际和时代要求的正确回答，得出符合

[①] 习近平：《高举中国特色社会主义伟大旗帜　为全面建设社会主义现代化国家而团结奋斗——在中国共产党第二十次全国代表大会上的报告》，人民出版社2022年版，第17页。

客观规律的科学认识，形成与时俱进的理论成果，更好指导中国实践。另一方面，坚持和发展马克思主义，必须同中华优秀传统文化相结合。只有植根本国、本民族历史文化沃土，马克思主义真理之树才能根深叶茂。中华优秀传统文化源远流长、博大精深，是中华文明的智慧结晶，其中蕴含的天下为公、民为邦本、为政以德、革故鼎新、任人唯贤、天人合一、自强不息、厚德载物、讲信修睦、亲仁善邻等，是中国人民在长期生产生活中积累的宇宙观、天下观、社会观、道德观的重要体现，同科学社会主义主张具有高度契合性。我们必须坚定历史自信、文化自信，坚持古为今用、推陈出新，把马克思主义思想精髓同中华优秀传统文化精华贯通起来、同人民群众日用而不觉的共同价值观念融通起来，不断赋予科学理论鲜明的中国特色，不断夯实马克思主义中国化时代化的历史基础和群众基础，让马克思主义在中国牢牢扎根。①

（三）坚持以人民为中心的根本立场

立场是人们观察、认识和处理问题的立足点。根本立场是社会主体认识和处理问题时的出发点和落脚点，反映其价值取向和理想追求。由于社会地位和思想观念的差异，不同阶级、阶层和政党的根本立场是不同的。说到底，立场就是"为什么人"的问题。坚定人民立场，就是要牢牢坚守全心全意为人民服务的宗旨，从思想上、情感上、工作上保持与人民群众的血肉联系，始终坚持把人民对美好生活的向往作为根本的奋斗目标。

---

① 习近平：《高举中国特色社会主义伟大旗帜　为全面建设社会主义现代化国家而团结奋斗——在中国共产党第二十次全国代表大会上的报告》，人民出版社2022年版，第17—18页。

坚持以人民为中心的根本立场，是马克思主义政党的本质要求。马克思、恩格斯在《共产党宣言》中指出："过去的一切运动都是少数人的或者为少数人谋利益的运动。无产阶级的运动是绝大多数人的、为绝大多数人谋利益的独立的运动。"① 党的二大通过的《关于议会行动的决案》中明确指出，中国共产党为代表中国无产阶级及贫苦农人群众的利益而奋斗的先锋军；同时《关于共产党的组织章程决议案》在论及共产党时指出，共产党应当是无产阶级中最有革命精神的群众组织起来为无产阶级之利益而奋斗的政党。《中国共产党章程》明确指出："中国共产党自成立以来，始终把为中国人民谋幸福、为中华民族谋复兴作为自己的初心使命，历经百年奋斗，从根本上改变了中国人民的前途命运，开辟了实现中华民族伟大复兴的正确道路，展示了马克思主义的强大生命力，深刻影响了世界历史进程，锻造了走在时代前列的中国共产党。"② 毛泽东指出，"我们共产党人区别于其他任何政党的又一个显著的标志，就是和最广大的人民群众取得最密切的联系"③，并确立了"一切为了群众，一切依靠群众，从群众中来，到群众中去"④ 的群众路线。邓小平强调："如果哪个党组织严重脱离群众而不能坚决改正，那就丧失了力量的源泉，就一定要失败，就会被人民抛弃。"⑤ 江泽民指出，我们党所以赢得人民的拥护，是因为我们党在革命、建设、改革的各个历史时期，总是"代表中国先进生产力的发展要求，代表中国先进文化的前进方向，代表中国最广大人民的根

---

① 《马克思恩格斯选集》第1卷，人民出版社1995年版，第283页。
② 《中国共产党章程》，人民出版社2022年版，第7页。
③ 《毛泽东选集》第3卷，人民出版社1991年版，第1094页。
④ 《江泽民文选》第2卷，人民出版社2006年版，第146页。
⑤ 《邓小平文选》第2卷，人民出版社1994年版，第368页。

本利益"①。胡锦涛强调，发展为了人民、发展依靠人民、发展成果由人民共享的科学发展观，其核心就是"以人为本"。党的十八大以来，以习近平同志为核心的党中央，面对新的时代条件和新的实践，坚持党的执政为民理念，一切工作以最广大人民群众根本利益为检验标准，创造性提出"坚持以人民为中心的发展思想"。他指出："我们党来自人民、植根人民、服务人民，一旦脱离群众，就会失去生命力。"②"人民对美好生活的向往，就是我们的奋斗目标。"③ 党的十九大报告又把"坚持以人民为中心"上升为新时代坚持和发展中国特色社会主义的基本方略。党的十九届六中全会强调坚持人民至上是党百年奋斗的历史经验之一，指出"党的根基在人民、血脉在人民、力量在人民，人民是党执政兴国的最大底气。民心是最大的政治，正义是最强的力量。党的最大政治优势是密切联系群众，党执政后的最大危险是脱离群众"④。党的二十大报告进一步强调，"必须坚持人民至上"是把握好习近平新时代中国特色社会主义思想的世界观和方法论，坚持好、运用好贯穿其中的立场观点方法的一条重要原则，指出"人民性是马克思主义的本质属性，党的理论是来自人民、为了人民、造福人民的理论，人民的创造性实践是理论创新的不竭源泉"⑤。党的二十大报告还强调"坚持以人民为中心的发展思想"是全面建设社会主义现代化国家前进道路上必须牢牢把握的原则之一，要"维护人民根本利益，

---

① 《江泽民文选》第 3 卷，人民出版社 2006 年版，第 280 页。
② 《决胜全面建成小康社会　夺取新时代中国特色社会主义伟大胜利——在中国共产党第十九次全国代表大会上的报告》，人民出版社 2017 年版，第 66 页。
③ 《十八大以来重要文献选编》（上），中央文献出版社 2014 年版，第 70 页。
④ 《中共中央关于党的百年奋斗重大成就和历史经验的决议》，人民出版社 2022 年版，第 66 页。
⑤ 习近平：《高举中国特色社会主义伟大旗帜　为全面建设社会主义现代化国家而团结奋斗——在中国共产党第二十次全国代表大会上的报告》，人民出版社 2022 年版，第 29 页。

增进民生福祉，不断实现发展为了人民、发展依靠人民、发展成果由人民共享，让现代化建设成果更多更公平惠及全体人民"①。由此可知，马克思主义政党始终围绕"人民利益"而发展，作为马克思主义执政党先进代表的中国共产党就是要始终围绕"人民利益"，把握斗争方向，坚持发扬勇于斗争精神，不断满足人民群众日益增长的美好生活的需要。

坚持以人民为中心的根本立场，必须以最广大人民群众的根本利益为最高标准。江山就是人民，人民就是江山。党政干部一切工作都要以人民为中心，要看人民是否真正得到了实惠、人民生活是否真正得到了改善、人民权益是否真正得到了保障，人民群众是否有了获得感、幸福感和安全感。这要求党政干部敬畏人民，有权不任性、掌权不迷失、用权不逾矩，办事有原则、起止有分寸，深怀爱民之心、恪守为民之责、善谋富民之策、多办利民之事，始终为了人民幸福不懈奋斗。党政干部要善于从人民群众的立场思考问题，让每一项决策部署都能符合人民群众的根本利益，始终赢得人民群众的拥护和爱戴。自党的十八大以来，中国共产党为解决人民群众关心的基本问题，确立了以"房子是用来住的"的住房制度改革方向以解决人民群众住的问题，确立了"没有全民健康，就没有全面小康"的健康方向以解决人民群众的健康问题，确立了"老有所养"的养老方向以解决养老问题，确立了"公平正义"方向大力深化收入分配制度改革以解决人民群众的社会公平问题，确立了"脱贫路上一个都不能少"的脱贫理念以解决扶贫脱贫问题，等等。有些党政干部在为人民群众利益斗争的

---

① 习近平：《高举中国特色社会主义伟大旗帜　为全面建设社会主义现代化国家而团结奋斗——在中国共产党第二十次全国代表大会上的报告》，人民出版社2022年版，第27页。

过程中，甚至献出了宝贵的生命。

坚持以人民为中心的根本立场，必须尊重人民主体地位和首创精神，坚持发扬勇于斗争精神。人民群众是社会物质文明、政治文明、精神文明、社会文明、生态文明的创造者，是党的斗争精神的主体创造力量。党的斗争力量源于人民，党员来自于人民，党政干部的根基在人民，只有时刻把人民放在心中最高位置，充分发挥人民群众的积极性、主动性和创造性，运用人民群众的智慧战胜困难，用人民群众的力量去进行斗争，才能不断创造历史伟业。深入基层、深入群众、深入实际，了解民情、倾听民意、集中民智。最大限度调动人民的积极性、主动性和创造性，最大限度激发和汇聚人民群众创造美好生活、推动发展的强大力量。

（四）坚持中国式现代化的基本道路

有史以来，人类就把没有阶级剥削、没有阶级压迫的平等、自由、公平、正义的大同社会作为最高理想。从《礼记·礼运》中所表述的"大道之行也，天下为公"的理想社会，到近代进步思想家提出的"人人相亲、人人平等、天下为公"的"大同"社会；从古希腊哲学家柏拉图设计的"理想国"，到空想社会主义者圣西门、傅立叶、欧文设想的"共产主义社会"等，显示出人类对消灭剥削制度、消灭阶级对立和阶级差别的理想社会的追求始终没有停止过。马克思、恩格斯把历史时代划分为原始社会、奴隶社会、封建社会、资本主义社会、共产主义社会，并指出经过无产阶级专政的社会主义社会将过渡到共产主义社会时代。我们所处的时代既是资本主义社会形态占主导地位的历史时代，又是经过社会主义过渡、最终取代资本主义而进入共产主义的历史时代，充满了社会主义与资本主义两种制度、两条道路的斗争。

党的二十大报告指出:"在新中国成立特别是改革开放以来长期探索和实践基础上,经过十八大以来在理论和实践上的创新突破,我们党成功推进和拓展了中国式现代化。"① 中国式现代化是中国特色社会主义的最新表达与理论成果,是对中国特色社会主义在新时代的体现的理论阐述。在坚持中国式现代化的基本道路上,必须牢牢把握以下重大原则。

第一,坚持和加强党的全面领导。党的二十大报告指出:"坚决维护党中央权威和集中统一领导,把党的领导落实到党和国家事业各领域各方面各环节,使党始终成为风雨来袭时全体人民最可靠的主心骨,确保我国社会主义现代化建设正确方向,确保拥有团结奋斗的强大政治凝聚力、发展自信心,集聚起万众一心、共克时艰的磅礴力量。"② 历史经验充分证明,中国人民和中华民族之所以能够扭转近代以后的历史命运、取得今天的伟大成就,最根本的是有中国共产党的坚强领导。

马克思指出:"无产阶级在反对有产阶级联合力量的斗争中,只有把自身组织成为与有产阶级建立的一切旧政党不同的、相对立的政党,才能作为一个阶级来行动。"③ 坚持和加强党的全面领导,关系党和国家前途命运,我们的全部事业都建立在这个基础之上,都根植于最本质特征和最大优势,在这个问题上犯错误往往是灾难性的、颠覆性的。党的十八大以来,习近平总书记提出:"中国最大的国情就是中国共产党的领导。什么是中国特色?这就是中国特色。"④ "中国特色社会主义最本质的特征是中国共产党领导,中国特色社会主义制度的最大优

---

① 习近平:《高举中国特色社会主义伟大旗帜 为全面建设社会主义现代化国家而团结奋斗——在中国共产党第二十次全国代表大会上的报告》,人民出版社2022年版,第22页。
② 习近平:《高举中国特色社会主义伟大旗帜 为全面建设社会主义现代化国家而团结奋斗——在中国共产党第二十次全国代表大会上的报告》,人民出版社2022年版,第26—27页。
③ 《马克思恩格斯选集》第3卷,人民出版社2012年版,第173页。
④ 《习近平关于社会主义政治建设论述摘编》,中央文献出版社2017年版,第28页。

势是中国共产党领导,党是最高政治领导力量"①,"我国社会主义政治制度优越性的一个突出特点是党总揽全局、协调各方的领导核心作用,形象地说是'众星捧月',这个'月'就是中国共产党"②,"党的领导必须是全面的、系统的、整体的,必须体现到经济建设、政治建设、文化建设、社会建设、生态文明建设和国防军队、祖国统一、外交工作、党的建设等各方面"③。这些论断为坚持和加强党的全面领导、坚持和发展中国特色社会主义提供了科学指引。

坚持和加强党的全面领导,不是空洞的、抽象的,而是具体的、实在的。一方面,必须把党的全面领导体现到国家机构、体制、制度等的设计、安排、运行之中,确保党的领导全覆盖,确保党的领导坚强有力。党的十八大以来,我们着力完善维护党中央权威和集中统一领导的各项制度,完善党中央对重大工作的领导体制,完善推动党中央重大决策落实机制,确保全党服从中央,确保党中央政令畅通、令行禁止;统筹党政军群机构改革,构建完备规范高效的党和国家机构职能体系,着力从制度安排上发挥党的领导这个最大的体制优势,确保党长期执政和国家长治久安;制定党的组织、宣传、统战、政法、农村、国家安全、政治协商等各方面的工作条例,推动党的全面领导入法入规,确保党中央决策部署落到实处;健全维护党的集中统一的组织制度,明确各级党组织、党员领导干部的职责定位,着力建设上下贯通、执行有力的组织体系,切实把党的领导落实到基层,确保全党团结统一、行动一致。另一方面,坚持和加强党的全面领导还要把党的全面领导体现到治国理政各个方面。党的十

---

① 《习近平谈治国理政》第3卷,外文出版社2020年版,第94页。
② 《习近平关于全面建成小康社会论述摘编》,中央文献出版社2016年版,第96页。
③ 《习近平谈治国理政》第3卷,外文出版社2020年版,第166页。

八大以来，我们坚持和加强党对经济工作的全面领导，完善党领导经济工作体制机制，立足新发展阶段，贯彻新发展理念，构建新发展格局，推动高质量发展，推动我国经济实力、科技实力、综合国力跃上新台阶。坚持加强党对政治建设的全面领导，对坚持和完善中国特色社会主义制度、推进国家治理体系和治理能力现代化作出总体擘画，发展全过程人民民主，构建全面依法治国总体格局，开创法治中国建设新局面。坚持加强党对文化建设全面领导，对意识形态领域许多方向性、战略性问题作出部署，牢牢掌握意识形态工作领导权，推动我国意识形态领域形势发生全局性、根本性转变，极大提升全社会凝聚力和向心力。坚持加强党对社会建设的全面领导，着力健全党组织领导的自治、法治、德治相结合的城乡基层治理体系，建设共建共治共享的社会治理制度，促进社会公平正义。坚持加强党对生态文明建设的领导，推进生态文明体制机制改革，推动生态环境保护发生历史性、转折性、全局性变化，我们的祖国天更蓝、山更绿、水更清。党的全面领导在各领域、各方面得到有力贯彻和落实，确保党和国家事业发展的正确方向，推动党和国家事业取得历史性成就、发生历史性变革。

第二，坚持中国特色社会主义道路。马克思主义经典作家最初关于社会主义革命在西方发达资本主义诸国同时胜利的结论，是建立在对社会历史一般发展规律的判断上。但实践的发展却超出了马克思主义经典作家的预判。19世纪末20世纪初，社会主义国家的建立出现两种类型：一种是虽然已进入资本主义发展阶段，但相对西方发达资本主义国家而言仍然落后，留存大量的封建残余，是垄断资本主义统治链条上的薄弱环节的俄国类型；另一种是尚未进入资本主义发展阶段，工人阶级人数较少，处于更为落后的殖民地或半殖民地半封建社会状况的中国类型。针对这两种类型，马克思、恩格斯及时研究了东方落后国家走社会主义道路的可能性问题。他们认为，在特定条件下，东方落后国家可以不经过资本主义制度的痛苦过程，而吸收资本主义所创造的一切积极成果，进行社会主义革命，走社会主义道路，实现社会形态的跨越式发展。无产阶级力量有可能抓住这一历史性的机遇，走出一条"非资本主义"的发展道路，以通向人类美好的未来社会。列宁在分析了帝国主义历史阶段经济政治发展不平衡规律前提下，提出社会主义革命可以率先在资本主义统治薄弱环节突破的科学论断，成功地发动了俄国十月社会主义革命，建立了人类历史上第一个无产阶级专政的社会主义国家，从实践与理论上证明了马克思主义经典作家的设想是可行的。然而，最终却以苏联解体收场。这说明了落后国家实现社会主义现代化的艰巨性、复杂性、长期性和曲折性。回答"坚持和发展什么样的中国特色社会主义、怎样坚持和发展中国特色社会主义"重大时代课题的时代使命，就落在中国共产党人的肩上。

只有社会主义才能救中国，只有中国特色社会主义才能发展中国，只有中国式现代化道路才能实现中华民族伟大复兴，这是中国人民历史实践的结论。改革开放以来，我们党每当遇到严峻挑战，党中央总是能够沉着冷静、把握得当、因应适宜，总是能够成功扭转危局、化危为机、开创新局，根本原因在于方向明确、头脑清醒，不断推动社会主义制度自我完善和发展，坚定不移走中国特色社会主义道路。党的十八大以来，国内外形势变化和我国各项事业发展给我们提出了一个重大课题，这就是必须从理论和实践结合上系统回答新时代"坚持和发展什么样的中国特色社会主义、怎样坚持和发展中国特色社会主义"。坚持和发展中国特色社会主义，就是要坚持和发展中国特色社会主义道路、理论、制度和文化。全党要更加自觉地增强道路自信、理论自信、制度自信、文化自信，既不走封闭僵化的老路，也不走改旗易帜的邪路，保持政治定力，坚持实干兴邦，始终坚持和发展中国特色社会主义。① 国际共产主义运动的历史表明，科学社会主义基本原则不能丢，丢了就不是社会主义；同时，科学社会主义也不是一成不变，而是不断发展和变化着的。当代中国的伟大社会变革，不是简单延续我国历史文化的母版，不是简单套用马克思主义经典作家设想的模板，不是其他国家社会主义实践的再版，也不是国外现代化发展的翻版。科学社会主义是不断发展的开放的理论，是发展的科学、发展的真理，与时俱进是其鲜明的理论品格。正如党的二十大报告指出的那样："科学社会主义在二十一世纪的中国焕发出新的蓬勃生机，中国式现代化为人类实现现代化提供了新的选择，中国共产党和中国人民为解决人类面临的共同问题提供更多更好的中国智慧、中国方案、中国力量，为人类和平与发展崇高事业作出新的更大的贡献！"②

第三，坚持团结奋斗。团结奋斗是中国人民创造历史伟业的必由之路。只要在党的领导下全国各族人民团结一心、众志成城，敢于斗争、善于斗争，我们就一定能够战胜前进道路上的一切困难挑战，继续创造令人刮目相看的新的奇迹。

团结就是力量，奋斗开创未来。思想上的统一、政治上的团结、行动上的一致是党的事业不断发展壮大的根本所在。团结奋斗是一百年来中国共产党人、中国人民、中华民族锤炼铸就的宝贵精神品质，

---

① 习近平：《决胜全面建成小康社会　夺取新时代中国特色社会主义伟大胜利——在中国共产党第十九次全国代表大会上的报告》，人民出版社2017年版，第16—17页。

② 习近平：《高举中国特色社会主义伟大旗帜　为全面建设社会主义现代化国家而团结奋斗——在中国共产党第二十次全国代表大会上的报告》，人民出版社2022年版，第16页。

是中国共产党和中国人民最显著的精神标识。党的十八大以来,以习近平同志为核心的党中央坚持大团结大联合,团结一切可以团结的力量,调动一切可以调动的积极因素,最大限度凝聚起共同奋斗的力量。反贫困、建小康,稳经济、促发展,战疫情、斗洪峰,化危机、应变局……在前所未有的改革发展稳定任务面前,在前所未有的矛盾风险挑战面前,一次次化危为机、浴火重生。回首来时路,是"比铁还硬,比钢还强"的团结之力,是"风雨无阻向前进"的不懈奋斗,让我们攻克了一个又一个看似不可攻克的难关,创造了"人心齐,泰山移"的人间奇迹。

围绕明确奋斗目标形成的团结才是最牢固的团结,依靠紧密团结进行的奋斗才是最有力的奋斗。中国共产党团结带领中国人民进行的一切奋斗、一切牺牲、一切创造,归结起来就是一个主题:实现中华民族伟大复兴。从如期打赢脱贫攻坚战,到法治中国建设迈出坚实步伐;从不断推动全面深化改革向广度和深度进军,到以前所未有的力度抓生态文明建设……以习近平同志为核心的党中央团结带领全党全军全国各族人民砥砺前行,为实现中华民族伟大复兴提供了更为完善的制度保证、更为坚实的物质基础、更为主动的精神力量,实现中华民族伟大复兴进入了不可逆转的历史进程。新征程上,我们必须坚持大团结大联合,坚持一致性和多样性统一,加强思想政治引领,广泛凝聚共识,广聚天下英才,努力寻求最大公约数、画出最大同心圆,形成海内外全体中华儿女心往一处想、劲往一处使的生动局面,汇聚起实现民族复兴的磅礴力量。

第四,坚持深化改革开放。党的二十大报告指出:"深入推进改革创新,坚定不移扩大开放,着力破解深层次体制机制障碍,不断彰显中国特色社会主义制度优势,不断增强社会主义现代化建设的动力和活力，把我国制度优势更好转化为国家治理效能。"① 我们党坚持马克思主义与中国的具体实际相结合，走出了一条适合中国国情的新路。无产阶级政党领导革命、建设和改革不能囿于经典作家既有的结论，不能照抄别国已有的经验，不能照搬他国的现成模式，要根据不断变化的实际，在发展的理论指导下，用创新的实践解决发展的问题，就必须坚持解放思想、实事求是的思想路线。社会主义社会发展的经验告诉我们，社会主义必须坚持改革，改革必须坚持社会主义方向。

改革开放只有进行时，没有完成时。回望过去，我们依靠改革开放，在富起来、强起来的征程上迈出了决定性的步伐。眺望未来，我们必须深入坚定不移推进改革开放，着力破解深层次体制机制障碍，不断彰显中国特色社会主义制度优势，不断增强社会主义现代化建设的动力和活力，把我国制度优势更好转化为国家治理效能。党的十八大以来，以习近平同志为核心的党中央以巨大的政治勇气全面深化改革，打响改革攻坚战，加强改革顶层设计，敢于突进深水区，敢于啃硬骨头，敢于涉险滩，敢于面对新矛盾新挑战，实行更加积极主动的开放战略，开创了我国改革开放新局面，使改革开放成为当代中国最显著的特征、最壮丽的气象。十年来，改革不停顿，各领域全面深化改革大潮涌起，党的十八届三中全会提出的改革目标任务总体如期完成，各方面共推出2000多个改革方案，许多领域实现历史性变革、系统性重塑、整体性重构，国家治理体系和治理能力现代化水平明显提高；十年来，开放不止步，我国成为140多个国家和地区的主要贸易伙伴，货物贸易总额居世界第一，吸引外资和对外投资居世界前列，

---

① 习近平：《高举中国特色社会主义伟大旗帜　为全面建设社会主义现代化国家而团结奋斗——在中国共产党第二十次全国代表大会上的报告》，人民出版社2022年版，第27页。

形成更大范围、更宽领域、更深层次对外开放格局。这十年的改革开放成就启示我们,没有改革开放,就没有中国的今天,也就没有中国的明天。面对疫情考验,面对单边主义、保护主义抬头,中国连年举办进博会、广交会、服贸会、消博会,搭建起开放合作的平台,为世界经济发展注入更多正能量。中国发展离不开世界,世界发展也需要中国。现在,中国经济韧性强、潜力足、回旋余地广,长期向好的基本面不会改变。中国开放的大门只会越来越大。

第五,必须坚持贯彻新发展理念。"贯彻新发展理念是新时代我国发展壮大的必由之路",在新时代要坚持中国式现代化的基本道路,就必须把新发展理念牢牢抓住。习近平总书记针对我国发展中的突出矛盾和问题,创造性提出创新、协调、绿色、开放、共享的新发展理念,科学回答了关于发展的目的、动力、方式、路径等一系列理论和实践问题,阐明了我们党关于发展的政治立场、价值导向、发展模式、发展道路等重大政治问题,引领我国经济发展取得历史性成就、发生历史性变革。新发展理念是一个整体,我们在贯彻落实中要完整把握、准确理解、全面落实,把新发展理念贯彻到经济社会发展全过程和各领域,就一定能不断提高我国发展的竞争力和持续力,走好更高质量、更有效率、更加公平、更可持续、更为安全的发展之路。

一方面,要正确把握新发展理念。一要从根本宗旨把握新发展理念。习近平总书记指出:"为人民谋幸福、为民族谋复兴,这既是我们党领导现代化建设的出发点和落脚点,也是新发展理念的'根'和'魂'。"[1] 只有坚持发展为了人民、发展依靠人民、发展成果由人民共享,才会有正确的发展观、现代化观。完整、准确、全面贯彻新发展

---

[1] 《习近平谈治国理政》第4卷,外文出版社2022年版,第171页。

理念，必须更加注重共同富裕问题。我们决不能允许贫富差距越来越大、穷者愈穷富者愈富，决不能在富的人和穷的人之间出现一道不可逾越的鸿沟。二要从问题导向把握新发展理念。习近平总书记强调："我国发展已经站在新的历史起点上，要根据新发展阶段的新要求，坚持问题导向，更加精准地贯彻新发展理念，切实解决好发展不平衡不充分的问题，推动高质量发展。"① 比如，针对科技发展中的"卡脖子"、城乡差距较大、碳达峰碳中和、外部环境复杂多变等问题的解决都需要以新发展理念来应对。针对这些突出问题，习近平总书记明确要求："进入新发展阶段，对新发展理念的理解要不断深化，举措要更加精准务实，真正实现高质量发展。"② 三要从忧患意识把握新发展理念。习近平总书记强调："随着我国社会主要矛盾变化和国际力量对比深刻调整，我国发展面临的内外部风险空前上升，必须增强忧患意识、坚持底线思维，随时准备应对更加复杂困难的局面。"③ 要坚持政治安全、人民安全、国家利益至上有机统一，针对宏观经济形势、资本无序扩张、重要战略资源安全、社会领域风险等事关国家安全问题，要科学研判、有效应对、妥善化解。

另一方面，要正确理解新发展理念的内涵。就是要把握好创新、协调、绿色、开放、共享的具体内涵。创新是引领发展的第一动力，注重的是解决发展动力问题；协调发展是持续健康发展的内在要求，注重的是解决发展不平衡问题；绿色发展是永续发展的必要条件和人民对美好生活追求的重要体现，注重的是解决人与自然和谐问题；开放是中国特色社会主义的本质要求，注重的是解决发展内外联动问题；

---

① 《习近平谈治国理政》第 4 卷，外文出版社 2022 年版，第 171—172 页。
② 《习近平谈治国理政》第 4 卷，外文出版社 2022 年版，第 172 页。
③ 《习近平谈治国理政》第 4 卷，外文出版社 2022 年版，第 172 页。

共享是国家繁荣发展的必由之路,注重的是解决社会公平正义问题。自党的十八大以来,在新发展理念的指引下,我国取得了系列重大成就,如基础研究和原始创新不断加强,逐步进入创新型国家行列;我国的产业结构、需求结构、城乡结构、区域结构、所有制结构和收入分配结构逐步改善,经济发展的协调性和可持续性不断增强;生态文明制度体系更加健全,污染防治攻坚向纵深推进,绿色、循环、低碳发展迈出坚实步伐,生态环境保护发生历史性、转折性、全局性变化,祖国的天更蓝、山更绿、水更清;我国成为140多个国家和地区的主要贸易伙伴,货物贸易总额居世界第一,吸引外资和对外投资居世界前列,形成更大范围、更宽领域、更深层次对外开放格局;人民群众获得感、幸福感、安全感更加充实、更有保障、更可持续,共同富裕取得新成效。

三、为全面建成社会主义现代化强国而英勇斗争

总体来看,我们所要进行的斗争,就是坚持、发展和完善中国特色社会主义,全面建成社会主义现代化国家。各级党政干部要积极开拓中国特色社会主义道路,创新中国特色社会主义理论,完善中国特色社会主义制度,培育中国特色社会主义文化,增强为坚持和发展中国特色社会主义英勇斗争的本领。

(一)发扬勇于斗争精神开拓中国特色社会主义道路

中国式现代化道路是中国共产党带领全国各族人民矢志不渝、艰辛探索出来的,是符合中国国情、顺应时代潮流、代表人民利益、经过实践证明的正确道路。这条道路,基础坚实、前景广阔,深得党心

民心，不会因领导人的更替而变换，不会因来自不同方向的干扰而放弃，已经显示出强大的生命力。

鲁迅曾言，地上本没有路，走的人多了，也便成了路。马克思、恩格斯确立的科学社会主义基本原则，反映了社会主义的本质要求；但社会主义的实现途径和具体道路，则要同中国实际紧密结合。建设中国特色社会主义，是社会主义基本原则在中国的独特实现范式。毛泽东指出："革命党是群众的向导，在革命中未有革命党领错了路而革命不失败的。"① 我们党在革命、建设、改革各个历史时期，坚持从我国国情出发，探索并形成了符合中国实际的新民主主义革命道路、社会主义改造和社会主义建设道路、中国特色社会主义道路。习近平总书记强调，必须坚持走中国特色社会主义道路，不断坚持和发展中国特色社会主义这条宝贵经验，旗帜鲜明、意志坚定，表明了在新的历史起点上改革开放再出发的道路指引、航程导向。走自己的路，建设中国特色社会主义，是我们党改革开放以来的战略抉择。他人的经验，可以知晓借鉴，但无须顶礼膜拜。我们要保持高度的政治定力，高举中国特色社会主义旗帜，坚持独立自主走自己的路，以中国式现代化全面推进中华民族伟大复兴，就一定能在新中国成立100年时实现建成富强民主文明和谐美丽的社会主义现代化强国目标。

在开拓中国式现代化道路上把准斗争方向，必须坚定中国式现代化的道路自信。中国式现代化道路是历史和人民的选择，而不是主观判断的结果。习近平总书记指出："数千年来，中华民族走着一条不同于其他国家和民族的文明发展道路。我们开辟了中国特色社会主义道

---

① 《毛泽东选集》第1卷，人民出版社1991年版，第3页。

路不是偶然的，是我国历史传承和文化传统决定的。"① 我们党自诞生之日起，就开始了探寻救国救民适合中国国情的道路。新民主主义革命时期，历经多次挫折与失败，付出了惨重的代价，最终找到了"农村包围城市，武装夺取政权"的革命道路。新中国成立后，又开始艰难的社会主义道路探索过程，取得了成功的经验，也积累了沉痛的教训。党的十一届三中全会以来，确立了解放思想、实事求是的思想路线，成功开创了中国特色社会主义道路。习近平总书记指出："中国特色社会主义道路，是实现我国社会主义现代化的必由之路，是创造人民美好生活的必由之路。"② 努力为开拓中国式现代化道路而英勇斗争，就是要"坚持中国特色社会主义道路。坚持以经济建设为中心，坚持四项基本原则，坚持改革开放，坚持独立自主、自力更生，坚持道不变、志不改，既不走封闭僵化的老路，也不走改旗易帜的邪路，坚持把国家和民族发展放在自己力量的基点上，坚持把中国发展进步的命运牢牢掌握在自己手中"③。

（二）发扬勇于斗争精神创新中国特色社会主义理论

坚定理论自信就是要坚定在马克思主义指导思想下，更加坚定中国特色社会主义理论体系，全面贯彻习近平新时代中国特色社会主义思想，不断推进中国特色社会主义理论体系向前发展、丰富完善。中国特色社会主义理论体系，是改革开放40多年成功实践的理论结晶，凝结着中国共产党近百年实践探索的心血，凝结着近代以来170多年

---

① 《牢记历史经验历史教训历史警示　为国家治理能力现代化提供有益借鉴》，《人民日报》2014年10月14日。
② 《习近平谈治国理政》，外文出版社2014年版，第9页。
③ 习近平：《高举中国特色社会主义伟大旗帜　为全面建设社会主义现代化国家而团结奋斗——在中国共产党第二十次全国代表大会上的报告》，人民出版社2022年版，第27页。

中华民族奋发图强的不懈努力和奋斗成果，也凝结着 500 年来人类对社会主义孜孜追求的思考。

坚持中国特色社会主义理论，必须坚持以马克思列宁主义、毛泽东思想、邓小平理论、"三个代表"重要思想、科学发展观、习近平新时代中国特色社会主义思想为指导，坚持党的领导、人民当家作主、依法治国有机统一，坚持解放思想、实事求是，坚持改革创新，突出坚持和完善支撑中国特色社会主义制度的根本制度、基本制度、重要制度，着力固根基、扬优势、补短板、强弱项，构建系统完备、科学规范、运行有效的制度体系，加强系统治理、依法治理、综合治理、源头治理，把我国制度优势更好转化为国家治理效能，为实现第二个百年奋斗目标、实现中华民族伟大复兴的中国梦提供有力保证。

坚持中国特色社会主义理论，必须全面贯彻习近平新时代中国特色社会主义思想。党的十九届六中全会指出："习近平新时代中国特色社会主义思想是当代中国马克思主义、二十一世纪马克思主义，是中华文化和中国精神的时代精华，实现了马克思主义中国化新的飞跃。"[①] 习近平新时代中国特色社会主义思想是中国化时代化的马克思主义。党的十八大以来，"国内外形势新变化和实践新要求，迫切需要我们从理论和实践的结合上深入回答关系党和国家事业发展、党治国理政的一系列重大时代课题。我们党勇于进行理论探索和创新，以全新的视野深化对共产党执政规律、社会主义建设规律、人类社会发展规律的认识，取得了重大理论创新成果，集中体现为新时代中国特色社会主义思想"[②]。深刻理解

[①]《中共中央关于党的百年奋斗重大成就和历史经验的决议》，人民出版社 2021 年版，第 26 页。

[②] 习近平：《高举中国特色社会主义伟大旗帜　为全面建设社会主义现代化国家而团结奋斗——在中国共产党第二十次全国代表大会上的报告》，人民出版社 2022 年版，第 17 页。

习近平新时代中国特色社会主义思想，必须掌握"十个明确""十四个坚持""十三个方面成就"的主要内容，长期坚持并不断发展这些内容。

"十个明确"是指：明确中国特色社会主义最本质的特征是中国共产党领导，中国特色社会主义制度的最大优势是中国共产党领导，中国共产党是最高政治领导力量，全党必须增强"四个意识"、坚定"四个自信"、做到"两个维护"；明确坚持和发展中国特色社会主义，总任务是实现社会主义现代化和中华民族伟大复兴，在全面建成小康社会的基础上，分两步走在本世纪中叶建成富强民主文明和谐美丽的社会主义现代化强国，以中国式现代化推进中华民族伟大复兴；明确新时代我国社会主要矛盾是人民日益增长的美好生活需要和不平衡不充分的发展之间的矛盾，必须坚持以人民为中心的发展思想，发展全过程人民民主，推动人的全面发展、全体人民共同富裕取得更为明显的实质性进展；明确中国特色社会主义事业总体布局是经济建设、政治建设、文化建设、社会建设、生态文明建设五位一体，战略布局是全面建设社会主义现代化国家、全面深化改革、全面依法治国、全面从严治党四个全面；明确全面深化改革总目标是完善和发展中国特色社会主义制度、推进国家治理体系和治理能力现代化；明确全面推进依法治国总目标是建设中国特色社会主义法治体系、建设社会主义法治国家；明确必须坚持和完善社会主义基本经济制度，使市场在资源配置中起决定性作用，更好发挥政府作用，把握新发展阶段，贯彻创新、协调、绿色、开放、共享的新发展理念，加快构建以国内大循环为主体、国内国际双循环相互促进的新发展格局，推动高质量发展，统筹发展和安全；明确党在新时代的强军目标是建设一支听党指挥、能打胜仗、作风优良的人民军队，把人民军队建设成为世界一流军队；明确中国特色大国外交要服务民族复兴、促进人类进步，推动建设新型国际关系，推动构建人类命运共同体；明确全面从严治党的战略方针，提出新时代党的建设总要求，全面推进党的政治建设、思想建设、组织建设、作风建设、纪律建设，把制度建设贯穿其中，深入推进反腐败斗争，落实管党治党政治责任，以伟大自我革命引领伟大社会革命。①

"十四个坚持"，即坚持党对一切工作的领导、坚持以人民为中心、坚持全面深化改革、坚持新发展理念、坚持人民当家作主、坚持全面依法治国、坚持社会主义核心价值体系、坚持在发展中保障和改善民生、坚持人与自然和谐共生、坚持总体国家安全观、坚持党对人民军队的绝对领导、坚持"一国两制"和推进祖国统一、坚持推动构建人类命运共同体、坚持全面从严治党。以上十四条，构成新时代坚持和发展中国特色社会主义的基本方略。②

"十三个方面成就"主要体现在坚持党的全面领导、全面从严治党、经济建设、全面深化改革开放、政治建设、全面依法治国、文化建设、社会建设、生态文明建设、国防和军队建设、维护国家安全、坚持"一国两制"和推进祖国统一、外交工作等十三个方面。

"十个明确""十四个坚持""十三个方面成就"有机融合、有机统一，凝结着我们党坚持和发展中国特色社会主义的经验总结，凝结着以习近平同志为核心的党中央对中国特色社会主义规律性认识的深化、拓展、升华。

---

① 《中共中央关于党的百年奋斗重大成就和历史经验的决议》，人民出版社 2021 年版，第 24—25 页。

② 习近平：《决胜全面建成小康社会　夺取新时代中国特色社会主义伟大胜利——在中国共产党第十九次全国代表大会上的报告》，人民出版社 2017 年版，第 20—26 页。

（三）发扬勇于斗争精神完善中国特色社会主义制度

制度是人类文明沉淀的精华，人类文明发展的进程，也是制度不断完善的过程。制度具有根本性稳定性全局性长期性的特点。

"履不必同，期于适足；治不必同，期于利民。"中国特色社会主义制度是由根本制度、基本制度、重要制度构成的完整的制度体系，是中国特色社会主义的基石，是中国特色社会主义事业得以长期发展的根本保障。习近平总书记指出，"必须坚持完善和发展中国特色社会主义制度，不断发挥和增强我国制度优势"[①]。党的十九届四中全会通过的《中共中央关于坚持和完善中国特色社会主义制度 推进国家治理体系和治理能力现代化若干重大问题的决定》，肯定了我国国家制度和国家治理体系十三个方面的显著优势，提出坚持和完善中国特色社会主义制度、推进国家治理体系和治理能力现代化的总体目标是，到我们党成立一百年时，在各方面制度更加成熟更加定型上取得明显成效；到2035年，各方面制度更加完善，基本实现国家治理体系和治理能力现代化；到新中国成立一百年时，全面实现国家治理体系和治理能力现代化，使中国特色社会主义制度更加巩固、优越性充分展现。这个决定是在全面深化改革的关键时刻提出来的，为坚持和完善中国特色社会主义制度提供了根本依据和理论遵循。

中国特色社会主义制度植根中国大地、具有深厚的中华文化根基。中国共产党坚持以马克思主义为指导，把马克思主义基本原理同中国具体实际结合起来，深深扎根中国社会土壤，汲取中华优秀传统文化

---

① 习近平：《在庆祝改革开放40周年大会上的讲话》，人民出版社2018年版，第28页。

的充沛养分，并不断借鉴吸收其他制度文明成果，建立起具有中国特色的国家制度和国家治理体系。从新中国成立初期的"一穷二白"到成为世界第二大经济体、制造业第一大国、货物贸易第一大国，中国的经济实力、综合国力极大提升；从缺吃少穿、生活困顿到追求生活品质、文化娱乐丰富，中国人民过上了以往难以想象的新生活；从被封锁被威胁到日益走近世界舞台中央，中国的国际地位空前提高。历史和实践充分证明：中国的国家制度和国家治理体系能够真正解决我国发展面临的问题，具有显著优越性，是有效管用、深得人民拥护的先进制度和治理体系。中国特色社会主义制度为解放和发展社会生产力、解放和增强社会活力、永葆党和国家生机活力提供了有力保证，为保持社会大局稳定、保证人民安居乐业、保障国家安全提供了有力保证。

中国特色社会主义制度具有强大生命力和巨大优越性。社会主义社会是一个不断变革的社会，中国特色社会主义制度是一套在改革开放中不断自我完善、具有强大生命力和巨大优越性的制度体系。中国特色社会主义制度不会故步自封，而是着眼于形势变化、任务变化，在解决实际问题中不断实现重大制度改革创新；在保持自身特色的同时，充分吸收借鉴人类制度文明的有益成果。中国特色社会主义制度能够不断完善发展的根本原因在于，中国共产党协同推进社会革命和自我革命的步伐不懈怠、不停顿，我们各方面的体制机制能够在改革创新、与时俱进中更加适应发展的要求和人民的期盼。党的十一届三中全会以来，中国共产党坚持解放思想、实事求是、与时俱进、求真务实、开拓创新，创造性地解决了什么是社会主义、怎样建设社会主义的重大理论和实践问题，成功开辟了中国特色社会主义道路，逐步确立了中国特色社会主义制度。习近平总书记强调："历史是最好的教科书"，"我们不是历史虚无主义者，也不是文化虚无主义者，不能数典忘祖、妄自菲薄"①。只有正确认识历史,才能更好开创未来。苏联解体、苏共垮台留给我们一个重要教训,就是毁史必毁国,毁史必亡党。我们绝不能再犯苏共的错误、重蹈苏联的覆辙,而要重视、研究、借鉴历史,提高历史思维,反对历史虚无主义,在对历史的深入思考中汲取智慧、走向未来。

中国特色社会主义制度是当代中国发展进步的制度保障。习近平总书记明确指出:"中国特色社会主义制度是当代中国发展进步的根本制度保障,是具有鲜明中国特色、明显制度优势、强大自我完善能力的先进制度。"②办好中国的事情,关键在党,关键在党要管党,全面从严治党。我国国家制度和国家治理体系具有多方面的显著优势,主要是:坚持党的集中统一领导,坚持党的科学理论,保持政治稳定,确保国家始终沿着社会主义方向前进的显著优势;坚持人民当家作主,发展人民民主,密切联系群众,紧紧依靠人民推动国家发展的显著优势;坚持全面依法治国,建设社会主义法治国家,切实保障社会公平正义和人民权利的显著优势;坚持全国一盘棋,调动各方面积极性,集中力量办大事的显著优势;坚持各民族一律平等,铸牢中华民族共同体意识,实现共同团结奋斗、共同繁荣发展的显著优势;坚持公有制为主体、多种所有制经济共同发展和按劳分配为主体、多种分配方式并存,把社会主义制度和市场经济有机结合起来,不断解放和发展社会生产力的显著优势;坚持共同的理想信念、价值理念、道德观念,弘扬中华优秀传统文化、革命文化、社会主义先进文化,促进全体人民在思想上精神上紧紧团结在一起的显著优势;坚持以人民为中心的发展思想,不断保障和改善民

---

① 《习近平关于总体国家安全观论述摘编》,中央文献出版社2018年版,第112页。
② 《习近平谈治国理政》第2卷,外文出版社2017年版,第36页。

生、增进人民福祉，走共同富裕道路的显著优势；坚持改革创新、与时俱进，善于自我完善、自我发展，使社会始终充满生机活力的显著优势；坚持德才兼备、选贤任能，聚天下英才而用之，培养造就更多更优秀人才的显著优势；坚持党指挥枪，确保人民军队绝对忠诚于党和人民，有力保障国家主权、安全、发展利益的显著优势；坚持"一国两制"，保持香港、澳门长期繁荣稳定，促进祖国和平统一的显著优势；坚持独立自主和对外开放相统一，积极参与全球治理，为构建人类命运共同体不断作出贡献的显著优势。这些显著优势，是我们坚定中国特色社会主义道路自信、理论自信、制度自信、文化自信的基本依据。①

中国特色社会主义制度和国家治理体系经过了长期实践检验，来之不易，必须倍加珍惜。各级党政干部要积极坚持和完善我国国家制度和治理体系，坚持从国情出发、从实际出发，既把握长期形成的历史传承，又把握党和人民在我国国家制度建设和国家治理方面走过的道路、积累的经验、形成的原则，不断增强为坚持和完善中国特色社会主义制度而英勇斗争的本领。

（四）发扬勇于斗争精神培育中国特色社会主义文化

习近平总书记在党的十九大报告中指出："中国特色社会主义文化，源自于中华民族五千多年文明历史所孕育的中华优秀传统文化，熔铸于党领导人民在革命、建设、改革中创造的革命文化和社会主义先进文化，植根于中国特色社会主义伟大实践。"② 培育中国特色社会

---

① 《中国共产党第十九届中央委员会第四次全体会议文件汇编》，人民出版社2019年版，第19—21页。
② 习近平：《决胜全面建成小康社会 夺取新时代中国特色社会主义伟大胜利——在中国共产党第十九次全国代表大会上的报告》，人民出版社2017年版，第41页。

主义文化，就是要坚持中国特色社会主义文化发展道路，增强文化自信，围绕举旗帜、聚民心、育新人、兴文化、展形象建设社会主义文化强国，发展面向现代化、面向世界、面向未来的，民族的科学的大众的社会主义文化，激发全民族文化创新创造活力，增强实现中华民族伟大复兴的精神力量。我们要坚持马克思主义在意识形态领域指导地位的根本制度，坚持为人民服务、为社会主义服务，坚持百花齐放、百家争鸣，坚持创造性转化、创新性发展，以社会主义核心价值观为引领，发展社会主义先进文化，弘扬革命文化，传承中华优秀传统文化，满足人民日益增长的精神文化需求，巩固全党全国各族人民团结奋斗的共同思想基础，不断提升国家文化软实力和中华文化影响力。①

　　培育中国特色社会主义文化，关键是要坚持以马克思主义为指导。中华五千年的灿烂文化中的精华部分的精神实质与马克思主义相融相通，只有自觉运用马克思主义作指导，才能自觉地对中国传统文化进行分析鉴别，取其精华、去其糟粕。只有坚持马克思主义的唯物史观，才能正确地揭示文化的本质和作用，只有把握文化是对社会政治和经济的反映，而又反过来指导政治经济这个原理，我们才能认识每种文化的来龙去脉，把握它的产生和发展趋势及规律。以毛泽东同志为代表的中国共产党人，之所以能够披荆斩棘、所向披靡，取得一个又一个的胜利，深刻地改变了国家和民族的命运，也都是由于他们坚持以马克思主义为指导，与中国革命实践相结合，与中华优秀传统文化相结合。在建设中国特色社会主义伟大实践中，吸取中华优秀传统文化中的有益成分，持续推进马克思主义中国化时代化，使我们走出一条

---

　　① 习近平：《高举中国特色社会主义伟大旗帜　为全面建设社会主义现代化国家而团结奋斗——在中国共产党第二十次全国代表大会上的报告》，人民出版社2022年版，第43页。

令国人振奋、世界瞩目的中国特色社会主义道路，实现中华民族伟大复兴进入了不可逆转的历史进程。

培育中国特色社会主义文化，确切地讲，就是要用习近平新时代中国特色社会主义思想武装全党、教育人民、推动工作。全体党政干部要准确把握各项工作中的具体政治方向，在思想上政治上行动上同以习近平同志为核心的党中央保持高度一致。要牢固树立大局意识，把各方面的工作纳入党和国家大局中去定位，把局部利益放在全局利益中去思考，把近期利益和长远利益结合起来，做到正确认识大局、自觉服从大局、坚决维护大局。要坚持以人民为中心的价值理念，着眼于解决人民日益增长的美好生活需要和不平衡不充分的发展之间的矛盾，抓住群众最关心最直接最现实的利益问题，坚持科学决策、民主决策、依法决策，制定切实管用的政策措施。要弘扬自我革命和社会革命精神，推进思想再解放、改革再出发，坚持和完善中国特色社会主义制度，推进国家治理体系和治理能力现代化，不断解放和发展社会生产力，不断增强社会活力，在全面深化改革新起点上实现新突破。

斗争从来都是有目的、有原则、有方向的。中国特色社会主义事业的斗争方向就是坚持和发展中国特色社会主义。党政干部的斗争方向就是在干事创业的过程中，以中国式现代化全面推进中华民族伟大复兴，使中国特色社会主义的旗帜在东方大国高高飘扬，不断取得新的发展成果，不断满足人民群众更多的合理需求。党政干部必须认识到，斗争方向虽然明确，但是在斗争的征途中还会经受风高浪急甚至惊涛骇浪的重大考验，必须时刻坚持勇于斗争精神，时刻准备为中华民族伟大复兴事业奉献自己的汗水、热血乃至生命。

第四章
站稳斗争立场　坚持发扬不懈斗争精神

习近平总书记在"不忘初心、牢记使命"主题教育工作会议上指出：为中国人民谋幸福，为中华民族谋复兴，是中国共产党人的初心和使命，是激励一代代中国共产党人前赴后继、英勇奋斗的根本动力。他强调要通过这次主题教育活动，推动解决人民群众反映强烈的突出问题，不断增强人民群众获得感、幸福感、安全感。中国共产党人的初心和使命，是在领导中国人民进行艰苦卓绝的革命、建设和改革的实践过程中不断总结概括和丰富发展起来，已经成为融入党员意识、构成党员品格、展示党员气质的政党文化之魂；成为统一全党思想、凝聚全党力量、整合全党需要、规范全党行为的精神标识；成为带领人民坚持发扬斗争精神，勇于迎接挑战、善于抓住机遇、敢于攻坚克难的强大精神动力。站在中国最广大人民的立场上，为中国人民谋幸福，为中华民族谋复兴，成为中国共产党不懈斗争的内在精神动力，也是中国共产党战胜各种艰难险阻赢得胜利的重要法宝。

一、坚持发扬斗争精神必须站稳无产阶级和人民群众立场

马克思主义认为，物质的力量必须靠物质的力量来改变，人民群

众是历史的创造者。中国共产党人继承了马克思主义关于人民主体的思想,在领导中国革命建设和改革开放的伟大实践中,把人民立场作为根本的政治立场,把全心全意为人民服务作为最高的价值原则,把人民过上美好生活作为奋斗目标,把群众路线作为科学的领导方法和工作方法,坚信党的根基在人民、血脉在人民、力量在人民;坚持以人为本、执政为民、以人民为中心的执政理念,一切为了人民、一切依靠人民,尊重人民的主体地位,保证人民当家作主;坚持让人民群众成为改革主体、实践主体、价值主体,充分发挥广大人民群众积极性、主动性、创造性,构建起中国特色社会主义人民主体论,从根本上解决了共产党人为谁斗争、依靠谁进行斗争、谁来享受斗争成果的问题,从而从根本上解决了中国共产党坚持发扬斗争精神的立场问题。

(一)为无产阶级和广大人民群众谋利益是马克思主义的根本立场

为无产阶级和最广大人民群众谋利益是马克思主义的根本立场,代表无产阶级和最广大人民群众的利益是无产阶级政党的根本特征。马克思、恩格斯在《共产党宣言》中把无产阶级与其他阶级相比较,指出无产阶级的革命性和先进性:无产阶级是大工业本身的产物,并随着大工业的发展而日益发展壮大,代表了人类社会发展的趋势和潮流。随着资本主义社会矛盾的日益激化,无产阶级的日益发展壮大,"资产阶级的灭亡和无产阶级的胜利是同样不可避免的"[①]。因此,共产党人要把无产阶级组织成为强大的阶级力量,推翻资产阶级统治,由无产阶级夺取政权,用生产资料的社会占有代替生产资料的资本家私人占有,用社会主义制度代替资本主义制度,实现人类最美好的共

---

① 《马克思恩格斯文集》第2卷,人民出版社2009年版,第43页。

产主义社会。"共产主义革命就是同传统的所有制关系实行最彻底的决裂;毫不奇怪,它在自己的发展进程中要同传统的观念实行最彻底的决裂。"① 两个"最彻底的决裂"的思想,明确提出了共产主义革命的任务,充分体现了无产阶级坚定的斗争立场和彻底的革命精神。

从这样一个基本原理出发,马克思、恩格斯告诉我们,人民群众是历史的创造者,从而为无产阶级政党确定自己的斗争立场奠定了坚实的理论基础和实践支撑。

第一,人民群众是社会物质财富的创造者。人们为了生活,首先就需要有衣食住行以及其他物质生活资料,因此,人类的第一个历史活动就是生产满足这些需要的生活资料,即生产物质生活本身。任何一个民族,如果停止劳动,不要说一年,就是几个星期,也要灭亡。恩格斯说:"自从阶级产生以来,从来没有过一个时期社会上可以没有劳动阶级而存在的。这个阶级的名称、社会地位改变了,农奴代替了奴隶,而他自己又被自由工人所代替,所谓自由,是摆脱了奴隶地位的自由,但也是除了他自己的劳动力以外一无所有的自由。但是有一件事是很明显的,无论不从事生产的社会上层发生什么变化,没有一个生产者阶级,社会就不能生存。"②

第二,人民群众是社会精神财富的创造者。不仅所有精神财富归根到底来源于人民群众的生产实践,而且许多科学发明或艺术创作本身就是由普通劳动者完成的。"在十七世纪的英国和十八世纪的法国,甚至资产阶级的最光辉灿烂的成就都不是它自己争得的,而是平民大众,即工人和农民为它争得的。"③ 作为无产者的工人处处表现出自己

---

① 《马克思恩格斯文集》第2卷,人民出版社2009年版,第52页。
② 《马克思恩格斯全集》第19卷,人民出版社1963年版,第315页。
③ 《马克思恩格斯全集》第18卷,人民出版社1964年版,第325页。

的智慧和道德上的优越,而作为有产者的资本家则愚昧无知,是各种偏见的奴隶。

第三,人民群众是社会制度变革的决定力量。社会制度变革的根本原因是社会生产力发展的要求,而人民群众作为社会生产力发展要求的体现者和代表者,成为变革社会制度的根本动力。人类社会历史发展进程充分证明,人民群众发动的深度和广度,决定着一种社会制度变革的深度和广度,决定着社会制度变革的成功和失败,人民群众是社会制度变革的基本力量。马克思、恩格斯特别强调,工人阶级的解放应当是工人阶级自己的事情。"工人阶级的解放应该由工人阶级自己去争取;工人阶级的解放斗争不是要争取阶级特权和垄断权,而是要争取平等的权利和义务,并消灭一切阶级统治"①,实现全人类的解放。正是因为人民群众是历史的创造者,所以,无产阶级政党必须站在无产阶级和最广大人民群众的立场上自觉代表广大人民群众的意愿,反映广大人民群众的要求,为广大人民群众谋利益。没有广大人民群众的支持和拥护,工人阶级政党就失去了生命的基础、力量的源泉。

(二)中国共产党的根本宗旨决定其斗争立场

中国共产党是在中华民族陷入内忧外患的深刻危机、"中国向何处去"成为时代焦虑的危急关头登上政治舞台的。年轻的中国共产党人必然面对且必须回答的一个重大问题是:谁是我们的敌人?谁是我们的朋友?谁是这场伟大革命的主体?谁是革命的根本依靠力量?中国共产党从成立那一天开始,就有着清醒的价值理想和价值追求。党的一大通过的纲领就明确提出:"本党定名为'中国共产党'","革命军

---

① 《马克思恩格斯文集》第3卷,人民出版社2009年版,第226页。

队必须与无产阶级一起推翻资本家阶级的政权，必须支援工人阶级，直到社会的阶级区分消除为止"。这就意味着，中国共产党是无产阶级的政党，为整个劳苦大众的翻身解放而奋斗，是代表最广大人民群众的根本利益的，最终目标是实现共产主义。这就从本质上把中国共产党及其所领导的革命与以往中国历史上所发生任何阶级及其所领导的运动区别开来。1941年，毛泽东在陕甘宁边区的演讲中指出："共产党是为民族、为人民谋利益的政党，它本身决无私利可图。"① 1945年4月23日，毛泽东在党的七大开幕词中首次使用了"全心全意为人民服务"这一科学概念，并把其作为党的宗旨写进党章。此后，"全心全意为人民服务"作为中国共产党人的根本宗旨，一方面指引着中国共产党人所领导的革命、建设和改革的伟大事业，另一方面又被不断赋予新的内容而得到丰富和发展。毛泽东在党的七大《论联合政府》的政治报告中说："我们共产党人区别于其他任何政党的又一个显著的标志，就是和最广大的人民群众取得最密切的联系。全心全意地为人民服务，一刻也不脱离群众；一切从人民的利益出发，而不是从个人或小集团的利益出发；向人民负责和向党的领导机关负责的一致性；这些就是我们的出发点。……应该使每个同志明了，共产党人的一切言论行动，必须以合乎最广大人民群众的最大利益，为最广大人民群众所拥护为最高标准。应该使每一个同志懂得，只要我们依靠人民，坚持地相信人民群众的创造力是无穷无尽的，因而信任人民，和人民打成一片，那就任何困难也能克服，任何敌人也不能压倒我们，而只会被我们所压倒。"②

---

① 《毛泽东选集》第3卷，人民出版社1991年版，第809页。
② 《毛泽东选集》第3卷，人民出版社1991年版，第1094—1095、1096页。

中国共产党要全心全意为人民服务，就必须切实为人民群众谋取利益，使人民群众的物质文化生活条件得到必要的改善。早在1934年，毛泽东就精辟地分析了为人民群众谋利益与取得革命胜利的关系。他认为，革命战争是群众的战争，只有动员群众才能进行战争，只有依靠群众才能进行战争。为了取得革命的胜利，一切群众生活上的问题都应该提到议事日程上来。正是从这样一个基本认识出发，毛泽东在领导中国革命和建设事业的过程中，坚持全心全意为人民服务的宗旨，始终把人民群众的利益放在第一位，把尽量满足人民群众的利益作为我们党的一切工作的出发点和落脚点。他有一句名言："共产党就是要奋斗，就是要全心全意为人民服务，不要半心半意或者三分之二的心三分之二的意为人民服务。"①

中国共产党坚持全心全意为人民服务的宗旨，土地革命时期就高举"打土豪分田地"的旗帜，利用一切时机进行土地改革，满足农民对土地的渴望；有计划地开展民主选举，支持民众参与政治活动，满足民众对政治参与的诉求；广泛开展扫盲运动，演出各种戏剧节目，出版大量报刊图书，满足民众对文化生活的追求；积极进行灵活多样的理论学习，举办各种形式学校，满足民众对精神生活的追求；等等。被称为"人民救星"的中国共产党赢得了民众的高度信任和衷心热爱。解放区里天天锣鼓喧天，年轻人披红骑马光荣入伍争上前线；淮海战场上的滚滚车流，长江炮火中的浩荡船队，民心所向，势不可当。中国共产党坚持为人民利益而奋斗的斗争原则，完成了带领广大人民群众推翻三座大山、建立新中国的历史使命。

---

① 《毛泽东文集》第7卷，人民出版社1999年版，第285页。

（三）"坚持以人民为中心"表达治国理政的基本立场

"文化大革命"结束，当中国人民再次面对"中国向何处去"的时代焦虑时，当代中国共产党人以彻底唯物主义的革命胆略和科学态度，解放思想、实事求是，作出社会主义初级阶段的主要矛盾是"人民日益增长的物质文化需要与落后的社会生产之间的矛盾"的重大判断，并围绕着如何解决社会主要矛盾而进行了举世瞩目的改革开放，创造性地回答了在一个经济文化落后的东方大国所面临的一系列重大基本问题。围绕着为谁改革开放、依靠谁进行改革开放、谁来享受改革开放伟大成果的问题，我们把"人民拥护不拥护、人民赞成不赞成、人民高兴不高兴、人民答应不答应"作为制定各项方针政策的出发点，把"先富带后富、共同富裕"作为社会主义的本质规定，把"是否有利于提高人民的生活水平"作为"三个有利于"判断标准的重要内容，把"深怀爱民之心，恪守为民之责，善谋富民之策，多办利民之事，更好地为广大人民群众服务"作为执政使命，把"坚持问政于民、问需于民、问计于民，真诚倾听群众呼声，真实反映群众愿望，真情关心群众疾苦，依法保障人民群众经济、政治、文化、社会等各项权益"当作执政担当，把"代表最广大人民群众的根本利益"作为党的先进性的根本要求，把"以人为本"作为科学发展观的核心内容，等等。我们一切相信人民，一切依靠人民，一切为了人民，使人民群众参与改革开放伟大事业的积极性、主动性、创造性得到充分发挥，物质文化生活水平得到普遍提高，参政议政的国家主人意识得到极大增强，人民群众的精神面貌发生了根本性的变化，国家综合国力得到极大提升。

2012年11月，党的十八大胜利召开，习近平总书记在同中外记者见面的讲话中明确提出："人民对美好生活的向往，就是我们的奋斗目标。人世间的一切幸福都需要靠辛勤的劳动来创造。我们的责任，就是要团结带领全党全国各族人民，继续解放思想，坚持改革开放，不断解放和发展社会生产力，努力解决群众的生产生活困难，坚定不移走共同富裕的道路。"① 这段话充分表达了新一届中央领导集体的奋斗目标和责任担当。2015年10月，党的十八届五中全会通过了《中共中央关于制定国民经济和社会发展第十三个五年规划的建议》，在关于如期实现全面建成小康社会奋斗目标、推动经济社会持续健康发展所必须遵循的原则中，第一条就是"坚持人民主体地位"，明确提出"以人民为中心的发展思想"。党的十九大报告把"坚持以人民为中心"作为构成新时代中国特色社会主义的基本方略之一。党的二十大报告进一步强调："坚持以人民为中心的发展思想。维护人民根本利益，增进民生福祉，不断实现发展为了人民、发展依靠人民、发展成果由人民共享，让现代化建设成果更多更公平惠及全体人民。"②

总之，中国共产党人的根本立场，决定其确立了"全心全意为人民服务"的根本宗旨和"坚持以人民为中心"的核心价值理念；而其根本宗旨和核心价值理念实现了真理确信与价值认同的统一，价值理想和价值现实的统一，目的追求和实现手段的统一，坚持真理和修正错误的统一。

二、中国共产党的立场决定其基本斗争原则

相信谁、依靠谁、为了谁，是否始终站在最广大人民的立场上，

---

① 《习近平谈治国理政》，外文出版社2014年版，第4页。
② 习近平：《高举中国特色社会主义伟大旗帜 为全面建设社会主义现代化国家而团结奋斗——在中国共产党第二十次全国代表大会上的报告》，人民出版社2022年版，第27页。

是区分唯物史观和唯心史观的分水岭，是判断马克思主义政党的试金石，也是辨别斗争原则正确与否的根本标准。中国共产党在领导全国各族人民进行革命建设改革的实践中形成一系列基本的斗争原则，为我们赢得各项斗争的胜利提供了根本保证。

（一）坚持以群众路线为根本路线

中国共产党把马克思主义关于人民群众是历史创造者的原理运用在党的全部斗争活动中，形成群众观点和群众路线。习近平总书记说："群众路线是我们党的生命线和根本工作路线，是我们党永葆青春活力和战斗力的重要传家宝。不论过去、现在和将来，我们都要坚持一切为了群众，一切依靠群众，从群众中来，到群众中去，把党的正确主张变为群众的自觉行动，把群众路线贯彻到治国理政全部活动之中。"① 群众路线当然也是根本的斗争原则。

中国共产党从成立那天起，就决心为了人民的利益而斗争。可以说，中国共产党领导人民的斗争史，就是一部为人民谋利益的发展史。早在第一次国内革命战争时期，中国共产党就有了群众路线的思想萌芽。毛泽东在 1925 年 12 月写的《中国社会各阶级的分析》、1927 年 3 月写的《湖南农民运动考察报告》等文章中，批评了当时鄙视人民群众和群众运动的思潮，高度赞扬了人民群众的革命作用，积极倡导联系群众、深入群众、依靠群众的工作作风。1929 年 9 月 28 日，他在《中共中央给红军第四军前委的指示信》中，明确提出"群众路线"的概念。1943 年 6 月，毛泽东在《关于领导方法的若干问题》一文中指出："在我党的一切实际工作中，凡属正确的领导，必须是从群众中

---

① 《习近平谈治国理政》，外文出版社 2014 年版，第 27 页。

来,到群众中去。这就是说,将群众的意见(分散的无系统的意见)集中起来(经过研究,化为集中的系统的意见),又到群众中去作宣传解释,化为群众的意见,使群众坚持下去,见之于行动,并在群众行动中考验这些意见是否正确。"① 1945年4月,党的七大胜利召开,毛泽东在《论联合政府》的报告中提出"人民,只有人民,才是创造世界历史的动力"的著名命题。人民是革命的主体,人民的解放只能靠人民自己去争取。"自由是人民争来的,不是什么人恩赐的。""人民的言论、出版、集会、结社、思想、信仰和身体这几项自由,是最重要的自由。"② 刘少奇在修改党章的报告中指出:"所谓正确的组织路线,就是党的群众路线,就是我们党的领导骨干和党内党外广大群众密切结合的路线,就是从群众中来又到群众中去的路线。"③ 群众观点包含四项内容,即一切为了人民群众的观点,一切向人民群众负责的观点,相信群众自己解放自己的观点,向人民群众学习的观点。此时,党的群众路线和群众观点初步形成。

党的十一届六中全会通过的《关于建国以来党的若干历史问题的决议》,第一次把党的群众路线表述为"一切为了群众,一切依靠群众,从群众中来,到群众中去"。这是对党的群众路线的高度概括和精确表达。"一切为了群众",是群众路线的核心内容,是我们党的根本宗旨,是党的全部工作的根本出发点和落脚点;"一切依靠群众",是由人民群众的历史地位和我们党的性质决定的;"从群众中来,到群众中去",是我们党实现正确领导的根本方法,是"一切为了群众,一切依靠群众"在党的工作方法和领导方法方面的具体体现。党的十三届

---

① 《毛泽东选集》第3卷,人民出版社1991年版,第899页。
② 《毛泽东选集》第3卷,人民出版社1991年版,第1031、1070页。
③ 《刘少奇选集》上卷,人民出版社1981年版,第348页。

六中全会通过的《中共中央关于加强党和人民群众联系的决定》,总结了党同人民群众关系的历史经验,指出党在长期斗争中创立和发展的群众路线是实现党的思想路线、政治路线、组织路线的根本工作路线,是中国共产党的优良传统和政治优势。"历史经验反复证明,什么时候党的群众路线执行得好,党群关系密切,我们的事业就顺利发展;什么时候党的群众路线执行得不好,党群关系受到损害,我们的事业就遭受挫折。"[1] 同时指出:"群众观点是马克思主义的基本观点。共产党员如何对待群众,是一个根本的立场问题,世界观问题,党性问题。要通过教育,使广大党员特别是各级领导干部懂得,历史活动是群众的事业,生机勃勃的创造性的社会主义是由人民群众自己创立的。要牢固树立人民群众是历史创造者的观点,向人民群众学习的观点,全心全意为人民服务的观点,干部的权力是人民赋予的观点,对党负责与对人民负责相一致的观点,党要依靠群众又要教育和引导群众前进的观点。"[2] 由此表明,党的群众观点和群众路线已经成熟和完善。

群众路线和群众观点是我们党的传家宝,体现了政党的性质和国家政权的性质,全面地回答了人民群众的历史地位和在政权构成中的地位,为正确处理党和群众的关系问题确立了基本原则,也为中国共产党领导伟大斗争确立了基本原则。习近平总书记说:"群众路线是我们党的生命线和根本工作路线,是我们党永葆青春活力和战斗力的重要传家宝。不论过去、现在和将来,我们都要坚持一切为了群众,一切依靠群众,从群众中来,到群众中去,把党的正确主张变为群众的自觉行动,把群众路线贯彻到治国理政全部活动之中。"[3]

---

[1] 《十三大以来重要文献选编》(中),人民出版社1991年版,第928页。
[2] 《十三大以来重要文献选编》(中),人民出版社1991年版,第937—938页。
[3] 《习近平谈治国理政》,外文出版社2014年版,第27页。

群众路线体现着马克思主义的认识论。2012年5月16日,习近平总书记在中共中央党校开学典礼上指出,从马克思主义认识论来看,坚持群众路线是坚持实事求是的认识和实践基础。一方面,实事求是是在实践基础上认识世界的过程,这一过程要通过"从群众中来"才能实现。人民的伟大实践是认识的真正源泉。只有切实尊重人民首创精神,倾听人民呼声,反映人民意愿,及时发现、总结、概括人民创造的新鲜经验,才能获得正确反映客观规律的真理性认识,才能制定出符合客观规律的科学决策。另一方面,实事求是又是在实践基础上改造世界的过程,这一过程只有通过"到群众中去"才能实现。人民是历史的创造者,是改造世界的主体和力量源泉。党的奋斗目标与人民的根本利益、经济社会发展规律是根本一致的。

群众路线表达了中国共产党人的价值追求。我们党的最高理想是实现共产主义,实现人的自由全面发展。马克思说:"群众对目的究竟'关注'到什么程度,群众对这些目的究竟怀有多大'热情'。'思想'一旦离开'利益',就一定会使自己出丑。"① 习近平总书记说:"我们党来自人民、植根人民、服务人民,党的根基在人民、血脉在人民、力量在人民。失去了人民拥护和支持,党的事业和工作就无从谈起。"② 在任何时候任何情况下,与人民同呼吸共命运的立场不能变,全心全意为人民服务的宗旨不能忘,群众是真正英雄的历史唯物主义观点不能丢,始终坚持立党为公、执政为民。建设中国特色社会主义的共同理想,就是中国共产党把握时代特征,以实现好、维护好、发展好人民群众根本利益,满足人民过上美好生活的期待为目的而形成的理论

---

① 《马克思恩格斯文集》第1卷,人民出版社2009年版,第286页。
② 《习近平谈治国理政》,外文出版社2014年版,第367页。

成果。这就要求广大党员干部时时处处增强宗旨意识，相信群众，依靠群众，始终把人民放在心中的最高位置。

群众路线决定着党政干部的工作作风。工作作风往往表现为在做群众工作中的态度问题。是高高在上当群众的"官老爷"，还是俯身下来当群众的"勤务员"，关系到我们党的工作作风，关系到党和人民群众的感情，关系到我们事业的成败。习近平总书记指出："在人民面前，我们永远是小学生，必须自觉拜人民为师，向能者求教，向智者问策；必须充分尊重人民所表达的意愿、所创造的经验、所拥有的权利、所发挥的作用。我们要珍惜人民给予的权力，用好人民给予的权力，自觉让人民监督权力，紧紧依靠人民创造历史伟业，使我们党的根基永远坚如磐石。"① 我们要破除"官本位"思想，牢记我们手中的权力是人民赋予的，虚心向人民群众学习，密切与人民群众的联系，把与人民群众的深厚感情体现在工作实践中。只有真心实意地为人民群众工作，才能真正得到人民群众的拥护。

坚持群众路线并不是不要坚持党的领导；相反，坚持群众路线与坚持党的领导是辩证统一的。从根本上说，群众作为历史的主体和创造者应该自己解放自己，任何群众运动的开展、运动目的的实现，都必须有人民群众的广泛认同和积极参与。但是，没有党的领导、组织、教育和动员，仅仅依靠群众的自觉与自愿，群众运动的目的是不可能实现的。因此，在具体实践活动中，党要在尊重群众主体性和自觉性的基础上，深入群众并积极教育和引导群众。邓小平说："在今天的中国，决不应该离开党的领导而歌颂群众的自发性。党的领导当然不会没有错误，而党如何才能密切联系群众，实施正确的和有效的领导，

---

① 《习近平谈治国理政》，外文出版社2014年版，第27页。

也还是一个必须认真考虑和努力解决的问题，但是这决不能成为要求削弱和取消党的领导的理由。"①

（二）坚持以人为本、执政为民为根本执政理念

政党是某一阶级和集团的利益或意志的代表者、维护者和表达者。执政党在执政的过程中站在谁的立场上、依靠谁执政、为了谁执政，是判断一个政党性质的试金石。中国共产党作为无产阶级政党，始终站在最广大人民群众的立场上，坚持以人为本、执政为民、以人民为中心的执政理念，这既体现了中国共产党人的神圣使命，也是党在执政条件下适应执政党特点、充分发挥执政党功能、坚持群众路线的具体体现。

中国共产党的执政理念有一个发展过程。早在新民主主义革命时期，毛泽东就提出："共产党是为民族、为人民谋利益的政党，它本身决无私利可图。"② 后来他多次强调："全心全意地为人民服务，一刻也不脱离群众；一切从人民的利益出发，而不是从个人或小集团的利益出发；向人民负责和向党的领导机关负责的一致性；这些就是我们的出发点。"③ 新中国成立后，毛泽东强调："中国共产党是全中国人民的领导核心。没有这样一个核心，社会主义事业就不能胜利。"④ 他还强调，"我们的权力是谁给的？是工人阶级给的，是贫下中农给的，是占人口百分之九十以上的广大劳动群众给的"⑤。很显然，毛泽东的相关论述包含着"执政为民"的执政思想。

---

① 《邓小平文选》第2卷，人民出版社1994年版，第170页。
② 《毛泽东选集》第3卷，人民出版社1991年版，第809页。
③ 《毛泽东选集》第3卷，人民出版社1991年版，第1094—1095页。
④ 《毛泽东文集》第7卷，人民出版社1999年版，第303页。
⑤ 《建国以来毛泽东文稿》第12册，中央文献出版社1998年版，第581页。

改革开放之后,特别是世纪之交,整个世界处于一个复杂而多变的发展时期。苏联解体、苏共垮台,使中国共产党人更加关注执政问题。据报道,在苏联解体之前,苏联社会科学院作了一项问卷调查,其中有一个问题是:你认为苏共代表谁的利益?调查结果显示:认为苏共代表工人利益的占4%,认为苏共代表全体人民利益的占7%,认为苏共代表全体党员利益的占11%,认为苏共代表党的官僚、干部和机关工作人员利益的居然占到78%。这个调查结果不得不令我们深思,或许从这个调查结果里可以找到苏共垮台的原因。苏共垮台给中国共产党人敲响了警钟:党的执政地位不是一劳永逸,党可以成为执政党,党也可以被人民所抛弃,必须从理论和实践的结合上,解决"为谁执政"这个重大的时代课题。2001年,江泽民在纪念中国共产党成立80周年讲话中提出:"全心全意为人民服务,立党为公,执政为民,是我们党同一切剥削阶级政党的根本区别。任何时候我们都必须坚持尊重社会发展规律与尊重人民历史主体地位的一致性,坚持为崇高理想奋斗与为最广大人民谋利益的一致性,坚持完成党的各项工作与实现人民利益的一致性。"① 这是中国共产党"执政为民"理念的确立。

胡锦涛把治国理政的理念进一步向前推进,明确提出"以人为本"的执政理念。胡锦涛强调:"提出以人为本的根本含义,就是坚持全心全意为人民服务,立党为公、执政为民"②。以人为本,体现了马克思主义历史唯物论的基本原理,体现了我们党全心全意为人民服务的根本宗旨和我们推动经济社会发展的根本目的。这样就准确表达了全心全意为人民服务、执政为民、以人为本作为党的执政理念的内在统

---

① 《江泽民文选》第3卷,人民出版社2006年版,第279页。
② 《胡锦涛文选》第3卷,人民出版社2016年版,第4页。

一性。

以人为本、执政为民的执政理念从历史观和价值观相统一的高度，回答了"发展为了谁、发展依靠谁和发展成果由谁享用"这样一个核心问题。党的十八大报告指出："坚持以人为本、执政为民，始终保持党同人民群众血肉联系。为人民服务是党的根本宗旨，以人为本、执政为民是检验党一切执政活动的最高标准。任何时候都要把人民利益放在第一位，始终与人民心连心、同呼吸、共命运，始终依靠人民推动历史前进。"[1] 坚持以人为本、执政为民，就是要以实现人的全面发展为目标，从人民群众的根本利益出发谋发展、促发展，不断满足人民群众日益增长的物质文化需要，切实保障人民群众的经济、政治、文化、社会等各项权益，让社会发展的成果惠及全体人民。要始终把实现好、维护好、发展好最广大人民的根本利益作为党和国家一切工作的出发点和落脚点，尊重人民主体地位，发挥人民首创精神，保障人民各项权益，走共同富裕道路，促进人的全面发展，做到发展为了人民、发展依靠人民、发展成果由人民共享。

首先，发展为了人民，要求我们以广大人民群众的根本利益为出发点。人民群众的根本利益除了有物质生活需要方面的经济利益，还有政治参与和当家作主的政治权利、健康充实愉快生活的文化权利，以及社会权利、生态权利等。经济、政治、文化、社会、生态五大利益构成了人民群众的根本利益的有机整体。经济利益是基础，我们首先实现人民群众的经济利益，人民群众在经济生活中国家主人公的地位得到了保障，人民群众物质生活需要得到了满足，其他利益的实现才有现实的物质基础；人民群众在政治上当家作主的权利是利益有机

---

[1] 《中国共产党第十八次全国代表大会文件汇编》，人民出版社2012年版，第47页。

体的核心,是实现经济利益、文化利益等的有力保障;文化利益是经济利益和政治利益的反映和表现,充分享有文化利益能够实现人的更全面的发展,人民群众才能更自觉、更有效地追求和实现经济利益和政治利益;社会利益是经济利益、政治利益、文化利益、生态利益的充分体现;生态利益则是实现经济利益、政治利益、文化利益和社会利益的环境保障。五者是不可分割的有机整体。

其次,发展依靠人民,说明发展的动力是广大人民群众的创造性。人民群众是社会发展的主体,是历史的创造者;人民群众在创造历史活动的过程中也发展着自身的能力,在改造自然和社会环境的同时进行着自我改造。激发广大人民群众的创造性是实现社会发展和人的全面发展的根本途径。习近平总书记2013年4月28日在同全国劳动模范代表座谈时的讲话中指出:"必须坚持崇尚劳动、造福劳动者。劳动是财富的源泉,也是幸福的源泉。人世间的美好梦想,只有通过诚实劳动才能实现;发展中的各种难题,只有通过诚实劳动才能破解;生命里的一切辉煌,只有通过诚实劳动才能铸就。劳动创造了中华民族,造就了中华民族的辉煌历史,也必将创造出中华民族的光明未来。'一勤天下无难事。'必须牢固树立劳动最光荣、劳动最崇高、劳动最伟大、劳动最美丽的观念,让全体人民进一步焕发劳动热情、释放创造潜能,通过劳动创造更加美好的生活。全社会都要贯彻尊重劳动、尊重知识、尊重人才、尊重创造的重大方针,维护和发展劳动者的利益,保障劳动者的权利。要坚持社会公平正义,排除阻碍劳动者参与发展、分享发展成果的障碍,努力让劳动者实现体面劳动、全面发展。全社会都要热爱劳动,以辛勤劳动为荣,以好逸恶劳为耻。"[①]

---

① 习近平:《在同全国劳动模范代表座谈时的讲话》,《人民日报》2013年4月29日。

最后，发展成果由人民共享，要求我们发展的目的是共同富裕和促进人的全面发展。发展成果由人民共享是社会主义的本质要求，是人类社会发展最高价值追求，是以人为本思想的核心。同时，共同富裕不可能是全体社会成员在财富占有上的绝对平均。我们不可能在利益分配上强求一致，追求绝对的公平，但我们一定要把贫富差距控制在一定范围内。这就需要制定符合时代发展要求的分配政策，正确对待劳动、资本、技术、管理等生产各个要素在创造财富中的作用，把每个人的具体贡献同自身的切身利益紧密结合起来。还要通过财政、税收、保障、福利和救助等手段进行利益调节，最大限度使全体社会成员更公平地享用社会发展的成果。党的十八大报告指出："实现发展成果由人民共享，必须深化收入分配制度改革，努力实现居民收入增长和经济发展同步、劳动报酬增长和劳动生产率提高同步，提高居民收入在国民收入分配中的比重，提高劳动报酬在初次分配中的比重。初次分配和再分配都要兼顾效率和公平，再分配更加注重公平。……多渠道增加居民财产性收入。规范收入分配秩序，保护合法收入，增加低收入者收入，调节过高收入，取缔非法收入。"可见，共享是中国特色社会主义的本质要求，其目的是使全体人民在共建共享发展中有更多获得感，增强发展动力，增进人民团结，朝着共同富裕方向稳步前进。

广大党政干部必须树立正确的权力观，清醒认识到我们的一切权力来自于人民，要为人民群众掌好权、用好权；在工作中密切与人民群众的联系，保持与人民群众的血肉联系，准确把握人民群众的利益诉求，正确表达人民群众的愿望，坚持与时俱进、开拓创新，真正坚持执政为民，实现好、维护好、发展好广大人民群众的根本利益。

（三）坚持以人民为中心的发展思想

党的十九大报告把"坚持以人民为中心"作为习近平新时代中国特色社会主义思想的基本方略之一，这是马克思主义的基本原理的应用，也是中国共产党人在长期实践中总结出来的成功经验和认识成果。2013年8月19日，习近平总书记在全国宣传思想工作会议上的讲话中提出："要树立以人民为中心的工作导向，把服务群众同教育引导群众结合起来，把满足需求同提高素养结合起来，多宣传报道人民群众的伟大奋斗和火热生活，多宣传报道人民群众中涌现出来的先进典型和感人事迹，丰富人民精神世界，增强人民精神力量，满足人民精神需求。"[①] 这或许是"以人民为中心"概念的最早提出。2015年10月，党的十八届五中全会通过的《中共中央关于制定国民经济和社会发展第十三个五年规划的建议》明确提出：人民是推动发展的根本力量，实现好、维护好、发展好最广大人民根本利益是发展的根本目的。必须坚持以人民为中心的发展思想，把增进人民福祉、促进人的全面发展作为发展的出发点和落脚点，发展人民民主，维护社会公平正义，保障人民平等参与、平等发展权利，充分调动人民积极性、主动性、创造性。这里明确使用了"以人民为中心的发展思想"的概念。2016年4月18日，习近平总书记在中央全面深化改革领导小组第二十三次会议上的讲话中再次提出："改革既要往有利于增添发展新动力方向前进，也要往有利于维护社会公平正义方向前进，注重从体制机制创新上推进供给侧结构性改革，着力解决制约经济社会发展的体制机制问题；把以人民为中心的发展思想体现在经济社会发展各个环节，做到

[①] 《习近平谈治国理政》，外文出版社2014年版，第154页。

老百姓关心什么、期盼什么，改革就要抓住什么、推进什么，通过改革给人民群众带来更多获得感。"① 党的十九大报告正式把"坚持以人民为中心"作为习近平新时代中国特色社会主义思想基本方略之一。

"坚持以人民为中心"，一句通俗易懂、朴实无华的语言，包含着丰富的价值哲学的思想。

坚持以人民为中心的斗争原则，体现了中国共产党以人民为价值主体的思想。人民群众是社会实践的主体，是党和国家事业的创造者，是推动改革开放伟大事业的决定力量。2013年11月，习近平总书记在党的十八届三中全会第二次全体会议的讲话中，总结了党的十一届三中全会以来党和国家各项事业取得伟大成就的重要经验，其中之一就是紧紧依靠人民推动改革。他说，人民是历史的创造者，是我们的力量源泉。必须坚持以人为本，尊重人民主体地位，发挥人民群众首创精神，紧紧依靠人民推动改革。没有人民支持和参与，任何改革都不可能取得成功。无论遇到任何困难和挑战，只要有人民支持和参与，就没有克服不了的困难，就没有越不过的坎。可以说，"改革开放在认识和实践上的每一次突破和发展，改革开放中每一个新生事物的产生和发展，改革开放每一个方面经验的创造和积累，无不来自亿万人民的实践和智慧"②。2014年，在庆祝中华人民共和国成立65周年招待会上，习近平总书记再次强调：我们要紧紧依靠人民，充分发挥人民主体作用，尊重人民首创精神，为了人民干事创业，依靠人民干事创业。我们要坚持"以百姓心为心"，倾听人民心声，汲取人民智慧，始终把实现好、维护好、发展好最广大人民根本利益作为一切工作的出

---

① 《习近平谈治国理政》第2卷，外文出版社2017年版，第103页。
② 《习近平谈治国理政》，外文出版社2014年版，第68页。

发点和落脚点，让发展成果更多更公平惠及全体人民。

坚持以人民为中心的斗争原则，体现了中国共产党人以人民福祉为中心的价值取向思想。习近平总书记指出："带领人民创造幸福生活，是我们党始终不渝的奋斗目标。"① 能否为人民创造幸福生活，关键在于能否准确把握人民群众的需要，能否用恰当的方式满足人民群众的需要，这不仅是一个理论问题，更是一个直接关系到党和国家事业兴衰成败的实践问题。在这个问题上，我们有成功的经验，也经历过挫折和苦难。在中国特色社会主义新时代，人民群众的需要呈现出新的特点，人民群众的需要与需要的满足也呈现出诸多困境。党的十八届三中全会提出，全面深化改革"以促进社会公平正义、增进人民福祉为出发点和落脚点"。习近平总书记在中央全面深化改革领导小组第二十一次会议上提出："把是否促进经济社会发展、是否给人民群众带来实实在在的获得感，作为改革成效的评价标准"。这是适应全面深化改革的新形势而提出的重大战略判断。坚持以人民为中心的斗争原则，在政治方面体现为坚持和完善中国特色社会主义制度，推进国家治理体系和治理能力现代化，保障人民群众当家作主的权利；在经济方面体现为通过全面深化改革，解放和发展社会生产力，切实满足人民群众日益增长的美好生活需要；在文化方面体现为创造丰富多彩的精神产品，让人民群众过上具有"诗和远方"的生活；在社会建设方面加强和创新社会治理，不断提高和保证改善民生水平；在生态建设方面能提供更多优质生态产品，满足人民日益增长的优美生态环境需要。

坚持以人民为中心的斗争原则，体现了中国共产党人的价值评价

---

① 《习近平谈治国理政》第 2 卷，外文出版社 2017 年版，第 40 页。

标准。毛泽东曾提出:"我们的责任,是向人民负责。"① 所谓对人民负责,就是我们的一言一行,都要符合人民的利益,如果错了,就必须改正。要"为人民的利益坚持好的,为人民的利益改正错的"。因此,"共产党人必须随时准备坚持真理,因为任何真理都是符合于人民利益的;共产党人必须随时准备修正错误,因为任何错误都是不符合于人民利益的"②。习近平总书记提出:"党的一切工作,必须以最广大人民根本利益为最高标准。检验我们一切工作的成效,最终都要看人民是否真正得到了实惠,人民生活是否真正得到了改善,人民权益是否真正得到了保障。"③ 因此,要真正让人民来评判我们的工作。"知政失者在草野。"任何政党的前途和命运最终都取决于人心向背。"人心就是力量。"我们党的党员人数,放在人民中间还是少数。我们党的宏伟奋斗目标,离开了人民支持就绝对无法实现。我们党的执政水平和执政成效都不是由自己说了算,必须而且只能由人民来评判。人民是我们党的工作的最高裁决者和最终评判者。如果自诩高明、脱离了人民,或者凌驾于人民之上,就必将被人民所抛弃。任何政党都是如此,这是历史发展的铁律,古今中外概莫能外。习近平总书记在中共中央政治局第二十六次集体学习时强调,凡是有利于党和人民事业的,就坚决干、加油干、一刻不停歇地干;凡是不利于党和人民事业的,就坚决改、彻底改、一刻不耽误地改。从根本上说,无产阶级政党所进行的一切活动,都是为追求真理;而中国共产党人所追求的最高真理,就是为最广大人民群众谋利益,实现了价值评价标准与真理评价标准的统一,价值观与真理观的统一。

---

① 《毛泽东选集》第 4 卷,人民出版社 1991 年版,第 1128 页。
② 《毛泽东选集》第 3 卷,人民出版社 1991 年版,第 1004、1095 页。
③ 《习近平谈治国理政》,外文出版社 2014 年版,第 28 页。

（四）加强和改进党的作风建设

党的作风是党的形象，是党的性质、宗旨、纲领、路线的重要体现，是党的创造力、战斗力和凝聚力的重要内容。中国共产党在长期的革命、建设和改革的过程中，形成一整套优良传统和优良作风，这是党的政治优势，是治国理政的传家宝。

毛泽东就十分重视党的作风建设，在总结中国共产党领导中国人民进行新民主主义革命的经验教训基础上，提出党的三大作风，即理论和实践相结合、密切联系群众、批评与自我批评，从而成为中国共产党的作风标识。改革开放之初，中国共产党人继承和坚持党的优良作风，从执政党的生死存亡的战略高度全面推进党的作风建设。邓小平指出，要搞好我们的党风、军风、民风，关键是要搞好党风。陈云提出了"执政党的党风问题是有关党的生死存亡的问题"的著名论断。2001年9月，党的十五届六中全会审议通过《中共中央关于加强和改进党的作风建设的决定》，提出"八个坚持、八个反对"，把党的作风建设提到了新的水平。胡锦涛把党的作风建设纳入党的建设总体布局中，要求在全党大力弘扬求真务实精神、大兴求真务实之风。党的十七届四中全会通过的《中共中央关于加强和改进新形势下党的建设若干重大问题的决定》，要求全党大兴"党的四大作风"，即密切联系群众之风、求真务实之风、艰苦奋斗之风、批评和自我批评之风。

以习近平同志为代表的中国共产党人更加重视党的作风建设，并且从加强和改进党的作风问题入手来全面推进党的建设。党的十八大一结束，新一届中央领导集体马上制定了"八项规定"，并以纠正党内存在的形式主义、官僚主义、享乐主义、奢靡之风为主题，以"照镜子、正衣冠、洗洗澡、治治病"为总要求，以达到自我净化、自我完善、自我革新、自我提高为目的，深入开展了党的群众路线教育实践活动。习近平总书记说："随着改革不断深入和对外开放不断扩大，党必将面临前所未有的风险和挑战，党的作风建设始终是摆在我们面前的一项重大而紧迫的任务，抓作风建设一丝都不能放松、一刻都不能停顿。"① 党的二十大报告再次指出党的作风建设上存在的突出问题："一些党员、干部缺乏担当精神，斗争本领不强，实干精神不足，形式主义、官僚主义现象仍较突出"②，并指出党的"自我革命"是跳出治乱兴衰历史周期率的第二个答案，要努力形成和发展党内风清气正的政治生态，确保党永远不变质、不变色、不变味。

在全面建设社会主义现代化国家的过程中，更加注重加强党的作风建设，首先是实现党的二十大确定的党的使命任务的必然要求。从党的历史来看，党的优良作风为党和人民事业不断从胜利走向胜利提供了重要保障。今天，我们要实现党的二十大确定的使命任务，必须紧紧依靠人民，充分调动最广大人民的积极性、主动性、创造性。加强党的作风建设，就是要使全党同志牢记并恪守全心全意为人民服务的根本宗旨，以优良作风把人民紧紧凝聚在一起，为实现党的二十大确定的使命任务而努力奋斗。其次，加强党的作风建设，是保持党的先进性和纯洁性、巩固党的执政基础和执政地位的必然要求。保持党的先进性和纯洁性，巩固党的执政基础和执政地位，是党的建设面临的根本问题和时代课题。最后，加强党的作风建设，是解决群众反映强烈的突出问题的必然要求。总体上看，当前各级党组织和党员、干部贯彻执行党的群众路线情况是好的。同时，我们必须看到，面对世

---

① 《习近平谈治国理政》，外文出版社 2014 年版，第 366 页。
② 习近平：《高举中国特色社会主义伟大旗帜 为全面建设社会主义现代化国家而团结奋斗——在中国共产党第二十次全国代表大会上的报告》，人民出版社 2022 年版，第 14 页。

情国情党情的深刻变化，精神懈怠危险、能力不足危险、脱离群众危险、消极腐败危险更加尖锐地摆在全党面前，党内脱离群众的现象大量存在，一些问题还相当严重。如果这些问题得不到有效控制和及时解决，就有可能直接威胁到中国共产党的执政地位。

习近平总书记更把作风问题上升到党性的高度来认识。他说："作风问题本质上是党性问题。抓作风建设，就要返璞归真、固本培元，重点突出坚定理想信念、践行根本宗旨、加强道德修养。"[①] 2014年3月，他在参加第十二届全国人大二次会议安徽代表团讨论时提出，作风建设永远在路上，各级领导干部都要树立和发扬好的作风，既严以修身、严以用权、严以律己，又谋事要实、创业要实、做人要实，这就是"三严三实"的作风。2014年10月，习近平总书记在党的群众路线教育实践活动总结大会上的讲话中提出，要从解决"四风"问题延伸开去，努力改进思想作风、工作作风、领导作风、干部生活作风，努力改进学风、文风、会风，加强治本工作，使党员干部不仅不敢沾染歪风邪气，而且不能、不想沾染歪风邪气，使党的作风全面纯洁起来。党的十九大报告要求："持之以恒正风肃纪。"我们党来自人民、植根人民、服务人民，一旦脱离群众，就会失去生命力。加强作风建设，必须紧紧围绕保持党同人民群众的血肉联系，增强群众观念和群众感情，不断厚植党执政的群众基础。凡是群众反映强烈的问题都要严肃认真对待，凡是损害群众利益的行为都要坚决纠正。坚持以上率下，巩固拓展落实中央八项规定精神成果，继续整治"四风"问题，坚决反对特权思想和特权现象。重点强化政治纪律和组织纪律，带动

---

① 《习近平关于党的群众路线教育活动论述摘编》，党建读物出版社、中央文献出版社2014年版，第43页。

廉洁纪律、群众纪律、工作纪律、生活纪律严起来。坚持开展批评和自我批评，坚持惩前毖后、治病救人，运用监督执纪"四种形态"，抓早抓小、防微杜渐。赋予有干部管理权限的党组相应纪律处分权限，强化监督执纪问责。加强纪律教育，强化纪律执行，让党员干部知敬畏、存戒惧、守底线，习惯在受监督和约束的环境中工作生活。习近平总书记关于党的作风建设的思想构成新时代党的作风建设的理论体系，也为新时代进一步推进和加强党的作风建设指明方向。

三、坚持发扬斗争精神努力让人民过上美好生活

坚持发扬斗争精神，全心全意为人民服务，正确认识和把握民众需要，采取得力措施满足民众需要，把民众需要作为制定方针政策的出发点，把满足民众需要作为一切工作的落脚点，把是否真正满足民众需要作为判断一切工作是非得失的根本标准，这是中国共产党领导革命建设改革事业取得伟大成绩的根本原因，是中国共产党在治国理政过程中所取得的宝贵精神财富。在建设社会主义现代化国家的过程中，我们决不能满足于已经取得的成绩而故步自封、自我陶醉，而应该进一步坚持发扬不懈斗争的精神，真正满足人民群众各方面的需要，不断增加人民群众的获得感、幸福感和安全感。

（一）正确把握和满足人民群众需要是马克思主义政党的使命

马克思、恩格斯历来重视对需要理论的研究。他们从现实的、具体的个人出发，把需要放到人类社会发展动力系统中进行研究，从而构建起历史唯物主义理论大厦。马克思、恩格斯在其详细制定和构建"新唯物主义"理论时期所撰写的最重要著作《德意志意识形态》中

就指出:"全部人类历史的第一个前提无疑是有生命的个人的存在","因此我们首先应当确定一切人类生存的第一个前提,也就是一切历史的第一个前提,这个前提是:人们为了能够'创造历史',必须能够生活。但是为了生活,首先就需要吃喝住穿以及其他一些东西。因此第一个历史活动就是生产满足这些需要的资料,即生产物质生活本身"①。由此可见,正是由于人要生存才产生了各种各样的需要,为了满足这些需要,人们才去进行获得物质生活资料的生产。在生产过程中,人们一方面要同自然界发生关系,另一方面人们之间也要发生一定的社会关系。这两个方面的关系构成物质资料生产的两个方面,即生产力和生产关系。生产力和生产关系的统一构成生产方式。生产方式决定着社会的基本制度、阶级结构,以及政治、法律、道德、哲学和宗教等观点,也就是决定着社会的性质和面貌。生产方式的发展和变革,推动着社会形态的发展和变革。因此,需要是人的生存与进行生产活动的中介,构成社会发展动力系统中不可缺少的环节。

马克思、恩格斯认为,人的需要是人的实践活动的内在动因。人是自主、自为、自觉的存在物。人能够在不同程度上认识自己的需要,使之转化为某种相应的追求,并为实现自己的追求而进行各种各样的社会实践活动。"劳动过程……是制造使用价值的有目的的活动,是为了人类的需要而占有自然物。"② 就是说,人的需要是生产过程的内在驱动力,满足人的需要是生产活动的最终目的。人的需要也是人们结成一定社会关系的内在驱动力。"由于他们的需要即他们的本性,以及他们求得满足的方式,把他们联系起来(两性关系、交换、分工),所

---

① 《马克思恩格斯选集》第1卷,人民出版社1995年版,第68页,78—79页。
② 《马克思恩格斯全集》第23卷,人民出版社1972年版,第208页。

以他们必然要发生相互关系。……他们相互间不是作为纯粹的我,而是作为处在生产力和需要的一定发展阶段上的个人而发生交往的"①。因此,人的需要决定着人们必然要结成一定的社会关系。不仅如此,人的需要的产生、内容、满足的方式又都受到所处时代的社会实践和社会关系的制约和影响,人的实践活动水平和社会关系发展程度决定着人的需要的发展程度。

中国共产党人历来主张关注人民群众的利益诉求。中国是个农业大国,农民占人口的绝大多数。农民最大的利益诉求是实现"耕者有其田"的愿望。能否正确解决农民的土地问题,始终是左右中国革命成败的关键因素。中国共产党从诞生那天起就高度关注农民和土地问题,在调动城市工人阶级参加革命斗争的同时,带领广大贫苦农民"打土豪、分田地",提出"耕者有其田"的口号,领导农民为实现这一目标而始终不渝地奋斗。正是土地改革运动,消灭了封建土地制度,打碎了几千年来套在农民身上的封建枷锁,改变了农村旧有的生产关系。翻了身的农民群众,劳动热情空前高涨,农业生产迅速发展,生活状况得到很大改善;他们积极参军或支前,为夺取中国革命的胜利作出极大贡献。

中国共产党不仅关注农民的土地需要,也关注人民群众的生活需要。早在1934年的战争年代,在极其恶劣艰苦的条件下,毛泽东就提出"要关心群众生活",指出:"解决群众的穿衣问题,吃饭问题,住房问题,柴米油盐问题,疾病卫生问题,婚姻问题。总之,一切群众的实际生活问题,都是我们应当注意的问题。"②他希望通过发展生产

---

① 《马克思恩格斯全集》第3卷,人民出版社1960年版,第514—515页。
② 《毛泽东选集》第1卷,人民出版社1991年版,第136页。

来满足人的需要，而且把能否满足人民群众的需要与能否巩固新生的政权联系起来。他强调："农业生产是我们经济建设工作的第一位，它不但需要解决最重要的粮食问题，而且需要解决衣服、砂糖、纸张等项日常用品的原料即棉、麻、蔗、竹等的供给问题。"① 如果不注重发展生产，不仅不能够满足人民群众的需要，而且不能够巩固新生的政权。他指出，如果不能很快地学会生产工作，"不能使生产事业尽可能迅速地恢复和发展，获得确实的成绩，首先使工人生活有所改善，并使一般人民的生活有所改善，那我们就不能维持政权"②。这实际上就把能否满足人民群众的需要与中国共产党的执政基础联系起来，把真正满足人民群众的需要作为中国共产党各项工作的核心。

满足人民群众的迫切需要，既是中国共产党人的红色基因，也是中国共产党领导人民取得革命建设改革伟大胜利的基本经验。1949年1月12日，上海英文报纸《密勒氏评论报》转载《纽约星报》的文章，题目是"为什么中国共产党会取得胜利"。《星期六邮报》驻华记者、《西行漫记》作者埃德加·斯诺指出：中国共产党人正在取得节节胜利，因为他们将一个能够满足人民大众某些迫切需要的纲领付诸行动。1927年国民党赢得政权，靠的是耕者有其田和在政府里实行民主的口号。现在，国民党失败了，因为它没有向全中国老百姓兑现它所作的承诺。共产党之所以胜利是因为他们实行平均地权，并让农民在斗争中享有经济实惠。正是在这个基础上，他们之间建立起了政治联盟。由于有了这样的联盟，他们得以开展群众运动，并从群众运动中成长起来一股道德和文化力量，造就了一支年轻有为的领导队伍，一

---

① 《毛泽东选集》第1卷，人民出版社1991年版，第131页。
② 《毛泽东选集》第4卷，人民出版社1991年版，第1428页。

个纪律严明和深为群众爱戴的政党。共产党之所以能战无不胜,是因为它能从大多数人民群众中吸取力量,并尽力寻求方法满足他们的迫切需要。正是在这样的基础上,一支现代中国最有成效的军事组织涌现了出来。《纽约先驱论坛报》驻华记者克里斯托福·兰德指出:共产党之所以节节胜利,因为他们比蒋政府更加关注中国人民的需要。他们的军队和政权是在一个为公众利益服务的明确思想指导下工作,更具有奉献精神和高效率。共产党的力量来自中国国内。俄国人的物质援助,与我们对蒋介石的相比,少得可怜。如果外界列强对于中国的内战不予过问,共产党可能早就取得胜利了。① 美国远东问题战略专家对中国共产党取得革命胜利原因的分析,无疑揭示了中国共产党从小到大、从弱到强,在血与火的洗礼中站立,在枪与弹的沐浴中崛起的根本原因,可谓一语中的。

在改革开放初期,邓小平就提出一个严肃而有分量的问题:"如果在一个很长的历史时期内,社会主义国家生产力发展的速度比资本主义国家慢,还谈什么优越性?我们要想一想,我们给人民究竟做了多少事情呢?我们一定要根据现在的有利条件加速发展生产力,使人民的物质生活好一些,使人民的文化生活、精神面貌好一些。"② 这个提问,不仅反映出邓小平作为一个伟大革命家所特有的对党和人民的高度负责的使命感和责任感,而且成为他回答"什么是社会主义、怎样建设社会主义"这个基本问题的核心理念。中国共产党人历来关注人民群众的利益问题。邓小平曾指出,贫穷不是社会主义,社会主义应该鼓励人民富裕起来。在现实生活中,"不重视物质利益,对少数先进

---

① 张彦编译《中共为什么1949年会胜利——美国远东问题专家如是说》,《炎黄春秋》2009年第9期。
② 《邓小平文选》第2卷,人民出版社1994年版,第128页。

分子可以，对广大群众不行，……革命是在物质利益的基础上产生的，如果只讲牺牲精神，不讲物质利益，那就是唯心论"①。江泽民指出："人民群众是我们国家的主人，我们是人民的公仆，有责任为他们解除后顾之忧。"② 胡锦涛强调，要高度重视并切实做好新形势下的群众工作，坚持问政于民、问需于民、问计于民，真诚倾听群众呼声，真实反映群众愿望，真情关心群众疾苦，依法保障人民群众经济、政治、文化、社会等各项权益。只有我们把群众放在心上，群众才会把我们放在心上；只有我们把群众当亲人，群众才会把我们当亲人。各级党政干部要坚持工作重心下移，经常深入实际、深入基层、深入群众，做到知民情、解民忧、暖民心。这就是说，切实关注广大人民群众的不同需要是中国共产党义不容辞的责任。

由此可见，国共两党的博弈，中国共产党不是赢在兵力上，不是赢在装备上，甚至不是赢在战略战术上，而是赢在我们得到人民群众的支持和拥护上。我们全方位满足人民群众的经济、政治、文化、精神需要，承诺带领人民群众翻身得解放过上好日子。在中国特色社会主义新时代，我们必须继承红色基因，教育引导广大党政干部坚守人民立场，坚持以人民为中心的发展思想，增进同人民群众的感情，自觉同人民想在一起、干在一起，着力解决群众的操心事、烦心事，以为民谋利、为民尽责的实际成效取信于民。

（二）获得感、幸福感、安全感是当代中国共产党人的庄严承诺

党的十九大报告指出："保障和改善民生要抓住人民最关心最直

---

① 《邓小平文选》第2卷，人民出版社1994年版，第146页。
② 《江泽民文选》第1卷，人民出版社2006年版，第14页。

接最现实的利益问题,既尽力而为,又量力而行,一件事情接着一件事情办,一年接着一年干。坚持人人尽责、人人享有,坚守底线、突出重点、完善制度、引导预期,完善公共服务体系,保障群众基本生活,不断满足人民日益增长的美好生活需要,不断促进社会公平正义,形成有效的社会治理、良好的社会秩序,使人民获得感、幸福感、安全感更加充实、更有保障、更可持续。"① 党的"不忘初心、牢记使命"主题教育再次强调,要把初心使命变成党员干部锐意进取、开拓创新的精气神和埋头苦干、真抓实干的自觉行动,推动解决人民群众反映强烈的突出问题,不断增强人民群众获得感、幸福感、安全感。经过全党全国各族人民的艰苦奋斗,党的二十大总结五年来所取得的成绩,认为"我们深入贯彻以人民为中心的发展思想,在幼有所育、学有所教、劳有所得、病有所医、老有所养、住有所居、弱有所扶上持续用力,人民生活全方位改善","人民群众获得感、幸福感、安全感更加充实、更有保障、更可持续,共同富裕取得新成效"②。

人民群众的获得感来自于自身需要的满足。需要是社会主体对基于社会发展和自身发展而产生的对其存在和发展条件的缺失或期待状态的观念性把握。在不同的社会发展阶段,人民群众需要的内涵、满足需要的方式、评价需要满足的标准,都是有差别的;这就要求我们必须从当代中国社会的实际出发,真正了解人民群众的需要,选择正确满足需要的方式,确立科学的满足需要的评价标准。我们应该充分

---

① 习近平:《决胜全面建成小康社会 夺取新时代中国特色社会主义伟大胜利——在中国共产党第十九次全国代表大会上的报告》,人民出版社2017年版,第45页。
② 习近平:《高举中国特色社会主义伟大旗帜 为全面建设社会主义现代化国家而团结奋斗——在中国共产党第二十次全国代表大会上的报告》,人民出版社2022年版,第10、11页。

认识到，经过改革开放40多年的发展，人民群众在物质生活得到显著改善的同时，对民主、法治、公平、正义、安全、环境等方面的需要日益增长，这些需要构成人民群众的根本利益所在。我们必须通过全面深化改革，提供精准的需要满足资源供给，真正满足人民群众的各项具体需要，让人民群众具有实实在在的获得感。

人民群众的幸福感来自多维需要的基本满足。在中国特色社会主义新时代，人民群众的需要在结构上更加复杂，内容上更加丰富，形式上更加多样，评价标准更加多元。一般来说，满足经济需要是基础，这为满足其他需要提供物质前提；满足政治需要是核心，这为满足其他需要提供制度保障；满足文化需要是精神追求，这为满足其他需要提供精神动力；满足社会建设需要是解决民生问题的根本途径，这为满足其他需要提供良好的社会秩序；满足生态文明需要是要构建美好自然环境，这为满足其他需要提供环境保障。这就要求我们必须加快推进五大文明建设，尽量全方位满足人民群众的各种需要，真正使人民群众过上幸福生活。

人民群众的安全感来自于伴随着多种需要的满足而带来人生境界的升华，进而带来稳定、安逸、祥和、快乐、无忧的心理感受。人民群众各种需要得到满足的本质，就是克服需要满足的片面性、狭隘性、单一性、封闭性，实现需要满足的全面性、广泛性、多维性、提升性，实现人的自由全面发展。在现实的社会生活中，要着眼于人民群众生活中多种需要，按照依次递进的原则，从满足人们的基本物质需要开始，逐步进入到满足人们的精神需要或自我实现需要的较高层次，让人民群众获得生活的安全感，如财务安全、食品安全、教育安全、医疗安全、交通安全、人身安全等。安全感是人民群众的需要得到满足的最高境界。

习近平总书记在党的二十大报告中提出："江山就是人民，人民就是江山。中国共产党领导人民打江山、守江山，守的是人民的心。治国有常，利民为本。为民造福是立党为公、执政为民的本质要求。必须坚持在发展中保障和改善民生，鼓励共同奋斗创造美好生活，不断实现人民对美好生活的向往。我们要实现好、维护好、发展好最广大人民根本利益，紧紧抓住人民最关心最直接最现实的利益问题，坚持尽力而为、量力而行，深入群众、深入基层，采取更多惠民生、暖民心举措，着力解决好人民群众急难愁盼问题，健全基本公共服务体系，提高公共服务水平，增强均衡性和可及性，扎实推进共同富裕。"① 这段话不长，内容却十分丰富。一是从总结百年大党奋斗经验的角度，强调站在人民立场、为人民谋利益而坚持不懈斗争的基本原则；二是提出了在建设社会主义现代化国家的过程，全党全国人民坚持不懈斗争的目标；三是提出全党在进行不懈斗争过程中的方法，既要"尽力而为"，就是充分发挥主观能动性去全心全意为人民服务，又要"量力而行"，就是要尊重事物发展的规律和各方面条件，决不主观臆断犯颠覆性错误；四是提出坚持不懈斗争所要解决的重点问题和难点问题，让全体中国人民过上共同富裕的美好生活。

（三）继承红色基因，努力让人民过上美好生活

党的十九大报告指出："全党必须牢记，为什么人的问题，是检验一个政党、一个政权性质的试金石。带领人民创造美好生活，是我们党始终不渝的奋斗目标。必须始终把人民利益摆在至高无上的地位，

---

① 习近平：《高举中国特色社会主义伟大旗帜　为全面建设社会主义现代化国家而团结奋斗——在中国共产党第二十次全国代表大会上的报告》，人民出版社2022年版，第46页。

让改革发展成果更多更公平惠及全体人民，朝着实现全体人民共同富裕不断迈进。"①

通过改革解放和发展社会生产力，为不断增强人民群众的获得感、幸福感、安全感提供物质基础。只有社会生产力的快速发展，社会生产能力的极大提高，才能生产出极其丰富的物质财富，满足人民群众的各种物质需要；只有社会生产力的快速发展，经济效率的极大提高，才能为人们提供大量的闲暇时间，使人们有可能根据自己的兴趣去确定自己的需要，去选择满足自己需要的方式；只有社会生产力的快速发展，带来教育、科技、文化、艺术等领域的繁荣，才能为人们提供丰富的精神食粮，满足人们的审美需要和对终极关怀的追问；社会生产力的快速发展，又要求建立一种与之相适应的先进的社会制度，为人们的聪明才智的发挥提供良好的社会环境，满足人们找到人生舞台实现自我价值的需要。习近平总书记说："人世间的一切幸福都需要靠辛勤的劳动来创造。我们的责任，就是要团结带领全党全国各族人民，继续解放思想，坚持改革开放，不断解放和发展社会生产力，努力解决群众的生产生活困难，坚定不移走共同富裕的道路。"②

通过进一步健全和完善相应规章制度，为不断增强人民群众的获得感、幸福感、安全感提供制度保障。党的二十大报告提出，在经济建设领域，加快构建新发展格局，着力推动高质量发展，建设现代化产业体系，全面推进乡村振兴，促进区域协调发展，为人民提供丰裕的物质财富。在政治建设领域，要发展全过程民主，保障人民当家作主。要健全人民当家作主制度体系，扩大人民有序政治参与，保证人

---

① 习近平：《决胜全面建成小康社会 夺取新时代中国特色社会主义伟大胜利——在中国共产党第十九次全国代表大会上的报告》，人民出版社2017年版，第44—45页。
② 《习近平谈治国理政》，人民出版社2014年版，第4页。

民依法实行民主选举、民主协商、民主决策、民主管理、民主监督，发挥人民群众积极性、主动性、创造性，巩固和发展生动活泼、安定团结的政治局面。在文化建设领域，要坚持马克思主义在意识形态领域指导地位的根本制度，坚持为人民服务、为社会主义服务，要以社会主义核心价值观为引领，发展社会主义先进文化，弘扬革命文化，传承中华优秀文化，满足人民日益增长的文化需求。在社会建设领域，要完善分配制度，实施就业优先战略，健全社会保障体系，推进健康中国建设。在生态文明建设领域，要加快发展方式绿色转型，深入推进环境污染防治，提升生态系统多样性、稳定性、持续性，积极稳妥推进碳达峰碳中和，为人民提供一个山青水绿、人与自然和谐共生的良好生态环境。总之，要"增进民生福祉，提高人民生活品质"①。

守初心，担使命，不断增强人民群众获得感、幸福感、安全感，是每一位中国共产党人的政治责任。从理论上讲，人民群众的需要期待得到满足，这是人们从事一切活动的根本动力；人民群众的需要应该得到满足，这是人们幸福感的来源；人民群众的需要必须得到满足，这是中国共产党人执政的根本目的。然而，人民群众的需要能否得到满足、能够在多大程度上得到满足，直接受制于社会的经济、政治、文化、社会、生态等因素。因此，我们必须认真研究人民群众的需要，同时认真研究满足人民群众需要所要求的各项条件，在二者之中寻找最佳的结合点：当条件具备时，就要尽力而为、认认真真通过各种方式满足人民群众的需要；当条件不具备时，又要量力而行，向广大人民群众解释清楚，给人民群众信心和希望。习近平总书记曾要求广大

---

① 习近平：《高举中国特色社会主义伟大旗帜　为全面建设社会主义现代化国家而团结奋斗——在中国共产党第二十次全国代表大会上的报告》，人民出版社2022年版，第46页。

领导干部要确立正确的政绩观。他说:"共产党人必须牢记,为民造福是最大政绩。我们谋划推进工作,一定要坚持全心全意为人民服务的根本宗旨,坚持以人民为中心的发展思想,坚持发展为了人民、发展依靠人民、发展成果由人民共享,把好事实事做到群众心坎上。什么是好事实事,要从群众切身需要来考量,不能主观臆断,不能简单化、片面化。哪里有人民需要,哪里就能做出好事实事,哪里就能创造业绩。业绩好不好,要看群众实际感受,由群众来评判。有些事情是不是好事实事,不能只看群众眼前的需求,还要看是否会有后遗症,是否会'解决一个问题,留下十个遗憾'。"[1] 广大党员干部要以强烈的政治责任感和历史使命感,保持只争朝夕、奋发有为的奋斗姿态和越是艰险越向前的斗争精神,以钉钉子精神抓工作落实,努力创造经得起实践、人民、历史检验的实绩。

---

[1]《筑牢理想信念根基树立践行正确政绩观 在新时代新征程上留下无悔的奋斗足迹》,《人民日报》2022 年 3 月 2 日。

第五章
讲究斗争艺术　坚持发扬善于斗争精神

斗争是一门综合性高水平的艺术，不仅要敢于斗争、踔厉斗争，而且还要善于斗争，讲究方法和策略，也就是通常说的讲究斗争艺术。只有运用恰当的斗争方法，讲究斗争艺术，才能将敢于斗争和善于斗争有机结合起来，才能完成党和人民交给我们的各项任务。讲究斗争方法，是中国共产党在长期实践中的经验总结。在全党全国人民迈上全面建设社会主义现代化国家新征程时，我们会面临着比以往任何时候都更为复杂的国内外各种风险和挑战，经受风高浪急甚至惊涛骇浪的重大考验。因此，这就更要求我们讲究斗争方法和斗争艺术，坚持发扬善于斗争的精神，不断提高应对各种复杂局面的本领。

一、恰当的斗争方法是进行有效斗争的根本保证

无论从事何种斗争都离不开科学方法指导。纵观中国共产党百年奋斗史，其在长期领导中国革命、建设和改革的过程中，能够艰苦奋斗浴血奋战，完成每一个历史时期的时代课题，带领中国从半殖民地半封建社会发展为独立富强民主文明和谐美丽的社会主义现代化国家，关键在于中国共产党能够根据斗争形势要求，探索斗争方法，讲究斗

争艺术，增强斗争本领，制定科学的斗争策略。

（一）中国共产党斗争方法的产生和形成

采取什么样的斗争方法，是由斗争的任务决定的；而能否选择正确的斗争方法，则直接决定着斗争的效果甚至斗争的成败。

马克思主义历来重视斗争方法。马克思、恩格斯基于对资本主义社会基本矛盾的认识，特别强调暴力革命的方法。《共产党宣言》明确指出："无产阶级用暴力推翻资产阶级而建立自己的统治。""共产党人不屑于隐瞒自己的观点和意图。他们公开宣布：他们的目的只有用暴力推翻全部现存的社会制度才能达到。"① 马克思有一句名言："暴力是每一个孕育着新社会的旧社会的助产婆。"② 列宁十分推崇马克思、恩格斯的暴力革命思想。他在《国家与革命》中大段引用恩格斯《反杜林论》中关于暴力革命的言论，并指出："资产阶级国家由无产阶级国家（无产阶级专政）代替，不能通过'自行消亡'，根据一般规律，只能通过暴力革命。"③ 列宁正是应用马克思、恩格斯关于暴力革命的思想指导俄国革命实践，取得了十月革命的伟大胜利，建立了世界上第一个社会主义国家，开辟了人类历史发展的新纪元。俄国十月革命的胜利，证明了暴力革命思想的正确性，为各国无产阶级的解放斗争提供了宝贵的经验。

十月革命的炮声给先进的中国人送来了马克思列宁主义，也送来了马克思列宁主义关于斗争方法的思想。李大钊在阐述俄国革命经验时指出，劳工阶级要想夺取政权，就必须夺取资本家手中的武器。"他

---

① 《马克思恩格斯选集》第 1 卷，人民出版社 1995 年版，第 284、307 页。
② 《马克思恩格斯选集》第 2 卷，人民出版社 1995 年版，第 266 页。
③ 《列宁选集》第 3 卷，人民出版社 1995 年版，第 127 页。

们有了武器在手,就要掉过头来,拥护劳工的权利,攻击他们的公敌。劳工阶级有了自卫的方法,那些少数掠夺劳工剩余的强盗,都该匿迹销声了。"① 他后来又说:"俄国这次大革命,不是独独代表俄国精神,是代表人类共同的精神。比如法国革命,不独关系于法国,却关系于全世界。此次俄国革命,足以表示全世界人类共同的精神。他底办法,虽然不能认为终极的理想境界,但他是革命的组织,是改造必经的阶段,自由的花是经过革命的血染,才能发生的。"② 毛泽东也同样受到俄国革命方法的影响。1920年12月,他在给蔡和森等人的信中,专门谈到"改造中国与世界"的方法问题。他全面系统地批判了国内外坚持用和平手段和教育方法改造社会的各种思想,表示拥护蔡和森等人提出的中国革命必须要走俄国人的道路、组织共产党、实行无产阶级专政的主张;他认为那种"用平和的手段,谋全体的幸福"的所谓"温和革命"是"理论上说得好听、事实上是做不到"的空谈;他主张"无产者既已觉悟到自己应该有产,而现在受无产的痛苦是不应该,因无产的不安而发生共产的要求,已经成了一种事实。事实是当前的,是不能消灭的,是知了就要行的。因此我觉得俄国的革命,和各国急进派共产党人数日见其多,组织日见其密,只是自然的结果"③。

正是在这样一种思想的指导下,1921年7月,党的一大通过的《中国共产党第一个纲领》中明确规定:"革命军队必须与无产阶级一起推翻资本家阶级的政权,必须支援工人阶级④,直到社会的阶级区分消除为止"⑤,表明中国共产党从成立那天起,就接受了马克思列宁主

---

① 《李大钊文集》(上),人民出版社1984年版,第607页。
② 《李大钊文集》(下),人民出版社1984年版,第462—463页。
③ 《毛泽东书信选集》,人民出版社1983年版,第7页。
④ 英文稿此句为"以无产阶级革命军队推翻资产阶级,由劳动阶级重建国家"。
⑤ 《中共中央文件选集》(1921—1925),中共中央党校出版社1989年版,第3页。

义关于暴力革命的思想，为以后的革命斗争指出了正确的前进方向。党的二大全面分析了国际形势和中国社会半殖民地半封建的性质，阐明了中国革命的性质、对象和动力，指出中国共产党是中国无产阶级政党，它的目的是要组织无产阶级，用阶级斗争的手段，建立劳农专政的政治，铲除私有财产制度，渐次达到一个共产主义的社会。这是中国近代史上第一次明确提出彻底的反帝反封建的民主革命纲领，为中国各族人民的革命斗争指明了方向。毛泽东提出了著名的论断："革命不是请客吃饭，不是做文章，不是绘画绣花，不能那样雅致，那样从容不迫，文质彬彬，那样温良恭俭让。革命是暴动，是一个阶级推翻一个阶级的暴烈的行动。"[①] 此后，我们开展多种形式的革命斗争活动，并通过国共合作开展了轰轰烈烈的北伐战争。毫无疑问，北伐战争的胜利进军给了帝国主义和封建军阀以沉重的打击。但是，由于党还处在幼年时期，革命理论准备不足，斗争经验贫乏，没有自己的军事力量，对中国革命的特点和规律都知之不多，在国共合作问题上也面临着许多难题，致使在反动势力强大的进攻面前不能组织有效的抵抗，导致第一次国内革命战争经受了严重的挫折。

经过火与血的洗礼，以毛泽东同志为代表的中国共产党人认真总结第一次大革命的经验和教训，在探索中国革命道路的过程中，特别注意研究中国革命的斗争方法。1927年，在著名的"八七会议"上，讨论了国共两党关系、土地革命、武装斗争等问题。毛泽东在会议上提出"要非常注意军事，须知政权是由枪杆子中取得的"。此后，毛泽东在《中国的红色政权为什么能够存在？》《井冈山的斗争》等文章中，研究了军事问题、土地问题、政权问题、党的组织问题、革命性

[①] 《毛泽东选集》第1卷，人民出版社1991年版，第17页。

质问题等，并提出解决问题的基本观点和基本方法。1929年，毛泽东在《关于纠正党内的错误思想》一文中，批评了红军第四军的共产党内存在的各种非无产阶级思想，并针对性地提出了纠正的方法。1930年，毛泽东在《反对本本主义》一文中，批评了脱离实际的本本主义和主观主义，强调"没有调查，就没有发言权"，"调查就是解决问题"。毛泽东指出："我们调查工作的主要方法是解剖各种社会阶级，我们的终极目的是要明了各种阶级的相互关系，得到正确的阶级估量，然后定出我们正确的斗争策略，确定哪些阶级是革命斗争的主力，哪些阶级是我们应当争取的同盟者，哪些阶级是要打倒的。我们的目的完全在这里。"[①] 社会经济调查，是为了得到正确的阶级估量，写出正确的斗争策略；离开实际调查就会产生唯心的阶级估量和唯心的工作指导，其结果不是机会主义，就是盲动主义。因此，毛泽东得出结论说：中国革命斗争的胜利要靠中国同志了解中国情况。可以说，毛泽东的这个思想为其后中国共产党人研究斗争方法、探索中国革命的途径，确立了基本的方法论原则。1934年，毛泽东在《关心群众生活，注意工作方法》一文中，专门讲"工作方法的问题"。他说，我们是革命战争的领导者、组织者，"工作方法的问题，就严重地摆在我们的面前。我们不但要提出任务，而且要解决完成任务的方法问题。我们的任务是过河，但是没有桥或没有船就不能过。不解决桥或船的问题，过河就是一句空话。不解决方法问题，任务也只是瞎说一顿"[②]。1936年，毛泽东在《中国革命战争的战略问题》一文中，全面而深刻地分析了中国革命战争的特点，指出中国内战的主要形式是"围剿"与

---

① 《毛泽东选集》第1卷，人民出版社1991年版，第113—114页。
② 《毛泽东选集》第1卷，人民出版社1991年版，第139页。

"反围剿",由此提出一系列的战略战术,成为一部军事名著。1937年,毛泽东在《矛盾论》中,研究矛盾的普遍性和特殊性,重点揭示了矛盾特殊性的五种表现形态。毛泽东强调:"用不同的方法去解决不同的矛盾,这是马克思列宁主义者必须严格地遵守的一个原则。"①《矛盾论》从哲学的高度为中国共产党人确立了斗争方法的基本原则,也意味着中国共产党斗争方法的形成和斗争方法论的形成。

(二)中国共产党斗争方法的丰富和发展

随着抗日战争的全面爆发,中国社会的主要矛盾发生了重要变化,要求中国共产党人必须从抗日战争的实际出发,丰富和发展斗争方法。所以说,抗日战争时期,是中国共产党人斗争方法丰富和发展的时期。

在抗日战争时期,日本帝国主义发动了大规模侵华战争,严重威胁到包括国民党在内的中华民族整体利益和长远利益,激起全国人民极大愤慨。民族矛盾超过阶级矛盾,逐步上升为中国社会的主要矛盾。面对社会各阶级力量和地位的变化,如何看待中国共产党在抗日民族战争中的地位,进一步发挥中国共产党在抗日战争中的作用,首先必须解决斗争方法论的问题。1938年10月14日,毛泽东同志在中央扩大的六届六中全会上所作的《中国共产党在民族战争中的地位》报告,反复强调中国共产党的任务是"领导一个几万万人口的大民族,进行空前的伟大的斗争",并根据抗日战争进入新阶段的形势和任务,从认识斗争意义、凝聚斗争力量、指导斗争理论、领导斗争核心等方面,深刻阐述了怎样进行伟大斗争的若干重大问题,特别是斗争方法和斗

---

① 《毛泽东选集》第1卷,人民出版社1991年版,第311页。

争策略问题。

在斗争方法和斗争策略上，以毛泽东同志为代表的中国共产党人根据国内外形势变化，提出抗日民族统一战线的斗争方针。早在1935年，毛泽东就在陕北作了《论反对日本帝国主义的策略》的报告，全面分析了政治形势的特点，认为"马克思主义者看问题，不但要看到部分，而且要看到全体"。那么，"在日本帝国主义打进中国本部来了这一个基本的变化上面，变化了中国各阶级之间的相互关系，扩大了民族革命营垒的势力，减弱了民族反革命营垒的势力"[1]，因此，我们可以建立民族统一战线，为动员一切力量争取抗战胜利而斗争。然而，如何看待中国共产党在统一战线中的地位，如何对待统一战线内部的其他组织和群体，毛泽东一方面强调中国共产党在统一战线中的独立自主地位，另一方面又强调要正确处理团结和斗争的关系。毛泽东在《又团结，又斗争》一文中指出，统一里有斗争，天下万物皆然。如果有人认为只有团结而没有斗争，那他就还没有学通马克思主义。统一与斗争是统一战线的两个基本原则，那么这两者是不是半斤与八两呢？或者说斗争是不是更重于统一呢？回答都是否定的！针对国民党随着抗日战争的推进而发生的抗战态度和战略改变，毛泽东又强调了斗争的重要性。1940年3月，他在《目前抗日统一战线中的策略问题》中提出，"在抗日统一战线时期中，斗争是团结的手段，团结是斗争的目的。以斗争求团结则团结存，以退让求团结则团结亡"[2]。对于国民党顽固派，毛泽东同志提出了灵活的斗争原则，指出同顽固派斗争，必须注意下列几项原则——第一自卫原则，第二胜利原则，第三休战原

---

[1] 《毛泽东选集》第1卷，人民出版社1991年版，第149页。
[2] 《毛泽东选集》第2卷，人民出版社1991年版，第745页。

则，就是"有理有利有节"，这样就能发展进步势力，争取中间势力，孤立顽固势力，"就有争取时局走向好转的可能"。特别是毛泽东1938年发表的《论持久战》，可以说是他研究斗争方法的经典著作。当时面对来势凶猛的日本侵略者，社会上流传着两种观点，一种是中国必亡论，一种是中国速胜论。前者产生妥协倾向，后者产生轻敌倾向。毛泽东指出："他们看问题的方法都是主观的和片面的，一句话，非科学的。"[①] 毛泽东立足于中国现实，运用马克思主义辩证法，系统分析了中日两国的基本特点，论证了抗日战争是一场持久战的基本观点，驳斥了"亡国论"和"速胜论"的观点；系统阐述持久战的一般规律，通过敌我优劣势的变化运动，准确预见了持久战的三个阶段；指出在战争中要发挥自觉的能动性；要充分利用政治手段动员全民抗战；在战略安排上要注意主动性、灵活性、计划性；在战术设计上要采用运动战、游击战、阵地战。毛泽东的持久战理论，为抗日战争的战略战术原则提供了科学依据，也充分体现了毛泽东高超的斗争方法和极具洞见的军事斗争思想。

在解放战争时期，以毛泽东同志为代表的中国共产党人遵循斗争规律，讲究斗争方法，巧妙地将政治斗争、军事斗争有机结合起来，用革命的两手应对反革命的两手，充分体现高超的斗争艺术和斗争本领，为我们从事革命和建设工作提供了宝贵经验。抗战胜利后，在美帝国主义支持下，以蒋介石为头目的反动派加紧抢占战略要地，阴谋发动内战。针对国民党反动派的两面手法，中国共产党采取了以谈对谈、以打对打的方针。毛泽东说："世界上的事情是复杂的，是由各方

[①] 《毛泽东选集》第2卷，人民出版社1991年版，第441页。

面的因素决定的。看问题要从各方面去看，不能只从单方面看。"① 针锋相对，要看形势。"从前不去是对的，这次去也是对的，都是针锋相对。这一次我们去得好，击破了国民党说共产党不要和平、不要团结的谣言。"正是在这个斗争原则的指导下，一方面，毛泽东不顾个人安危，毅然带领中共代表团到重庆与蒋介石谈判；另一方面，在军事斗争中，坚持以打求和的方针。"人家打来了，我们就打，打是为了争取和平。不给敢于进攻解放区的反动派很大的打击，和平是不会来的。"② 重庆谈判的过程，实际是边打边谈的过程。当蒋介石在谈判桌上得不到想要的结果，兵分三路向解放军进攻时，党内有人担心毛泽东在重庆的人身安全，考虑是否需要还击。毛泽东巧妙地回答："你们前方打得越好，我在重庆谈判越安全！"在毛泽东的指示下，中国共产党领导的军队在上党等地给来犯的国民党部队以迎头重击，歼敌数万，迫使国民党谈判代表又老老实实地回到谈判桌上。正是由于以毛泽东同志为代表的中国共产党人坚持灵活的两手斗争手段，让国民党和蒋介石在谈判桌上和战场上都吃了败仗。三大战役结束之后，国民党势力已经名存实亡。为保住东南部的半壁江山，蒋介石又发出求和声明。毛泽东从中国人民的整体利益和长远利益出发，仍同意在有条件的基础之上与国民党谈判。1949年1月14日，毛泽东以中共中央主席的名义发表关于时局的声明，揭露了国民党政府对中国人民残酷压迫和发动内战的罪恶阴谋；并拟定了反映全国人民意愿的八项和平条件，派中共中央代表团与国民党代表团进行谈判。在谈判破裂后，毛泽东和朱德发布了向江南进军的命令，运用打的手段来实现国内和平。总之，

---

① 《毛泽东选集》第4卷，人民出版社1991年版，第1157页。
② 《毛泽东选集》第4卷，人民出版社1991年版，第1159页。

打与谈都是一个目的，即在中国实现和平民主，建立一个独立富强的社会主义新中国。

在军事斗争过程中，以毛泽东同志为代表的中国共产党人更是以高超的斗争艺术，导演了一场精彩的人民战争史诗。在战争初期，我军采取了自卫战争形式，实行战略防御的方针。蒋介石凭借强大的军事优势，发动全面内战。在敌强我弱的形势下，毛泽东客观冷静分析客观形势，运用马克思主义基本观点和方法指导，利用运动战形式，集中优势兵力、各个歼灭的方法，仅用八个月时间就粉碎了敌人的进攻。当国民党进攻山东和陕北解放区时，毛泽东采用了"拿一个延安换一个全中国"的做法，带领中央机关实施大踏步前进，大踏步后退，指挥全军在陕北三战三捷，在山东三次粉碎国民党对沂蒙山区的进攻，仅用四个月时间粉碎敌人的重点进攻。在整个解放战争时期，毛泽东在带领全党全国人民同国民党反动派斗争过程中，不仅敢于斗争，而且善于斗争，采取机动灵活的方法，从而赢得战争的最后胜利。1949年8月14日，毛泽东在《丢掉幻想，准备斗争》一文中指出，"斗争，失败，再斗争，再失败，再斗争，直至胜利——这就是人民的逻辑"。这里提出的坚决彻底的革命斗争策略，对加快中国新民主主义革命进程，争取实现全中国的解放，起到了极大的推动作用。

（三）中国共产党斗争方法的创新和拓展

党的十一届三中全会的胜利召开，开启了中国特色社会主义建设的新时期。围绕着解决改革开放过程中所面临的新情况、新问题，中国共产党人创新和拓展了一系列斗争方法，确保改革开放事业的顺利发展。

坚持解放思想的斗争方法，实现了党的指导思想的拨乱反正，开创了中国特色社会主义伟大事业。当"四人帮"被粉碎后,全党全国人民强烈要求纠正"文化大革命"的错误,重新探索中国社会的发展道路。而当时提出的"两个凡是"的指导思想,实质就是继续坚持毛泽东晚年的错误。在这个关系到中国社会主义前途命运的重大历史关头,以邓小平同志为代表的中国共产党人以彻底唯物主义的革命胆略和科学态度,以高超的政治智慧和领导艺术,批判"两个凡是"的错误思想,要求"完整地准确地理解毛泽东思想",科学评价毛泽东的是非功过,继续高举毛泽东思想的伟大旗帜;支持和领导了真理标准问题大讨论,为党重新确立了实事求是的思想路线。在这个正确思想路线的指导下,围绕着"什么是马克思主义、怎样对待马克思主义""什么是社会主义、怎样建设社会主义""建设什么样的党、怎样建设党""实现什么样的发展、怎样发展""建设什么样的社会主义现代化强国、怎样建设社会主义现代化强国""建设什么样的长期执政的马克思主义政党、怎样建设长期执政的马克思主义政党"等重大理论和实际问题,进行了艰苦探索和全面创新,开辟了中国特色社会主义道路,概括出中国特色社会主义理论体系,完善了中国特色社会主义制度,培育了中国特色社会主义文化,不断丰富中国特色社会主义的实践特色、理论特色、民族特色、时代特色,使中国人民真正拥有了道路自信、理论自信、制度自信、文化自信。

坚持实事求是的方法,推进党的指导思想与时俱进,不断创新。回顾改革开放的历史进程,我们坚持党的思想路线,实现了一系列重大理论创新:从"两个凡是"的精神禁锢中解放出来,坚持实践是检验真理的唯一标准,重新认识中国社会的主要矛盾,实现全党工作重心的转移,恢复了党的实事求是的思想路线;从苏联僵化的社会主义模式的束缚中解放出来,坚持走自己的道路,开创中国特色社会主义;

从超阶段的"左"的思想束缚中解放出来,重新认识中国社会所处的历史阶段,纠正"跑步进入共产主义"的超阶段论,提出社会主义初级阶段理论;从抽象谈论姓"社"姓"资"的思维定式中解放出来,重新认识评价社会主义制度优越性的标准,纠正"一大二公、纯之又纯的公有制"标准,提出生产力标准和"三个有利于"标准理论;重新认识社会主义经济体制,纠正高度集中的计划经济体制,构建起社会主义市场经济理论;重新认识中国共产党所面临的新的执政条件,围绕"建设什么样的党,怎样建设党"的问题,提出"三个代表"重要思想,创新了党的建设理论;重新认识中国经济社会发展的实际,围绕"实现什么样的发展、怎样发展"的问题,提出科学发展观;围绕着保持党的先进性和纯洁性,着力解决人民群众反映强烈的突出问题,在全党开展以"为民务实清廉""三严三实""两学一做""不忘初心、牢记使命"为内容的主题教育活动;重新认识中国现代化建设的艰苦历程,围绕着"建设什么样的社会主义现代化强国、怎样建设社会主义现代化强国"的问题,提出建设中国式现代化的伟大设想;等等。中国特色社会主义展示出美好的前景。

坚持抓社会主要矛盾的方法,推进党和国家事业不断前进。所谓主要矛盾是指在矛盾体系中居于支配地位,起着主导的、决定的作用,能够规定或影响其他矛盾存在和发展的矛盾。毛泽东曾说:"捉住了这个主要矛盾,一切问题就迎刃而解了。"[1] 毛泽东把中国近代社会的主要矛盾确定为帝国主义和中华民族的矛盾,封建主义和人民大众的矛盾;围绕这个社会主要矛盾,提出我们的革命任务是推翻三座大山,争取民族独立和人民解放,革命的领导者是中国共产党,革命斗争的

---

[1]《毛泽东选集》第1卷,人民出版社1991年版,第322页。

主要形式是武装斗争，革命道路是农村包围城市、武装夺取政权，革命的依靠力量是建立广泛的统一战线。1956年，党的八大提出，我们国内的主要矛盾，已经是人民对于建立先进的工业国的要求同落后的农业国的现实之间的矛盾，已经是人民对于经济文化迅速发展的需要同当前经济文化不能满足人民需要的状况之间的矛盾。围绕着解决社会主要矛盾，各个行业掀起经济建设的高潮。然而，随着国内外形势的发展变化，1962年，党的八届十中全会提出，无产阶级同资产阶级的矛盾为整个社会主义历史阶段的主要矛盾，党的基本路线是"以阶段斗争为纲，阶级斗争必须年年讲，月月讲，天天讲"，由此拉开政治运动和政治斗争的序幕。1981年，党的十一届六中全会提出，在社会主义改造基本完成以后，我国所要解决的主要矛盾，是人民日益增长的物质文化需要同落后的社会生产之间的矛盾。围绕这个社会主要矛盾，我们实现了全党工作中心的转移，以经济建设为中心，扭住生产力的发展不放。基于对新的主要矛盾的认识，我们制定了一系列新的发展措施，提出一系列新的外交理念。党的十九大提出，中国特色社会主义进入新时代，我国社会主要矛盾已经转化为人民日益增长的美好生活需要和不平衡不充分的发展之间的矛盾。我们必须认识到，我国社会主要矛盾的变化是关系全局的历史性变化，对党和国家工作提出了许多新要求。我们要在继续推动发展的基础上，着力解决好发展不平衡不充分问题，大力提升发展质量和效益，更好满足人民在经济、政治、文化、社会、生态等方面日益增长的需要，更好推动人的全面发展、社会全面进步。

坚持创新的方法，解决中国特色社会主义建设过程中所面临的各种问题。创新是创新主体为解决社会实践中提出的问题，通过实践活动实际地改变现存事物，形成新的价值观念、新的战略部署、新的概念设计、新的制度体制、新的活动方式、新的关系模式等,从而创造或增加其经济价值或社会价值,推动经济社会的进步,实现人的自由全面发展的活动过程。创新包括理论创新、科技创新、制度创新、社会治理创新和文化创新。所谓理论创新是创新主体在科学世界观和方法论的指导下,在认识和解决重大社会实践问题的过程中,不断创立和发展理论并使之形成系统化的知识体系的过程。理论创新的动力来源于实践,并在实践中得到检验和发展;理论创新是理论发展的基本形式,是使理论保持旺盛生命力的根本途径。科技创新是社会发展的根本动力。在当今世界发展进程中,有没有创新能力,善不善于创新,是当今世界范围内经济和科技竞争的决定性因素,也是能否实现创新的决定性因素。我们一方面要勇敢面对新世纪世界科学技术正在发生的重大突破,积极应对世界经济正在从工业时代进入信息时代所带来的发展机遇和严峻挑战;另一方面,又要注重从科学技术创新中汲取理论素养,大胆进行理论创新,丰富和发展中国特色社会主义理论。制度创新是社会发展的根本保证。所谓制度创新是指改进现有制度安排或创立某种新制度,以优化制度环境,提高或增强制度功能的活动过程。党的十九届四中全会全面分析了中国特色社会主义制度的十三个显著优势,确立了坚持和发展中国特色社会主义制度、推进国家治理体系和治理能力现代化的总体目标和总任务,为我们的制度创新指明了方向。所谓社会治理创新是指社会治理主体在社会治理的方法、手段、工具、理念、制度等方面与社会发展现实保持相适应的状态。党的十九届四中全会提出,要在"完善正确处理新形势下人民内部矛盾有效机制、完善社会治安防控体系、健全公共安全体制机制、构建基层社会治理新格局、完善国家安全体系"上不断进行创新。文化创新是创新的精神动力。当今时代,文化创新越来越成为民族凝聚力和创造力的重要源泉，成为综合国力竞争的重要因素；通过文化创新，为人们提供丰富多彩的精神文化生活，越来越成为我国人民的热切愿望。加强文化创新最重要的就是确立和坚持马克思主义在意识形态领域指导地位的根本制度，积极推进马克思主义中国化时代化。

应该肯定，改革开放是一项全新的事业，是一个探索的过程。"全新"就意味着没有现成的经验可以借鉴，没有现成的理论可以学习，没有现成的模式可以照搬；"探索"就意味着我们必然会遇到很多新情况、新问题、新挑战。中国共产党人坚持马克思主义指导思想，坚持依靠人民群众的伟大力量，不仅在社会主义现代化建设方面取得了举世瞩目的成绩，在党的指导思想的理论创新方面取得了新进展，重要的是形成了特有的斗争方法和斗争艺术，这是我们宝贵的精神财富，也是习近平新时代中国特色社会主义思想的重要内容。

二、丰富多彩的斗争方法和斗争艺术

斗争方法是指在斗争过程中为实现特定的任务和目标所运用的一系列手段和办法。斗争方法既是一种斗争的技巧策略，又是一种勇气和胆量。这就要求我们在进行斗争的过程中，不能单纯靠蛮斗、瞎斗、滥斗，而是要有长远的方略谋划、周密的计划安排，讲求斗争的艺术和技巧。正如习近平总书记所强调："要注重策略方法，讲求斗争艺术。要抓主要矛盾、抓矛盾的主要方面，坚持有理有利有节，合理选择斗争方式、把握斗争火候，在原则问题上寸步不让，在策略问题上灵活机动。要根据形势需要，把握时、度、效，及时调整斗争策略。要团结一切可以团结的力量，调动一切积极因素，在斗争中争取团结，在斗争中谋求合作，在斗争中争取共赢。"① 习近平总书记关于斗争方法的论述深刻地总结新时代斗争的主要内容和基本特点，为进行具有新的历史特点的各种伟大斗争提供了方法指导和重要遵循。

（一）善于抓住主要矛盾，确定工作重点

唯物辩证法认为，矛盾分析法是认识事物和分析事物的根本方法。2015年初，习近平总书记在十八届中共中央政治局第二十次集体学习时指出："面对复杂形势和繁重任务，首先要有全局观，对各种矛盾做到心中有数，同时又要优先解决主要矛盾和矛盾的主要方面，以此带动其他矛盾的解决。""我们既要注重总体谋划，又要注重牵住'牛鼻子'。在任何工作中，我们既要讲两点论，又要讲重点论，没有主次，不加区别，眉毛胡子一把抓，是做不好工作的。"② 在认识复杂事物时，要善于把握社会主要矛盾和次要矛盾，把握当前社会主要矛盾的发展变化，进而对社会发展阶段作出正确判断，才能制定出党和国家的主要任务和路线方针政策。

注重总体谋划并善于抓住和集中力量解决主要矛盾是中国共产党领导广大人民进行革命、建设和改革事业取得伟大成就的经验总结。中国共产党人在领导革命建设和改革开放的每一个历史阶段，总是善于在全面分析主客观情况的基础上，注重总体谋划，正确找出主要矛盾，以确定自己的战略策略，集中优势兵力消灭最主要的敌人，聚合各种力量解决最主要的问题。在这方面，毛泽东为我们树立了光辉榜

---

① 习近平：《发扬斗争精神增强斗争本领　为实现"两个一百年"奋斗目标而顽强奋斗》，《人民日报》2019年9月4日。
② 《坚持运用辩证唯物主义世界观方法论　提高解决我国改革发展基本问题本领》，《人民日报》2015年1月25日。

样，邓小平是我们学习的典范。习近平总书记继承和发扬我们党的优良传统，强调全党要善于运用唯物辩证法认识和处理问题，善于从千头万绪、纷繁复杂的事物中抓住主要矛盾和矛盾的主要方面，既统领全局、统筹规划，又在重点突破中推动工作协调发展，把总体谋划与解决主要矛盾有机统一于中国特色社会主义建设伟大实践中，从而把中国改革开放的伟大事业推向新阶段。

注重总体谋划，善于抓住和集中力量解决主要矛盾是中国共产党科学的领导方法和工作方法的重要原则。主要矛盾理论原理告诉我们，任何事物都是由诸多矛盾构成的复杂有机体系，各种矛盾和每一矛盾两个方面的发展总是不平衡的，地位和作用也是不相同的，从而形成主要矛盾和非主要矛盾、主要的矛盾方面和非主要的矛盾方面的区别。主要矛盾和非主要矛盾是辩证统一的关系。主要矛盾影响着非主要矛盾的性质和作用，规定着事物发展的方向和趋势，主要矛盾解决得好，非主要矛盾就可能迎刃而解；主要矛盾解决不好，非主要矛盾也不可能得到很好解决。由此可见，只有抓住主要矛盾，牵住"牛鼻子"，才能正确确定工作中心，从而制定科学的路线方针政策。善于抓住和集中力量解决主要矛盾的关键是能否科学判断主要矛盾从而找到解决主要矛盾的正确途径。

善于抓住和集中力量解决主要矛盾并不意味着就可以无视或放任其他矛盾的存在。尽管主要矛盾居于支配地位，其存在和发展规定或影响着其他矛盾的存在和发展；但是，非主要矛盾也会影响着主要矛盾的作用和发展，非主要矛盾解决得好不好，也会促进或制约主要矛盾的解决。这就要求我们既要讲"重点论"，也要讲"两点论"，甚至讲"多点论"，学会"十个手指弹琴"。习近平总书记是处理好"重点论"和"两点论"关系的高手。面对错综复杂的国际国内形势，他要求领导干部既要看到国际国内形势中有利的一面,也要看到不利的一面,从坏处着想,做最充分的准备,争取最好的结果。面对党所肩负的改革开放的历史重任,他指出改革开放是一个系统工程,是一场深刻而全面的变革,要更加注重各项改革的相互促进、良性互动,整体推进,重点突破,形成推进改革开放的强大合力。面对国内经济持续高速发展,人民物质生活状况得到极大改善,却出现道德滑坡、信仰危机、理想错位、价值观混乱的现象,他强调物质贫乏不是社会主义,精神空虚也不是社会主义;只有物质文明建设和精神文明建设都搞好,国家物质力量和精神力量都增强,全国各族人民物质生活和精神生活都改善,中国特色社会主义事业才能顺利向前推进。总之,只有抓住和解决好主要矛盾,才可能有效化解或解决其他矛盾;同时,其他矛盾的有效化解和解决也会促进主要矛盾的解决。既突出重点,又兼顾其他,把多种力量凝聚成巨大的历史合力,推动我们的事业健康顺利向前发展。

(二)坚持有理有利有节,把握斗争火候

进行伟大斗争是一场"有理有利有节"的斗争。斗争过程中既要坚持原则性,准确判断事物发展的是非曲直,坚持底线思维,确立目标任务;还要考虑到事物发展的历史原因、特殊环境、时空差异等因素,合理选择斗争方式,把握斗争火候;不仅敢于斗争,更要善于斗争,最终赢得斗争的胜利。

毛泽东是"有理有利有节"斗争方法的创立者,也是这个方法的娴熟应用者。最精辟的论述出自毛泽东 1940 年 3 月 11 日在延安中国共产党高级干部会议上的报告。毛泽东全面分析了当时的政治形势,认为抗日战争胜利的基本条件是抗日统一战线的扩大和巩固,提出要发

展进步势力、争取中间势力、有策略地对待顽固势力的原则。所谓有策略地对待顽固势力的原则，就是"有理有利有节"。毛泽东认为，顽固势力就是大地主大资产阶级的势力。这个势力现在分为降日派和抗日派，以后还要逐渐分化。然而，大资产阶级抗日派却采取两面政策，一方面尚在主张团结抗日，另一方面又执行摧残进步势力的极端反动政策，作为准备将来投降的步骤。所以，我们要通过多种方式，努力把他们留在统一战线内部，而且留的时间越长越好；同时，又要同他们进行思想上政治上军事上的斗争，限制他们实施反动政策的范围，就有可能逼迫他们承认进步势力的地位，发展进步势力，争取中间势力。所以，在抗日统一战线时期，同顽固派的斗争，不但是为防御他们的进攻，以便保护进步势力不受损失，并使进步势力继续发展；同时，还为了延长他们抗日的时间，并保持我们同他们的合作，避免大内战的发生。

正是基于对顽固派两派性的精辟分析，毛泽东提出："同顽固派斗争，必须注意下列几项原则。第一是自卫原则。人不犯我，我不犯人，人若犯我，我必犯人。这就是说，决不可无故进攻人家，也决不可在被人家攻击时不予还击。这就是斗争的防御性。对于顽固派的军事进攻，必须坚决、彻底、干净、全部地消灭之。第二是胜利原则。不斗则已，斗则必胜，决不可举行无计划无准备无把握的斗争。应懂得利用顽固派的矛盾，决不可同时打击许多顽固派，应择其最反动者首先打击之。这就是斗争的局部性。第三是休战原则。在一个时期内把顽固派的进攻打退之后，在他们没有举行新的进攻之前，我们应该适可而止，使这一斗争告一段落。在接着的一个时期中，双方实行休战。这时，我们应该主动地又同顽固派讲团结，在对方同意之下，和他们订立和平协定。决不可无止境地每日每时地斗下去，决不可被胜利冲昏自己的头脑。这就是斗争的暂时性。""这三个原则，换一句话来讲，就是'有理'，'有利'，'有节'。坚持这种有理、有利、有节的斗争，就能发展进步势力，争取中间势力，孤立顽固派，并使顽固派尔后不敢轻易向我们进攻，不敢轻易同敌人妥协，不敢轻易举行大内战。这样，就有争取时局走向好转的可能。"[1] 这段分析展示了毛泽东作为政治家、思想家、军事家的博大胸怀、政治智慧、斗争艺术和敢打必胜的信心。今天读来依然令人震撼，令人折服。

在中国特色社会主义新时代，习近平总书记倡导"有理有利有节""合理选择斗争方式、把握斗争火候"原则，既是毛泽东斗争方法的继承，也是解决当下中国经济社会发展进程中所出现的各种问题的有效方法。所谓"有理"，是指斗争所具有的理论依据和现实基础，是对客观事物发展规律的正确把握和价值认同。"有理"才能使斗争具有正当性、广泛性和人民性。今天，我们开展伟大斗争，必须坚持三个理：一是坚持马克思主义作为党的指导思想的"理"。二是坚持高举中国特色社会主义伟大旗帜的"理"。三是坚持以人民为中心的"理"。所谓"有利"，指斗争的目的是为什么人谋取利益的。习近平总书记提出"三个有利的"判断标准，即"对党和人民事业有利的，对最广大人民有利的，对实现党和国家兴旺发达、长治久安有利的"[2]。很显然，"三个有利的"判断标准，涉及治国理政的方方面面，为我们进行斗争提供了"有利"的根本依据。所谓"有节"，就是讲斗争要把握一定的火候和节奏，既不能超越了阶段，也不能跟不上形势，要准确抓住时机，学会把握好分寸，坚持合理适度原则，及时解决问题，把我们

---

[1] 《毛泽东选集》第 2 卷，人民出版社 1991 年版，第 749—750 页。
[2] 《习近平谈治国理政》，外文出版社 2014 年版，第 107 页。

的各项工作推向前进。

（三）坚持原则的坚定性和策略的灵活性相统一

坚持原则的坚定性和策略的灵活性相统一是马克思主义者解决实际问题的一个基本原则，是马克思主义唯物论和党的实事求是的思想路线在实际工作中的具体运用。正确认识和理解原则的坚定性和策略的灵活性对于各级党政提高领导水平，增强执政能力，防范化解风险，把党的各项路线、方针、政策真正落到实处，具有重要的实践意义。

原则问题关系到中国共产党和中华民族的根本利益问题，在任何时候任何场合都不能含糊、不能动摇。坚持原则的坚定性是由党和国家的事业方向、目标任务决定的。对于个人来说，如果放弃了原则，就会失去人生的目标，陷入迷茫和混乱，导致犯错误甚至犯罪；对于执政党来说，如果放弃了原则，就可能丧失理想信念信仰，不仅失去前进的方向，甚至丢掉执政地位。策略的灵活性是在坚持原则坚定性的前提下，由于事业的复杂性、艰巨性和曲折性而采取的处理方式和方法。策略的灵活性表现为当遇到复杂情况时，要根据实际情况发展变化，实事求是地转变思想观念，调整工作思路，开动脑筋，灵活地加以应对，最终确保原则的贯彻和执行。

习近平总书记不仅是坚持用原则的坚定性和策略的灵活性方法来处理改革开放过程中所遇到的大事、难事的高手，而且总结出运用好这个原则的基本规律，最重要的是坚持保持战略定力和增强忧患意识相统一。所谓政治定力，就是坚持原则的坚定性问题，也就是坚守理想信念信仰，在思想上政治上能够排除各种干扰、消除各种困惑，坚持正确的立场，保持正确的方向，忠诚于党、忠诚于人民、忠诚于马克思主义的能力。党的十九大报告指出："把党的政治建设摆在首位。

旗帜鲜明讲政治是我们党作为马克思主义政党的根本要求。党的政治建设是党的根本性建设，决定党的建设方向和效果。"① 党的二十大报告提出，要"提高各级党组织和党员干部政治判断力、政治领悟力、政治执行力"②。

习近平总书记在多个场合反复讲到共产党人要有忧患意识的问题。他说："增强忧患意识，做到居安思危，是我们治党治国必须始终坚持的一个重大原则。"③ 忧患意识是指党和政府、广大党政干部能够超越自身的利害、荣辱、得失、成败，而将人类、国家、百姓的前途命运萦系于心，对人类、国家、百姓可能遭遇的困境和风险抱有的深切关注，并激发防范和化解风险的决心和意志。2019年1月21日，习近平总书记在省部级主要领导干部坚持底线思维着力防范化解重大风险专题研讨班讲话中，阐述了当前我们所面临的主要风险，包括政治风险、意识形态风险、经济风险、科技风险、社会风险、外部环境风险和党的建设风险。广大党政干部要深刻认识和准确把握外部环境的深刻变化和我国改革发展稳定面临的新情况新问题新挑战，坚持底线思维，增强忧患意识，提高防控能力，着力防范化解重大风险，保持经济持续健康发展和社会大局稳定，为全面建成社会主义现代化强国、实现中华民族伟大复兴的中国梦提供坚强保障。

忧患意识和政治定力是一个问题的两个方面，统一于中国共产党人实现伟大历史使命的过程之中。当前中国共产党的伟大使命任务，就是团结带领全国各族人民全面建成社会主义现代化强国、实现第二

---

① 习近平：《决胜全面建成小康社会　夺取新时代中国特色社会主义伟大胜利——在中国共产党第十九次全国代表大会上的报告》，人民出版社2017年版，第62页。
② 习近平：《高举中国特色社会主义伟大旗帜　为全面建设社会主义现代化国家而团结奋斗——在中国共产党第二十次全国代表大会上的报告》，人民出版社2022年版，第64—65页。
③ 《习近平谈治国理政》，外文出版社2014年版，第200页。

个百年奋斗目标。应该讲，如何全面建成社会主义现代化强国，我们知之并不多，在探索的过程中肯定会遇到困难，甚至可能走弯路、犯错误；如果没有强大的政治定力，盲目的忧患可能使我们迷茫，丧失信心，甚至走错路。反之，没有忧患意识，骄傲自满，夜郎自大，就可能在安乐当中丧失执政能力，丢掉执政地位。所以，各级党政干部一定要正确处理好增强忧患意识和保持战略定力的关系。

三、用哲学智慧滋养，探索全面建设社会主义现代化国家新方法

党的二十大报告指出："全面建设社会主义现代化国家，是一项伟大而艰巨的事业，前途光明，任重道远。当前，世界百年未有之大变局加速演进，新一轮科技革命和产业变革深入发展，国际力量对比深刻调整，我国发展面临新的战略机遇。同时，世纪疫情影响深远，逆全球化思潮抬头，单边主义、保护主义明显上升，世界经济复苏乏力，局部冲突和动荡频发，全球性问题加剧，世界进入新的动荡变革期。我国改革发展稳定面临不少深层次矛盾躲不开、绕不过，党的建设特别是党风廉政建设和反腐败斗争面临不少顽固性、多发性问题，来自外部的打压遏制随时可能升级。我国发展进入战略机遇和风险挑战并存、不确定难预料因素增多的时期，各种'黑天鹅'、'灰犀牛'事件随时可能发生。我们必须增强忧患意识，坚持底线思维，做到居安思危、未雨绸缪，准备经受风高浪急甚至惊涛骇浪的重大考验。"[①] 因此，

---

① 习近平：《高举中国特色社会主义伟大旗帜 为全面建设社会主义现代化国家而团结奋斗——在中国共产党第二十次全国代表大会上的报告》，人民出版社2022年版，第26页。

必须总结社会主义现代化建设的成功经验,探索和把握全面建设社会主义现代化国家的内在规律,妥善处理好建设社会主义现代化国家过程中的诸多重大关系。

(一)正确处理顶层设计和"摸着石头过河"之间的关系

改革开放初期,邓小平"摸着石头过河"的著名论断,极大地激发了基层组织和领导干部的创新精神,给予基层和百姓高度的自主权和管理权,人们在"摸"中学,在学中总结经验,概括理论,积极探索适合本地特色的发展路子,极大地推动了中国经济社会的发展。"摸着石头过河"是中国的创造、中国的发明,带有鲜明的中国特色,符合马克思主义的唯物论、认识论、辩证法、实践论和唯物史观。然而,"摸着石头过河"可能又是中国改革开放过程中流传最广、影响最大的命题,也是认识最混乱、歧义最多的命题。有人说,中国的改革开放是"摸着石头过河",说明中国改革开放没有理论指导,走到哪算哪;有人说,中国的改革开放是"摸着石头过河",摸不着石头掉河里淹死;也有人说,中国的改革开放是"摸着石头过河",而摸石头的手是被控制的,不是想往哪摸就往哪摸;如此等等。这些观点,有的是否定了中国改革开放需要理论指导,有的流露出一种悲观失望的情绪,有的则表现出对改革开放前景的迷茫。同时,随着改革的不断深入,"摸着石头过河"带来一些消极影响,主要表现:一是导致一些党政干部不去进行深入细致的调查研究。二是导致一些党政干部缺乏遵纪守法意识。三是导致一些党政干部缺乏顾全大局意识。因此,如何正确处理顶层设计和摸着石头过河之间的关系,就成为摆在当代中国共产党人面前的一个重大问题。

首先,"摸着石头过河"为我们确立了明确的前进目标,即"过河",具体来说,就是全面建设社会主义现代化国家。从近代以来,先进的中国人就一直在苦苦探索"中国向何去"的问题,却没有找到前进的目标。中国共产党人经过半个多世纪探索,最终举起中国特色社会主义伟大旗帜,这就是我们前进的目标。如果没有这个目标,我们就可能会在"河"的一边绕圈子,使我们的事业停滞不前;就可能因看不到"石头"盲目下"河"而淹死,使我们的事业受到挫折;就可能因放弃可能解决问题的路径或经验而向其他方向努力,使我们的事业走弯路。所以,我们的前进目标,就是高举中国特色社会主义的伟大旗帜,全面建设富强民主文明和谐美丽的社会主义现代化强国,让人民过上美好生活。

其次,"摸着石头过河"为我们解决了"过河"的基点,即"石头",这个"石头"就是实践。应该讲,全面建设社会主义现代化国家是中国共产党人的伟大创造。在这个过程中,没有现成的理论和模式可资利用,没有成熟的经验或方案可以借鉴。尤其在今天,改革开放已经走过40多年的艰辛历程,我们党以巨大的政治勇气和强烈的责任担当,提出一系列新理念新思想新战略,出台一系列重大方针政策,推出一系列重大举措,推进一系列重大工作,解决了许多长期想解决而没有解决的难题,办成了许多过去想办而没有办成的大事,推动党和国家事业发展发生历史性变革。同时,我们必须清醒地认识到,我们工作中还存在许多不足,也面临着不少困难和挑战。在全面建设社会主义现代化国家的关键时刻,我们更需要牢记解放思想、实事求是、空谈误国、实干兴邦的基本原则,发扬毛泽东提倡的"亲口尝梨子"的实践精神,坚持邓小平倡导的"大胆地试、大胆地闯"的创新理念,遵循习近平总书记要求的"不畏浮云遮望眼"的斗争精神,一切从当今世界和中国的实际情况出发,在实践中认识规律,在实践中概括理论，在实践中开拓道路，敢于走新路，敢于走前人没有走过的路，坚持和发展中国特色社会主义。

再次，"摸着石头过河"为我们找到了"过河"的基本方法，即"摸"，用哲学的语言来说，就是实践—认识—再实践—再认识，循环往复，螺旋式上升的过程。这就说明，中国特色社会主义伟大事业只有进行时没有完成时。全面建设社会主义现代化国家是一个长期的、艰巨的、繁重的事业，必须一代又一代人接力干下去。这就要求我们在这个伟大的过程中，要走一步看一步，看一步走一步，胆子要大，步子要稳；这就要求我们在实践中大胆探索、总结新经验、形成新认识、概括新理论、用理论指导新实践；这就要求我们鼓励创新，宽容失误，同时要建立科学合理的纠错机制；这就要求我们以更大的政治勇气和智慧，不失时机地深化重要领域的改革，使习近平新时代中国特色社会主义思想保持旺盛的生命力。

最后，"摸着石头过河"确立了"摸"的主体，即广大人民群众。毛泽东有一句名言：人民，只有人民，才是创造世界历史的动力。邓小平多次谈道，改革开放中许许多多的东西，都是群众在实践中提出来的，是基层创造出来的，我的功劳是把这些新事物概括起来，加以提倡，使之成为人民群众普遍而自觉的活动。习近平总书记说："改革开放积累的宝贵经验，其中很重要的一条就是强调必须坚持以人为本，尊重人民主体地位，发挥群众首创精神，紧紧依靠人民推动改革。没有人民支持和参与，任何改革都不可能取得成功。"[①] "改革开放在认识和实践上的每一次突破和发展，改革开放中每一个新生事物的产生和发展，改革开放每一个方面经验的创造和积累，无不来自亿万人民

[①] 《习近平谈治国理政》，外文出版社2014年版，第97页。

的实践和智慧。"① 如果不能够发挥群众的首创精神，不能够紧紧依靠人民推动改革，没有人民的参与，任何改革都不可能取得成功。因此，我们必须清醒地认识到，全面建设社会主义现代化是亿万人民自己的事业，必须坚持尊重人民首创精神。与此同时，随着全面建设社会主义现代化国家深入发展，我们越要加强和改善党的领导，越要保持党同人民群众的血肉联系，善于通过提出和贯彻正确的路线方针政策带领人民前进，善于从人民的实践创造和发展要求中完善政策主张，使改革发展成果更多更公平惠及全体人民，不断为全面建设社会主义现代化国家夯实群众基础，凝聚起磅礴力量。

什么是顶层设计？顶层设计是在对全面建设社会主义现代化国家伟大事业的战略目标、战略重点、优先顺序、主攻方向、工作机制、推进方式的规律进行深入研究的基础上，提出总体方案、路线图和时间表的活动。顶层设计能否实现取决于其是否具有科学性、系统性、全局性、目的性和战略性。习近平总书记指出："改革推进到现在，必须在深入调查研究的基础上提出全面深化改革的顶层设计和总体规划，提出改革的战略目标、战略重点、优先顺序、主攻方向、工作机制、推进方式，提出改革总体方案、路线图、时间表。"② 同理，在全面建设社会主义现代化国家的过程中，应该通过顶层设计来强化全面建设社会主义现代化国家的整体性、系统性和协调性，从上而下统一规划，可以从全局出发，有效解决事业发展过程中遇到的深层次问题。通过顶层设计来强化理论的先导性，使我们的举措能够遵从事物发展的客观规律，确保我们的政策符合最广大人民群众的根本利益。通过顶层设计来强化党的集体领导

---

① 《习近平谈治国理政》，外文出版社2014年版，第68页。
② 《习近平关于全面深化改革论述摘编》，中央文献出版社2014年版，第32页。

和集体决策，从而使重大决策更能体现科学性、规律性、群众性，促进各项政策举措在政策取向上相互配合、在实施过程中相互促进、在成效上相得益彰，朝着全面建设社会主义现代化国家的总目标聚焦发力。

总之，全面建设社会主义现代化国家，我们只能继续"摸着石头过河"，通过实践—认识—再实践—再认识的反复过程，从实践中获得真知；同时，要加强宏观思考和顶层设计，更加注重各项政策措施的系统性、整体性、协同性，同时也要继续鼓励大胆试验、大胆突破，把全面建设社会主义现代化国家的伟大事业推向前进。

（二）正确处理尊重客观规律和发挥主观能动性的关系

规律是指事物本身所固有的内在的、本质的、必然的联系。规律是客观的，是不以人的意志为转移的，既不能被创造，也不能被消灭。主观能动性是指人们能动地认识世界和通过实践改造世界的能力。一般说来，尊重客观规律是发挥主观能动性的前提和基础，人们对客观规律的认识愈深刻、愈全面，主观能动性的发挥就会愈充分；违背了客观规律，就必定会受到规律的惩罚。而在社会领域里，规律是通过人的有意识有目的的活动来实现的。恩格斯用"历史合力"思想来解释这个过程。由于每个人都有特殊的生活条件、文化背景，每个人的意识都是具体的；这些具体的意识相互作用、相互影响、相互制约，便形成无数个力的平行四边形，由此产生一个"合力"，即历史结果，而这个结果则可以看作是一个作为整体的、不自觉地和不自主地起作用的力量的产物。"因为任何一个人的愿望都会受到任何另一个人的妨碍，而最后出现的结果就是谁都没有希望过的事物。"[①] 这个事实一方

---

① 《马克思恩格斯选集》第4卷，人民出版社1995年版，第697页。

面说明，任何个人的意志在历史发展进程中都起着一定的作用，每个人对合力都有所贡献，个人意志不等于零；但是，任何个人的意志都不能决定历史的命运。另一方面说明，历史发展是不以人们的意志为转移的，它有自己固有的客观规律性。人们各种意志和力量的相互作用，表面上似乎是偶然性在起作用，但是，这种偶然性始终是受内部隐藏着的必然性支配的。因此，历史发展的总的"合力"及其趋势，归根到底是受经济运动的必然性支配的。尊重客观规律和发挥人的主观能动性是相辅相成，辩证统一的。

马克思主义历来重视对规律的认识。马克思、恩格斯批判费尔巴哈把哲学当作"似乎凌驾于一切专门科学之上并把它们包罗在内的科学的科学"的错误，指出"辩证法就归结为关于外部世界和人类思维的运动的一般规律的科学"[1]，确立了辩证法的研究对象；历史唯物主义的任务"就是要发现那些作为支配规律在人类社会的历史上起作用的一般运动规律"[2]，确立了历史唯物主义的研究对象。毛泽东十分重视规律的问题。他在讲实事求是的概念时说："我们要从国内外、省内外、县内外、区内外的实际情况出发，从其中引出其固有的而不是臆造的规律性，即找出周围事变的内部联系，作为我们行动的向导。"[3]毛泽东不仅强调规律的客观性，而且要求按照规律去搞革命。习近平总书记要求，要积极研究人类社会发展的规律，研究中国特色社会主义建设的规律，研究执政党建设的规律。能否正确认识客观规律，并按照客观规律办事，不仅决定着个人事业的兴衰成败，而且决定着党和国家的前途命运。

---

[1] 《马克思恩格斯选集》第4卷，人民出版社2012年版，第248—250页。
[2] 《马克思恩格斯选集》第4卷，人民出版社2012年版，第253页。
[3] 《毛泽东选集》第3卷，人民出版社1991年版，第801页。

在全面建设社会主义现代化国家的过程中,我们更要处理好尊重客观规律和发挥主观能动性的关系。一方面,全面建设社会主义现代化国家必须尊重客观规律。早在改革开放初期,邓小平就提出:"所谓鼓实劲,不鼓虚劲,拿科学的语言来说,就是按客观规律办事。经济工作要按经济规律办事,不能弄虚作假,不能空喊口号,要有一套科学的办法。"① 他总结中国共产党人1958年犯错误的原因是,"搞大跃进,开始不尊重经济规律了","我们现在强调要按经济规律办事"②。江泽民反复强调:"学习和掌握唯物辩证法,按客观规律办事。"③ 习近平总书记指出:"要坚持一切从实际出发,按照客观规律办事,一张蓝图抓到底,抓好打基础利长远的工作,不能拍脑袋、瞎指挥、乱决策,杜绝短期行为、拔苗助长。"④ 这就是要求全面建设社会主义现代化国家要稳中求进,不能主观蛮干,脱离实际,否则会事倍功半、得不偿失。

另一方面,全面建设社会主义现代化国家需要发挥人的主观能动性。邓小平当年曾主张:"改革开放胆子要大一些,敢于试验,不能像小脚女人一样。看准了的,就大胆地试,大胆地闯。深圳的重要经验就是敢闯。没有一点闯的精神,没有一点'冒'的精神,没有一股气呀、劲呀,就走不出一条好路,走不出一条新路,就干不出新的事业。"⑤ 江泽民更加强调要调动人民群众的积极性。他认为,建设中国特色社会主义事业,是亿万人民群众广泛参与的创造性事业。必须始终坚持党的一切相信群众、一切依靠群众,从群众中来、到群众中去

---

① 《邓小平文选》第2卷,人民出版社1994年版,第196页。
② 《邓小平文选》第2卷,人民出版社1994年版,第314页。
③ 江泽民:《论党的建设》,中央文献出版社2001年版,第271页。
④ 《习近平关于全面深化改革论述摘编》,中央文献出版社2014年版,第48页。
⑤ 《邓小平文选》第3卷,人民出版社1993年版,第372页。

的群众路线，尊重人民群众的创造，倾听人民群众的呼声，反映人民群众的意愿，集中人民群众的智慧和力量去发展我们的各项事业。习近平总书记也多次强调："我们要始终把人民立场作为根本立场，把为人民谋幸福作为根本使命，坚持全心全意为人民服务的根本宗旨，贯彻群众路线，尊重人民主体地位和首创精神，始终保持同人民群众的血肉联系，凝聚起众志成城的磅礴力量，团结带领人民共同创造历史伟业。这是尊重历史规律的必然选择。"① 全面建设社会主义现代化国家必须依靠人民的创造伟力，遵循历史发展规律办事，既不能缩手缩脚，故步自封；也不能恣意妄为，主观盲干。面对困难，更应该树立信心，迎难而上，拿出"壮士断腕的决心""背水一战的勇气"，坚决破除一切妨碍全面建设社会主义现代化国家的思想观念和体制机制弊端，把我们的伟大事业推向前进。

（三）正确处理改革力度和民众承受程度的关系

尽管我们已经经历了40多年改革开放的伟大进程，但是，要完成党在新时代的中心任务，全面建成社会主义现代化强国，无疑还会遇到许多新情况新问题。党的二十大报告指出，"重点领域改革还有不少硬骨头要啃"②。改革说到底是体制机制的改变，利益格局的重新安排。这必然会导致人民群众对某些改革举措的不理解，而使改革过程中的矛盾更加尖锐，冲突更加激烈，斗争更加复杂，搞不好就会引发群体性事件，甚至引发颠覆性危机。因此，在全面建设社会主义现代化国家、全面深化改革的过程中，必须处理好改革的力度和民众承受的程

---

① 《习近平谈治国理政》第3卷，外文出版社2020年版，第136页。
② 习近平：《高举中国特色社会主义伟大旗帜　为全面建设社会主义现代化国家而团结奋斗——在中国共产党第二十次全国代表大会上的报告》，人民出版社2022年，第14页。

度之间的关系。

改革的力度决不能放松。邓小平曾说："不坚持社会主义，不改革开放，不发展经济，不改善人民生活，只能是死路一条。"[1] 这令人震撼，使人难忘。习近平总书记强调，改革开放永无止境，只有全面深化改革，中国特色社会主义道路才会越走越宽。因此，面对新形势、新任务、新挑战，中国要有勇于自我革命的气魄、坚韧不拔的毅力全面深化改革，要敢于向积存多年的顽瘴痼疾开刀，敢于触及深层次利益关系和矛盾，要坚决冲破思想观念束缚，坚决破除利益固化藩篱，坚决清除妨碍社会生产力发展的体制机制障碍。全面深化改革已深入人心，凝聚了全民共识，只有不断推进改革，中国才有活水之源，才能生机盎然。党的二十大报告再次强调："坚持深化改革开放。深入推进改革创新，坚定不移扩大开放，着力破解深层次体制机制障碍，不断彰显中国特色社会主义制度优势，不断增强社会主义现代化建设的动力和活力，把我国制度优势更好转化为国家治理效能。"[2]

改革要充分考虑民众承受程度。改革涉及方方面面，在一些民生领域、难改之处，突显出民众的承受程度问题；如果改之过急，民众承受不了而进行反对，小则影响社会稳定，大则影响全面深化改革的进行。如现在民众特别关注的看病难、上学难、就业难、住房难、养老难等社会问题，都是由改革不到位所带来的重大问题。应该说，民众是站在自己的立场上，受到身份、学识、信息、利益等多方面的局限，对党和国家出台的改革措施，往往是从个体的角度进行评价，去

---

[1] 《邓小平关于建设有中国特色社会主义的论述专题摘编》，中央文献出版社1992年版，第37页。

[2] 习近平：《高举中国特色社会主义伟大旗帜　为全面建设社会主义现代化国家而团结奋斗——在中国共产党第二十次全国代表大会上的报告》，人民出版社2022年，第27页。

决定自己是拥护还是反对：如果符合自己的利益，就会拥护而积极去执行；反之，就消极怠工，甚至有可能站出来阻止改革措施的执行，从而会引发群体性突发事件，危及社会的局部稳定。所以，凡是出台关系到民生问题的改革政策，一定要经过深入细致的调查研究，慎之又慎，考虑周全；改革条件已经成熟的，就要当机立断进行发展；改革条件不成熟的，就可以先放一放，让民众自己去想想，等待改革条件成熟再去改。当然，我们也不能当改革的绊脚石，当某个问题已经很严重，矛盾已经很尖锐，民众强烈要求改革，如果我们还无动于衷，最终就会贻误改革时机。我们不可以犯颠覆性错误，也不敢犯颠覆性错误，必须妥善地辩证地处理好改革的力度和民众的承受程度之间的关系，使改革的力度与民众的承受程度相适应，努力营造出良好的社会氛围和和谐的社会关系。

每一位党政领导干部都要有强烈的问题意识，以重大问题为导向，抓住关键问题进一步研究思考，着力推动解决我国全面建设社会主义现代化国家面临的一系列突出矛盾和问题。我们中国共产党人干革命、搞建设、抓改革，从来都是为解决中国的现实问题。可以说，改革是由问题倒逼而产生，又在不断解决问题中得以深化。实践发展永无止境，解放思想永无止境，改革开放永无止境。改革越是全面深化、越是向前推进，越会遇到阻力、越是困难重重。这无疑对改革者的政治智慧、领导方法、斗争艺术提出了更高的要求。

第六章
牢记斗争使命　坚持发扬敢赢斗争精神

不忘初心、牢记使命，已经成为当代中国共产党的精神标志。习近平总书记在党的二十大报告中指出，"全党务必不忘初心、牢记使命，务必谦虚谨慎、艰苦奋斗，务必敢于斗争、善于斗争，坚定历史自信，增强历史主动，谱写新时代中国特色社会主义更加绚丽的华章"①，并全面阐述了新时代新征程中国共产党的使命任务。毫无疑问，在我们迈上全面建设富强民主文明和谐美丽的社会主义现代化国家新征程、向第二个百年奋斗目标进军的关键时刻，我们更要不忘初心、牢记使命，面对风高浪急甚至惊涛骇浪的重大考验，坚持发扬敢于赢得斗争胜利的精神，以钉钉子的精神，久久为功，持之以恒，不懈奋斗，完成振兴伟大的中华民族的历史使命。

一、中国共产党百年历史是发扬斗争精神完成使命的历史

中国共产党是马克思主义执政党，是具有远大历史使命的马克思主义使命型政党。中国共产党的马克思主义使命型政党性质决定了中

---

① 习近平：《高举中国特色社会主义伟大旗帜　为全面建设社会主义现代化国家而团结奋斗——在中国共产党第二十次全国代表大会上的报告》，人民出版社2022年版，第1—2页。

国共产党的斗争任务是实现民族独立、人民解放,国家富强、人民幸福,振兴伟大的中华民族,最终实现共产主义远大理想。

(一)中国共产党是马克思主义使命型政党

中国共产党是马克思主义使命型政党,始终坚持以马克思主义为指导思想,以实现共产主义为远大理想,以为中国人民谋幸福、为中华民族谋复兴作为自身的历史使命,不断进行自我革命,确保党永远不变质、不变色、不变味,为战胜各种困难险阻、赢得斗争胜利提供了坚强的组织保证。

第一,中国共产党作为使命型政党,始终坚持以马克思主义为指导,并在实践中不断把马克思主义与中国具体实践相结合,推进马克思主义中国化时代化,为赢得斗争胜利提供科学的指导思想。任何人都不能否认,马克思主义自创立以来,无论其作为一种理论、一种学说、还是作为一种意识形态,对于人类社会发展都产生了巨大的影响。马克思主义作为一个完整科学的理论体系,能够经受住来自敌对势力的谩骂和诋毁,经受住共产主义运动挫折和低潮的考验,随着科学和社会的前进而不断丰富和发展自己,表现出旺盛的生命力、跨越时空的影响力和异乎寻常的吸引力,从而被中国共产党人作为信仰,这是由其理论自身的特点决定的。其一,马克思主义全面系统阐述了自然界、人类社会和人的思维发展的一般规律,构建起科学的理论体系,为无产阶级进而为人类解放提供了科学的指导思想。其二,马克思主义为无产阶级和人民群众认识世界和改变世界提供了行动指南,构建起完整的方法论体系如实事求是方法、矛盾分析方法、过程分析方法、社会基本矛盾方法、阶级和阶层分析方法、群众路线和群众观点方法等等,真正实现了科学世界观和科学方法论的高度统一。其三，马克思主义所体现的为广大无产阶级翻身得解放而奋斗的价值追求，已经融入无产阶级政党的意识，构成无产阶级政党的品格，成为无产阶级政党的精神标识，使之占据道义的制高点。

中国共产党人在领导中国各族人民进行革命、建设和改革的百年奋斗历程中，不断推进马克思主义的中国化时代化，创立毛泽东思想、邓小平理论、"三个代表"重要思想、科学发展观及习近平新时代中国特色社会主义思想等理论成果，成为指导中国共产党不断取得伟大胜利的思想武器和行动指南。党的二十大报告提出："首先要把握好新时代中国特色社会主义思想的世界观和方法论，坚持好、运用好贯穿其中的立场观点方法。"① 我们必须站在最广大人民群众的立场上，坚持人民至上、坚持自信自立、坚持守正创新、坚持问题导向、坚持系统思想、坚持胸怀天下的观点和方法，坚持解放思想、实事求是、与时俱进、求真务实，一切从实际出发，着眼解决新时代改革开放和社会主义现代化建设的实际问题，不断回答中国之问、世界之问、人民之问、时代之问，作出符合中国实际和时代要求的正确回答，得出符合客观规律的科学认识，形成与时俱进的理论成果，更好指导中国实践，推进中国共产党作为使命型政党的建设。

第二，中国共产党作为使命型政党，始终坚持以实现共产主义为远大理想，为赢得斗争胜利提供强大的精神动力。共产主义一词产生于19世纪30年代，是当时流行在欧洲特别是英、法、德等国的各个阶层中的一种重要社会思潮。马克思是在《莱茵报》工作时期接

---

① 习近平：《高举中国特色社会主义伟大旗帜　为全面建设社会主义现代化国家而团结奋斗——在中国共产党第二十次全国代表大会上的报告》，人民出版社2022年版，第18—19页。

触共产主义问题，认识到共产主义是客观存在的历史现象，是任何人都无法回避的现实问题；同时也认识到这种流行的共产主义存在着空想性，因此下决心要研究共产主义理论。马克思在《1844年经济学哲学手稿》中，通过对异化劳动的分析，说明了私有制的暂时性，论证了实现共产主义的历史必然性。说明共产主义是私有财产即人的自我异化的积极的扬弃，是人本身的解放，从而成为真正意义上的人。当然，马克思明确区分了思想上的共产主义运动和现实的共产主义的运动，而且强调，实现共产主义是一个艰难而漫长的历史过程。后来，马克思、恩格斯在《共产党宣言》中描绘出美好的共产主义的远景，"代替那存在着和阶级对立的资产阶级旧社会的，将是这样一个联合体，在那里，每个人的自由发展是一切人的自由发展的条件"①。这个社会就是共产党人所追求的共产主义社会。后来，恩格斯把这句名言看作马克思主义最重要的思想之一，是科学社会主义的核心思想。恩格斯又进一步描述了共产主义的美好远景："人终于成为自己的社会结合的主人，从而也就成为自然界的主人，成为自身的主人——自由的人。"② 人类的彻底解放是人从受束缚、被奴役、被压迫的一切关系中解放出来，实现自由而全面的发展，即人的需要、能力和个性、社会关系得到全面提升。当然，人的自由全面发展是一个历史的、动态的过程，社会的不断进步将不断赋予它新的含义。

习近平总书记在2021年秋季学期中央党校（国家行政学院）中青班开班式上的讲话中指出："中国共产党成立一百年来，始终是有崇高

---

① 《马克思恩格斯文选》第2卷，人民出版社2009年版，第53页。
② 《马克思恩格斯文集》第3卷，人民出版社2009年版，第566页。

理想和坚定信念的党。这个理想信念，就是马克思主义信仰、共产主义远大理想、中国特色社会主义共同理想。理想信念是中国共产党人的精神支柱和政治灵魂，也是保持党的团结统一的思想基础。"① 我们都很熟悉一个场景：1921年7月23日，在上海的一栋石库门楼房的客厅里，一群年轻人正在开会，商量成立中国共产党的相关事宜。他们年龄最大的45岁，最小的只有19岁，平均年龄28岁。会议因意外情况而被迫中断，只得转移到浙江嘉兴南湖的一艘游船上继续举行。大会讨论并通过了中国共产党的第一个纲领和决议，选举产生了党的领导机构，标志着中国共产党正式成立。那时，我们党只有50多位党员。中国共产党一经成立，就把马克思主义作为自己的指导思想，把实现共产主义作为党的最高理想和最终目标，义无反顾肩负起实现中华民族伟大复兴的历史使命。习近平总书记曾说，革命理想高于天。中国共产党之所以叫共产党，就是因为从成立之日起我们党就把共产主义确立为远大理想。我们党之所以能够经受一次次挫折而又一次次奋起，归根到底是因为我们党有远大理想和崇高追求。正是对共产主义理想的追求，一代又一代中国共产党人顽强拼搏、不懈奋斗，涌现了一大批视死如归的革命烈士、一大批顽强奋斗的英雄人物，形成了一系列伟大精神，构筑起了中国共产党人的精神谱系，也成为中国共产党人的红色基因和优良传统。所以，习近平总书记指出："中国共产党人的理想信念建立在对马克思主义的深刻理解之上，建立在对历史规律的深刻把握之上。历史和实践反复证明，一个政党有了远大理想和崇高追求，就会坚强有力，无坚不摧，无往不胜，就能经受一次次挫折而又一次次奋起；一名干部有了坚定的理想信念，站位就高了，

---

① 习近平：《努力成为可堪大用能担重任的栋梁之才》，《求是》2022年第3期。

心胸就开阔了，就能坚持正确政治方向，做到'风雨不动安如山'。信仰认定了就要信上一辈子，否则就会出大问题。"① 广大党员干部要坚定共产主义信仰，凝聚全体中华儿女的意志，调动全体中华儿女的力量，发挥全体中华儿女的才智，用全面建设社会主义现代化国家的伟大成就，来推进中华民族的伟大复兴。

第三，中国共产党作为马克思主义使命型政党，始终坚持以人民为中心的发展思想，站稳无产阶级和人民群众的立场，为赢得斗争胜利提供可靠的力量源泉。《共产党宣言》中指出："无产阶级的运动是绝大多数人的，为绝大多数人谋利益的独立的运动。"② 党的十九大报告中也指出："为什么人的问题，是检验一个政党、一个政权性质的试金石。带领人民创造美好生活，是我们党始终不渝的奋斗目标。必须始终把人民利益摆在至高无上的地位"③。党的二十大报告进一步强调："坚持以人民为中心的发展思想"。因此，中国共产党在百年奋斗历程中，带领广大人民群众，通过艰苦卓绝的人民战争，缔造了中华人民共和国，使人民群众成为国家的主人。新中国成立后，中国共产党成为执政党之后，能够始终坚持立党为公、执政为民的核心理念，坚持全心全意为人民服务的宗旨，真正做到以人民为中心，一切为了人民，一切依靠人民，发展成果由人民共享，使人民群众的获得感、幸福感、安全感更加充实、更有保障、更为现实、更可持续，最大限度地满足最广大人民群众对美好生活的向往，努力实现"人的自由而全面的发展"。

---

① 《在常学常新中加强理论修养　在知行合一中主动担当作为》，《人民日报》2019 年 3 月 2 日。
② 《马克思恩格斯选集》第 1 卷，人民出版社 2012 年版，第 411 页。
③ 习近平：《决胜全面建成小康社会　夺取新时代中国特色社会主义伟大胜利——在中国共产党第十九次全国代表大会上的报告》，人民出版社 2017 年版，第 44—45 页。

（二）牢记政党使命为赢得新民主主义革命胜利而不懈斗争

纵观中国共产党领导中国人民为实现中华民族复兴的历史，又因不同历史时期呈现出不同的特点，其斗争的关切点亦有所不同，通过艰苦不懈的奋斗，最终赢得了斗争的胜利。

在新民主主义革命时期，党面临的主要任务是反对帝国主义、封建主义、官僚资本主义，争取民族独立、人民解放，为实现中华民族伟大复兴创造条件。中国共产党人在领导人民完成彻底反帝反封建的新民主主义革命过程中，牢记斗争使命，善于把马克思主义基本原理同中国具体实际相结合，开辟了农村包围城市、武装夺取政权的正确革命道路，创立了毛泽东思想，为夺取新民主主义革命胜利指明了方向；善于总结和弘扬伟大建党精神，即坚持真理、坚守理想，践行初心、担当使命，对党忠诚、不负人民，使全党在思想上政治上组织上空前统一和团结，为夺取新民主主义革命胜利提供了坚强的思想保证；善于在群众工作中壮大自己而进行不懈斗争，为夺取新民主主义革命胜利奠定了坚实的组织基础，从建党时只有50多位党员到新中国成立前夕已发展到449万人的数量变化，就反映出党自身力量的迅速增强和在人民群众中影响力的不断扩大；善于在维护群众利益上进行不懈斗争，能够团结一切可以团结的力量，调动一切可以调动的积极因素，围绕着同一个目标而勠力奋斗，形成完成党的历史使命的磅礴力量，因而调动起亿万人民跟着中国共产党闹革命的积极性，为夺取新民主主义革命胜利提供了广泛的群众基础，淮海战役有500万农民推着小推车踊跃支前就是最好的证明。"中国共产党和中国人民以英勇顽强的奋斗向世界庄严宣告，中国人民从此站起来了，中华民族任人宰割、饱受欺凌的时代一去不复返了，中国发展从此开启了新纪元。"①

（三）牢记政党使命为赢得社会主义建设和改革胜利而顽强斗争

新中国成立后，摆在中国共产党人面前的第二个历史使命是实现国家富强和人民富裕。在这个过程中，中国共产党人依然是牢记历史使命，领导人民战胜政治、经济、军事等方面一系列严峻挑战，与国民党反动派残余武装力量和土匪进行不懈斗争，和平解放西藏，实现祖国大陆完全统一，为赢得社会主义建设和改革的伟大胜利而进行了艰难而曲折的探索。

为建立和巩固社会主义政治制度而进行不懈斗争。党领导我们建立由工人阶级领导的、以工农联盟为基础的人民民主专政的国家政权，为国家迅速发展创造了政治条件。1949年，中国人民政治协商会议第一届全体会议制定《中国人民政治协商会议共同纲领》；1954年，召开第一届全国人民代表大会第一次会议，通过了《中华人民共和国宪法》；"党领导确立人民代表大会制度、中国共产党领导的多党合作和政治协商制度、民族区域自治制度，为人民当家作主提供了制度保证"②。社会主义制度的建立，对我国一切进步和发展奠定了重要政治基础。

为建立和巩固社会主义经济制度而进行不懈斗争。1953年，党正式提出过渡时期的总路线；1956年，基本上完成对生产资料私有制的社会主义改造，基本上实现生产资料公有制和按劳分配，建立社会主

---

① 《中国共产党第十九届中央委员会第六次全体会议文件汇编》，人民出版社2021年版，第28页。
② 《中国共产党第十九届中央委员会第六次全体会议文件汇编》，人民出版社2021年版，第30页。

义经济制度；党的八大明确提出，我国主要矛盾是人民对于经济文化迅速发展的需要同当前经济文化不能满足人民需要的状况之间的矛盾，全国人民的主要任务是集中力量发展社会生产力，逐步满足人民日益增长的物质和文化需要，努力把我国建设成为一个具有现代农业、现代工业、现代国防和现代科学技术的社会主义强国，领导人民进行全民全面的大规模的社会主义建设。经过实施几个五年计划，我国建立起独立的比较完整的工业体系和国民经济体系，农业生产条件显著改变，教育、科学、文化、卫生、体育事业有很大发展。

为解决战争冲突而进行不懈斗争。面对帝国主义国家与周边国家的挑衅，中国适时提出应对举措，通过打赢战争提升了国威军威。抗美援朝战争、中印边界自卫反击战、珍宝岛战役、西沙海战、对越自卫反击战等军事上的冲突与对抗不但打出了一个和平的国内国际发展环境，更提高了中国在国际上的威信与地位，从而改变了西方大国对我国在军事上的制裁，使帝国主义国家对中国的封锁转用军事之外的措施。

为争取有利的外部发展环境而进行不懈斗争。党坚持独立自主和平外交政策，倡导和坚持和平共处五项原则与"求同存异"主张，"坚定维护国家独立、主权、尊严，支持和援助世界被压迫民族解放事业、新独立国家建设事业和各国人民正义斗争，反对帝国主义、霸权主义、殖民主义、种族主义，彻底结束了旧中国的屈辱外交"①。党审时度势调整外交战略，推动恢复我国在联合国的一切合法权利，打开对外工作新局面，推动形成国际社会坚持一个中国原则的格局；党提出划分

---

① 《中国共产党第十九届中央委员会第六次全体会议文件汇编》，人民出版社2021年版，第31页。

"三个世界"的战略，作出中国永不称霸的庄严承诺，赢得国际社会特别是广大发展中国家的尊重和赞誉，为中国社会主义建设事业的顺利开展创造了良好的国际环境。

为探索中国社会主义道路而不懈斗争。社会主义制度建立以后，如何在半殖民地半封建基础上建设社会主义，这是中国共产党人从未遇到过的崭新课题。1956年4月25日，毛泽东在经过广泛深入的调查研究的基础上，发表《论十大关系》的讲话，总结了新中国成立以来各项工作所取得的成绩，结合中国社会主义改造过程中出现的问题，借鉴苏联的经验教训，提出要处理好中国社会主义建设过程中的十个重大问题，其目的是要把国内外一切积极因素调动起来，把我国建设成为一个强大的社会主义国家。这个讲话贯穿其中的思想主线是，"以苏为鉴"，根据中国情况走自己的路，这是中国共产党人探索中国社会主义道路的重要里程碑。随后，国内外形势发展出现一些新情况，各种社会矛盾纷繁复杂，毛泽东总结了国际共产主义运动的历史经验，全面分析社会主义社会的各种矛盾，发表《关于正确处理人民内部矛盾的问题》的讲话，系统提出两类不同性质的社会矛盾学说，把正确处理人民内部矛盾作为国家政治生活的主题，把生产力与生产关系、经济基础与上层建筑的矛盾概括为人类社会的基本矛盾。这篇讲话作为我国社会主义建设过程中解决人民内部矛盾的纲领性文件，对如何正确处理我国社会主义建设时期的各种矛盾提供了理论指导。

党的十一届三中全会开启了改革开放的新时期，党的工作中心转到以经济建设为中心，扭住生产力的发展不放松，随之党的斗争重点也发生了转移。中国共产党人在回答"什么是社会主义、怎样建设社会主义""建设一个什么样的党、怎样建设党""实现什么样的发展、怎样发展"等一系列关于中国社会前途命运的重大理论和实践问题上，发扬敢于赢得斗争胜利精神，推动中国特色社会主义事业顺利发展。党的十八大胜利召开，标志着中国特色社会主义进入新时代。当时，"我们面对的形势是，改革开放和社会主义现代化建设取得巨大成就，党的建设新的伟大工程取得显著成效，为我们继续前进奠定了坚实基础、创造了良好条件、提供了重要保障，同时一系列长期积累及新出现的突出矛盾和问题亟待解决"①。中国共产党内、经济结构、政治制度、文化建设和意识形态、民生保障、生态环境、国家安全、国防和军队现代化建设等方面存在各种问题，使党内和社会上不少人对党和国家前途忧心忡忡。十年来，"面对这些影响党长期执政、国家长治久安、人民幸福安康的突出矛盾和问题，党中央审时度势、果敢抉择、锐意进取、攻坚克难，团结带领全党全军全国各族人民撸起袖子加油干、风雨无阻向前行，义无反顾进行具有许多新的历史特点的伟大斗争"②，党和国家事业取得历史性成就、发生历史性变革。

二、牢记政党使命开创中国特色社会主义新时代

习近平总书记一贯强调不忘初心、牢记使命。党的十九大报告第二章专门论述"新时代中国共产党的历史使命"，指出："实现中华民族伟大复兴是近代以来中华民族最伟大的梦想。中国共产党一经成立，就把实现共产主义作为党的最高理想和最终目标，义无反顾肩负起实

---

① 习近平：《高举中国特色社会主义伟大旗帜　为全面建设社会主义现代化国家而团结奋斗——在中国共产党第二十次全国代表大会上的报告》，人民出版社2022年版，第4—5页。
② 习近平：《高举中国特色社会主义伟大旗帜　为全面建设社会主义现代化国家而团结奋斗——在中国共产党第二十次全国代表大会上的报告》，人民出版社2022年版，第5—6页。

现中华民族伟大复兴的历史使命,团结带领人民进行了艰苦卓绝的斗争,谱写了气吞山河的壮丽史诗。"①党的二十大报告回顾了党的十八大以来我们所取得的伟大成绩,指出"我们经历了对党和人民事业具有重大现实意义和深远历史意义的三件大事:一是迎来中国共产党成立一百周年,二是中国特色社会主义进入新时代,三是完成脱贫攻坚、全面建成小康社会的历史任务,实现第一个百年奋斗目标。这是中国共产党和中国人民团结奋斗赢得的历史性胜利,是彪炳中华民族发展史册的历史性胜利,也是对世界具有深远影响的历史性胜利"②。在此基础上,党的二十大报告还提出了新时代新征程中国共产党的使命任务:"从现在起,中国共产党的中心任务就是团结带领全国各族人民全面建成社会主义现代化强国、实现第二个百年奋斗目标,以中国式现代化全面推进中华民族伟大复兴。"③把全面建成社会主义现代化强国作为当代中国共产党人实现初心使命的中心任务,是中国共产党对自身使命担当的精准认知,对中国社会发展规律的准确把握,对世界现代化发展浪潮的积极回应,是对中国之问、世界之问、人民之问、时代之问作出的符合中国实际和时代要求的正确回答。

(一)近代以来中国人民探索现代化的艰苦历程

现代化是人们非常熟悉且在日常生活中经常使用的一个概念。英文是 modernization,曾被译为中文"摩登"。学界普遍认为,现代化一

---

① 习近平:《决胜全面建成小康社会 夺取新时代中国特色社会主义伟大胜利——在中国共产党第十九次全国代表大会上的报告》,人民出版社 2017 年版,第 13 页。
② 习近平:《高举中国特色社会主义伟大旗帜 为全面建设社会主义现代化国家而团结奋斗——在中国共产党第二十次全国代表大会上的报告》,人民出版社 2022 年版,第 4 页。
③ 习近平:《高举中国特色社会主义伟大旗帜 为全面建设社会主义现代化国家而团结奋斗——在中国共产党第二十次全国代表大会上的报告》,人民出版社 2022 年版,第 21 页。

词是文艺复兴时期人文主义者在著作中最先使用的概念，指的是16世纪前后到现今的历史时期，把文艺复兴看成是一个与中世纪对立的新时代。现代化的含义非常丰富，至少含有以下几层含义：其一，现代化就是实现工业化的历史过程，主要指欧美一些国家通过工业革命和科学技术而促进社会生产力快速发展、进而推进整个社会生活发生巨大变革的过程。其二，现代化是一些经济落后的国家有意识地学习和引进发达国家的先进经验、科学技术、精英人才等，以便在经济和技术上追赶世界先进国家的历史过程。其三，现代化是自科学革命以来人类社会由传统社会过渡到现代社会的历史过程，从这个意义上有学者提出研究现代性问题，并把民主化、法制化、工业化、都市化、均富化、福利化、社会阶层流动化、宗教世俗化、教育普及化、知识科学化、信息传播化、人口控制化等作为现代性的基本内涵。其四，现代化是一种建立在科学技术高度发达、经济社会快速发展基础上所呈现出来的心理态度、价值观和生活态度的改变过程，是一种新的"文明形态"。还可以从广义和狭义两个方面来理解现代化。从广义来讲，现代化是一个世界性的历史过程，是指人类社会从工业革命以来所经历的以生产力发展为推动力，以工业化为核心，以传统农业社会向现代工业社会转变为标识，进而引起政治、经济、文化、社会和思维方式等各个领域发生根本性变革的历史过程。从狭义来讲，现代化是一个社会、国家、地区的演变过程，是指落后社会、国家、地区通过学习和引进世界先进的科学技术等，迅速改变自己的落后状态并积极适应现代世界环境的发展过程。

从世界现代化进程来看，现代化可以分为两种类型：其一，内源性现代化，是由社会自身力量所产生的内部创新力量，导致以生产力和科学技术发展支撑进而引起整个社会结构和机制发生根本性变革，这往往是一个自发的、自下而上、渐进性、漫长而曲折的现代化过程。其二,外源性现代化,是在国际大环境或某些外部力量影响下,社会受到冲击而引起内部的思想和政治变革并进而推动经济变革的现代化过程;这种现代化过程一般先是发生社会和思想层面的变革和政治革命,然后领导或推动工业革命和工业化。这种现代化也可以分为主动接受外部先进的科学技术和理念而实现现代化,以及被动或被迫接受外部的先进科学和理念而实现现代化两种情况。

学界一般认为,在人类社会历史上出现过四次现代化浪潮:第一次是18世纪至19世纪中叶,由第一次科技革命和工业革命推动,以蒸汽机、煤和铁等非生物能源、粗质量的机器运用为标志,由英国开端向西欧扩散的工业化进程。第二次是19世纪下半叶至20世纪初,以新式炼钢法和电力应用为标志,由内燃机和电动机带动的"电工技术革命"推动世界经济爆炸式地增长,美国作为新兴工业国在经济实力上取代英国成为世界第一。然而,社会生产力和科学技术的高度发展,与资本主义生产关系之间造成尖锐对立,意味着资本主义社会各种矛盾的总爆发。恩格斯在1887年曾预言世界大战的爆发。他说:"这会是一场具有空前规模和空前剧烈的世界战争。那时会有八百万到一千万的士兵彼此残杀,同时把整个欧洲吃得干干净净,比任何时候的蝗虫群还要吃得厉害。……旧的国家及其世代相因的治国才略一齐崩溃,以致王冠成打地滚在街上而无人拾取;绝对无法预料,这一切将怎样了结,谁会成为斗争中的胜利者;只有一个结果是绝对没有疑问的,那就是普遍的衰竭和为工人阶级的最后胜利创造条件。"[①] 两次世界大战导致全世界经济发展停滞,也为第三次现代化浪潮的到来积

[①] 《马克思恩格斯选集》第4卷,人民出版社1972年版,第267页。

蓄了能量。第三次现代化浪潮是从20世纪中叶开始,以核能源、人工合成材料、微电子技术的应用为标志,高科技、新能源、新原料与人工智能相结合,出现核工业、电子工业、半导体工业、航天工业和激光工业,很多生产领域实现全面的机械化和自动化,使科学直接转化为生产力。这一时期最具有标志性意义的是,一些发展中国家按照本国国情探索自己的现代化道路,突破了现代化就是资本主义化的世界发展格局。第四次现代化浪潮是从20世纪70年代开始,以信息技术的应用和知识经济为标志,以高科技产业群的崛起为主要特征,从根本上改变着人们的生活方式、工作方式、思维方式和价值观念。

世界现代化浪潮冲击着古老的东方帝国,西方列强用鸦片和大炮打开了古老帝国的大门。中华民族面临的时代主题是,如何实现民族独立、人民解放,国家富强、人民幸福。"师夷之长技以制夷"成为必然答案。人们把"夷之长技"认作是欧化、西化、资本主义化,由此拉开中国现代化的历史帷幕。学习西方的"坚船利炮",导致洋务运动兴起,以图实现工业现代化;甲午战争失败后,学习日本"明治维新",导致戊戌变法,以图实现体制现代化;戊戌变法失败后,学习西方"暴力革命",导致辛亥革命爆发,以图实现制度现代化;革命成果被篡夺后,陈独秀提出近代以来的中国有"物质的觉悟""政治的觉悟"、唯独没有"人的觉悟"的见解,高举西方"科学、民主"的旗帜,开展轰轰烈烈的新文化运动,以图实现人的思想观念的现代化;其间,还有所谓全盘西化主张,以图实现生活方式现代化,等等。当然,还出现了各种逆现代化的思想观点。然而,由于多方面的原因,我们拼命向老师学习,却被动挨打,这种外源式的现代化,最终使中国社会被迫变成半殖民地半封建社会。

十月革命一声炮响,给我们送来了马克思主义。中国共产党领导中国人民开启了探索民族独立、人民解放的历史进程。在新民主主义革命的过程中，尽管中国共产党人没有明确提出"现代化"问题，却给予全国人民庄严的承诺。毛泽东在党的七大开幕词《两个中国之命运》中宣告，我们要建设"一个独立、自由、民主、统一、富强的中国"。在《新民主主义论》中，毛泽东指出："我们要建设一个新中国。"在这个新社会和新国家中，不但有新政治、新经济，而且有新文化。我们要把一个政治上受压迫、经济上受剥削、文化上愚昧落后的旧中国，变为一个政治上自由、经济上繁荣、文化上文明先进的新中国。新中国成立后，1954年召开的第一届全国人民代表大会第一次明确提出实现工业、农业、交通运输和国防等四个方面现代化任务。1956年，党的八大提出：我们国内的主要矛盾，已经是人民对于建立先进的工业国的要求同落后的农业国的现实之间的矛盾，已经是人民对于经济文化迅速发展的需要同当前经济文化不能满足人民需要的状况之间的矛盾。基于对主要矛盾的认识，提出努力把我国逐步建设成为一个具有现代农业、现代工业、现代国防和现代科学技术的社会主义强国，领导人民开展全面的大规模的社会主义建设。在中国社会主义建设事业经历了曲折探索之后，党的十一届三中全会开创了中国特色社会主义现代化的历史进程。1982年9月召开的党的十二大提出，中国共产党在新的历史时期的总任务是：团结全国各族人民，自力更生，艰苦奋斗，逐步实现工业、农业、国防和科学技术现代化，把我国建设成为高度文明、高度民主的社会主义国家。1987年10月召开的党的十三大提出：党在社会主义初级阶段的基本路线，即领导和团结全国各族人民，以经济建设为中心，坚持四项基本原则，坚持改革开放，自力更生，艰苦奋斗，为把我国建设成富强、民主、文明的社会主义现代化国家而奋斗。党的十四大、十五大、十六大沿用此提法。

2006年10月,党的十六届六中全会召开,通过了《中共中央关于构建社会主义和谐社会若干重大问题的决定》,认为,社会和谐是中国特色社会主义的本质属性,是国家富强、民族振兴、人民幸福的重要保证。我们党要带领人民抓住机遇、应对挑战,把中国特色社会主义伟大事业推向前进,必须坚持以经济建设为中心,把构建社会主义和谐社会摆在更加突出的地位。在此基础上,提出"建设富强民主文明和谐的社会主义现代化国家"。富强、民主、文明、和谐与经济建设、政治建设、文化建设、社会建设相对应。2012年11月召开的党的十八大提出:必须树立尊重自然、顺应自然、保护自然的生态文明理念,把生态文明建设放在突出地位,融入经济建设、政治建设、文化建设、社会建设各方面和全过程,努力建设美丽中国,实现中华民族永续发展。把生态文明建设与经济建设、政治建设、文化建设和社会建设并列,使中国特色社会主义现代化建设的总体布局由"两位一体""三位一体""四位一体"拓展为"五位一体"。

综上,可以把中国的现代化历史进程分为两个阶段:第一阶段,中国式现代化是伴随着第二次现代化浪潮、在西方列强坚船利炮威逼下所进行的外源式的现代化。时人把现代化理解为欧化、西化、资本主义化,使中国成为半殖民地半封建社会。第二阶段,在中国共产党领导下,把现代化理解为民族独立、人民解放、国家富强、人民幸福、振兴伟大中华民族的过程,使中国成为社会主义现代化强国。

(二)提出全面建成社会主义现代化强国使命任务

在新中国成立特别是改革开放以来长期探索和实践基础上,经过党的十八大以来在理论和实践上的创新突破,我们党成功推进和拓展了中国式现代化。党的二十大报告指出:"中国式现代化,是中国共产党领导的社会主义现代化，既有各国现代化的共同特征，更有基于自己国情的中国特色。"① 报告全面阐述了中国式现代化的五大基本特征：中国式现代化是人口规模巨大的现代化；中国式现代化是全体人民共同富裕的现代化；中国式现代化是物质文明和精神文明相协调的现代化；中国式现代化是人与自然和谐共生的现代化；中国式现代化是走和平发展道路的现代化。

党的二十大报告对中国式现代化的本质要求作出规定：坚持中国共产党领导，坚持中国特色社会主义，实现高质量发展，发展全过程人民民主，丰富人民精神世界，实现全体人民共同富裕，促进人与自然和谐共生，推动构建人类命运共同体，创造人类文明新形态。

党的二十大报告对全面建成社会主义现代化强国作出总的战略安排，即分两步走：从 2020 年到 2035 年基本实现社会主义现代化；从 2035 年到本世纪中叶把我国建成富强民主文明和谐美丽的社会主义现代化强国。

党的二十大报告对到 2035 年我国发展的总体目标作出规划：经济实力、科技实力、综合国力大幅跃升，人均国内生产总值迈上新的大台阶，达到中等发达国家水平；实现高水平科技自立自强，进入创新型国家前列；建成现代化经济体系，形成新发展格局，基本实现新型工业化、信息化、城镇化、农业现代化；基本实现国家治理体系和治理能力现代化，全过程人民民主制度更加健全，基本建成法治国家、法治政府、法治社会；建成教育强国、科技强国、人才强国、文化强国、体育强国、健康中国，国家文化软实力显著增强；人民生活更加

---

① 习近平：《高举中国特色社会主义伟大旗帜　为全面建设社会主义现代化国家而团结奋斗——在中国共产党第二十次全国代表大会上的报告》，人民出版社 2022 年版，第 22 页。

幸福美好，居民人均可支配收入再上新台阶，中等收入群体比重明显提高，基本公共服务实现均等化，农村基本具备现代生活条件，社会保持长期稳定，人的全面发展、全体人民共同富裕取得更为明显的实质性进展；广泛形成绿色生产生活方式，碳排放达峰后稳中有降，生态环境根本好转，美丽中国目标基本实现；国家安全体系和能力全面加强，基本实现国防和军队现代化。在基本实现现代化的基础上，我们要继续奋斗，到本世纪中叶，把我国建设成为综合国力和国际影响力领先的社会主义现代化强国。

党的二十大报告指出未来五年全面建设社会主义现代化国家的主要目标任务是：经济高质量发展取得新突破，科技自立自强能力显著提升，构建新发展格局和建设现代化经济体系取得重大进展；改革开放迈出新步伐，国家治理体系和治理能力现代化深入推进，社会主义市场经济体制更加完善，更高水平开放型经济新体制基本形成；全过程人民民主制度化、规范化、程序化水平进一步提高，中国特色社会主义法治体系更加完善；人民精神文化生活更加丰富，中华民族凝聚力和中华文化影响力不断增强；居民收入增长和经济增长基本同步，劳动报酬提高与劳动生产率提高基本同步，基本公共服务均等化水平明显提升，多层次社会保障体系更加健全；城乡人居环境明显改善，美丽中国建设成效显著；国家安全更为巩固，建军一百年奋斗目标如期实现，平安中国建设扎实推进；中国国际地位和影响进一步提高，在全球治理中发挥更大作用。

党的二十大报告指出，全面建设社会主义现代化国家，是一项伟大而艰巨的事业，前途光明，任重道远，准备经受风高浪急甚至惊涛骇浪的重大考验。在前进道路上，必须牢牢把握五大重大原则：坚持和加强党的全面领导，坚持中国特色社会主义道路，坚持以人民为中心的发展思想,坚持深化改革开放,坚持发扬斗争精神。

(三)准备经受风高浪急甚至惊涛骇浪的重大考验

习近平总书记历来重视防范和化解重大风险问题。2019年伊始,他在省部级主要领导干部坚持底线思维着力防范和化解重大风险专题研讨班上发表重要讲话,对防范和化解政治、意识形态、经济、科技、社会、外部环境、党的建设等领域的重大风险作出深刻分析,提出明确要求。党的二十大报告再次提出,在全面建成社会主义现代化强国的过程中,要"准备经受风高浪急甚至惊涛骇浪的重大考验"。这充分体现了党对重大风险的理性态度、科学判断和自觉担当,对防范化解重大风险的高度自信、巨大勇气和高超水平。

要确立防范和化解全面建成社会主义现代化强国过程中可能出现重大风险的自觉意识。风险,就是指可能发生的危险。无论是自然界还是人类社会,风险无处不在、无时不有,风险的存在具有普遍性、客观性、潜在性、不确定性。在经济全球化的背景下,任何国家或地区都不可能成为风险的孤岛,地区的风险乃至国际的风险会迅速地传递到每一个国家或地区。重大风险是指会对党的执政地位、党的威信形象、党与人民的利益造成重大损害的风险。这些风险不但体现在政治、意识形态、经济、科技、社会、外部环境、党的建设等领域,更体现在具体的日常生活、生产、思想等层面,一旦积累到一定程度,爆发出来,将会带来致命的危害,甚至是颠覆性的破坏,其造成的后果将是难以想象的。"明者远见于未萌,而知者避危于无形",我们要充分认识到最大的风险在于看不见风险,不能回避风险、掩盖风险和否定风险,而应该增强防范和化解风险的自觉性,敢于面对风险、理性分析风险、科学把握风险、努力化解风险。在风险面前,只有保持清醒的认识和科学的预判,才能保持定力,做到处变不惊、积极作为,最终化险为夷;相反,面对风险麻木不仁、无动于衷,只会永远处在被风险所威胁的被动状态。

要确立防范和化解全面建成社会主义现代化强国过程中可能出现重大风险的忧患意识。备豫不虞,为国常道。习近平总书记反复强调:"增强忧患意识,做到居安思危,是我们治党治国必须始终坚持的一个重大原则。"[1] 忧患意识是指党和政府、广大党政干部能够超越自身的利害、荣辱、成败,而将人类、国家、百姓的前途命运萦系于心,对人类、国家、百姓可能遭遇的困境和风险抱有的深切关注,并激发防范和化解风险的决心和意志。对各级党政干部来说,增强忧患意识,是一种使命要求,是一种政治智慧,更是一种责任自觉。这就要求我们必须始终保持高度警惕,切实做好防范和化解重大风险的各项工作:既要高度警惕"黑天鹅"事件,也要防范"灰犀牛"事件;既要有防范风险的先手,也要有应对和化解风险挑战的高招;既要打好防范和抵御风险的有准备之战,也要打好化险为夷、转危为机的战略主动战。我们要紧密联系外部环境深刻变化和国内改革发展稳定面临的新情况新问题新挑战,坚定信心,敢于担当,负起责任,一以贯之和不折不扣地防范应对各种风险,做实做细做好防范化解重大风险各项工作。提高政治站位,强化政治意识,坚持国家利益至上,以人民安全为宗旨,统筹发展和安全,健全国家安全体系,增强维护国家安全能力。

要确立防范和化解全面建成社会主义现代化强国过程中可能出现的颠覆性错误的底线意识。所谓底线是通常所说的人们行为和事物存在的边界线,也就是哲学中所说"度"。所谓底线意识,就是人们在认

---

[1] 《习近平谈治国理政》,外文出版社 2014 年版,第 200 页。

识事物发展规律的基础上,自觉地客观地设定最低目标,积极推进事物向积极方面转化,实现最大期望值。在实践活动中,底线往往表现为不可逾越的警戒线;底线一旦突破,必然给实践主体带来难以承受的风险或灾难,也就是犯颠覆性错误。习近平总书记指出:"在中国这样一个拥有13亿多人口的国家深化改革,绝非易事。中国改革经过30多年,已进入深水区,可以说,容易的、皆大欢喜的改革已经完成了,好吃的肉都吃掉了,剩下的都是难啃的硬骨头。这就要求我们胆子要大、步子要稳。胆子要大,就是改革再难也要向前推进,敢于担当,敢于啃硬骨头,敢于涉险滩。步子要稳,就是方向一定要准,行驶一定要稳,尤其是不能犯颠覆性错误。"① 一方面,中国承担不起犯颠覆性错误的代价。中国稍有大规模动荡都会给党和国家的事业,甚至给世界的发展带来无法承受之重;另一方面,我们也必须清醒地认识到,由于我们对全面建成社会主义现代化强国的规律知之不多、知之不深、知之不全,出现颠覆性错误的可能性仍然存在。因而,必须坚定不移贯彻总体国家安全观,切实杜绝在根本性问题上犯颠覆性错误。我们要以人民安全为宗旨、以政治安全为根本、以经济安全为基础、以军事科技文化社会安全为保障、以促进国际安全为依托,走出一条中国特色国家安全道路。

要确立防范和化解全面建成社会主义现代化强国过程中可能出现重大风险的全球意识。当前,我们面临着传统安全与非传统安全问题相互交织的挑战。在全球化背景下,中国除面临传统的领土、主权等安全问题外,还面临经济安全、信息安全、恐怖主义、跨国有组织犯罪、毒品走私等非传统安全问题的挑战,而且传统安全与非传统安全

---

① 《习近平谈治国理政》,外文出版社2014年版,第101页。

问题相互影响、相互交织,对中国和平崛起的外部环境带来严峻挑战。在亚太地区,美国、日本利用领土和海洋权益争议大做文章,制造紧张气氛,诋毁中国。在国际热点上,国际恐怖主义、民族分裂主义、宗教极端主义"三股势力"对中国主权完整和领土统一、经济社会发展和民族团结构成严重威胁。特别是国际恐怖势力的"东向"回流,对我国周边安全构成了潜在威胁。同时,我们还要注意到,全球化进程出现逆向发展的危险。以美国为首的西方国家内部民族主义、保护主义和民粹主义抬头,西方国家提供国际公共产品和参与全球治理的意愿下降,全球治理需求和治理供给不足的矛盾日益突出,国际社会要求中国提供国际公共产品和承担国际责任的要求增多。美国等发达国家面对中国经济社会的快速发展而产生恐慌情绪,使其想方设法制约我国发展,如牵头"亚太再平衡战略"、干扰我国与周边国家的领土争端、插手我国台海问题、利用新兴媒体制造负面舆论影响、推广西方的"民主政治"和"普世价值"等,试图对中国实施"西化""分化",千方百计遏制中国发展。

总之,善斗者谋于未萌。防范和化解重大风险,必须确立谋于事前、谋于未发的超前意识,从战略全局的高度对重大风险产生的来龙去脉有一个总体的把握、清醒的认识,从而做好防范化解重大风险的先手。

三、牢记政党使命依靠顽强斗争精神打开事业发展新天地

党的二十大报告指出:"坚持发扬斗争精神。增强全党全国各族人民的志气、骨气、底气,不信邪、不怕鬼、不怕压,知难而进、迎难而上,统筹发展和安全,全力战胜前进道路上各种困难和挑战,依靠

顽强斗争打开事业发展新天地。"① 只有从战略高度加强对重大风险的认识与研究，把握重大风险产生、发展、消亡的规律，把握重大风险背后的深层次原因，才能更好地制定防范化解重大风险的措施，打赢防范和化解全面建设社会主义现代化国家征程中各种重大风险的攻坚战，确保中国社会主义现代化建设事业行稳致远。

（一）正确认识全面建设社会主义现代化国家存在的重大风险

全面建设社会主义现代化国家是一项伟大的开创性事业，我们必然会遇到很多困难，面临诸多风险挑战。这就要求我们必须坚持发扬斗争精神，以高昂饱满的精神状态，去克服遇到的困难，战胜面临的挑战。我们要进行深入细致的调查研究，真正掌握在全面建设社会主义现代化国家过程中存在的重大风险新特点、新形态和新趋势。

从国际局势来看，当前，由于新冠肺炎疫情、俄乌冲突等多种原因，导致世界经济下行压力不断加大，经济全球化和经济逆全球化的潮流相互碰撞，国际产业分工格局正在发生巨大变化；但国际范围内保护主义严重，国际经贸规则制定出现政治化、碎片化、非理性化苗头，不少新兴市场国家和发展中国家经济也经受下行压力，我国作为最大的发展中国家面临着重大的发展机遇也面临着严峻的风险挑战。同时，我国经济大而不强问题依然突出，人均收入和人民生活水平更是同发达国家还有较大差距。尽管我国对外开放进入"引进来"和"走出去"更加均衡的阶段，"一带一路"也赢得了众多国家的支持和响应，但与之相应的法律、咨询、金融、人才、风险管控、安全保障

---

① 习近平：《高举中国特色社会主义伟大旗帜　为全面建设社会主义现代化国家而团结奋斗——在中国共产党第二十次全国代表大会上的报告》，人民出版社 2022 年版，第 27 页。

等都难以满足现实需要，支撑高水平开放和大规模"走出去"的体制和力量仍显薄弱。总之，"我们现在搞开放发展，面临的国际国内形势同以往有很大不同，总体上有利因素更多，但风险挑战不容忽视，而且都是更深层次的风险挑战"①。

从国内环境来看，全面建设社会主义现代化国家也面临着诸多风险和挑战：在政治领域，一些党政干部对马克思主义理论"淡化"，对共产主义奋斗目标"虚化"，价值追求上"物化"，意识形态上"西化"，生活情趣上的"腐化"，精神寄托上"鬼神化"。一些党政干部不遵守党章规定，不遵守政治纪律，对党的重大决策部署不执行不作为、怠政懒政庸政蛮政；"一些党员、干部缺乏担当精神，斗争本领不强，实干精神不足，形式主义、官僚主义现象仍较突出；铲除腐败滋生土壤任务依然艰巨"②。在意识形态领域，一些党政干部对马克思主义理解不深、理解不透，在运用马克思主义立场、观点、方法上功夫不足、高水平成果不多；有的党政干部认为马克思主义已经过时，甚至认为马克思主义只是一种意识形态说教，没有学术上的学理性和系统性；西方国家把我国发展壮大视为对其价值观和制度模式的挑战，加紧对我国进行思想文化渗透，使我国意识形态领域面临着空前复杂的情况；等等。在经济建设领域，当前经济发展面临的国际环境和国内条件都在发生深刻而复杂的变化，发展不平衡不充分问题仍然突出，推进高质量发展还有许多卡点瓶颈；中小微企业的融资难融资贵问题，"僵尸企业"处置中的启动难、实施难、人员安置难等问题，以及稳就业、稳金融、稳外贸、稳外资、稳投资、稳预期工作等问题，处理稍

---

① 《习近平谈治国理政》第2卷，外文出版社2017年版，第212页。
② 习近平：《高举中国特色社会主义伟大旗帜　为全面建设社会主义现代化国家而团结奋斗——在中国共产党第二十次全国代表大会上的报告》，人民出版社2022年版，第14页。

有不慎，就可能酿成经济领域的风险。在科学技术领域，我国科学技术体系建设和能力建设不够强，国家创新体系不够完善，资源配置重复、科研力量分散、创新主体功能定位不清晰等问题依然突出，创新体系整体效能有待提高；一些事关国家安全和经济社会发展全局的重大科技任务的统筹组织不够强，国家战略科技力量建设不够完善；等等。在社会建设领域，群众在就业、教育、医疗、托育、养老、住房等方面面临不少难题，人民群众的获得感、幸福感、安全感明显不足；建设立体化、信息化社会治安防控体系，以便保持对刑事犯罪的高压震慑态势，与人民群众对安全感的要求尚存在差距。在党的建设领域，党面临的长期执政考验、改革开放考验、市场经济考验、外部环境考验具有长期性和复杂性，党面临的精神懈怠危险、能力不足危险、脱离群众危险、消极腐败危险具有尖锐性和严峻性。这一切都成为全面建设社会主义现代化国家所面临的巨大风险。

我们还要充分认识到，当前各种风险的表现形式也呈现出多样化和复杂化的特点。要重视各类重大风险的"倒灌效应"。当前境外敌对势力对我国的颠覆渗透破坏活动更趋常态化，这就要求我们要深入研究重大风险波及范围从境外向境内传导，深刻认识境外工作越来越成为防范化解风险的重要方向，筑起国家政治安全的铜墙铁壁。要重视重大风险的"叠加效应"。全面建设社会主义现代化国家必然带来全方位的改革，改革说到底是利益格局的重新调整，这就必然引发不同群体利益诉求的相互冲突，导致各种社会矛盾交织叠加，如现实问题与历史问题、实际利益问题与意识形态问题交叉纠缠，极易形成风险综合体。这就要求我们深入研究风险演化从平缓向激烈升级的趋势，深刻认识防控变异升级越来越成为防范化解风险的重要任务；要善于洞察风险背后的较量，防止经济社会领域风险演变为政治风险。要重视重大风险的"联动效应"。当前因为信息交流快捷和人员流动频繁，必然导致一旦某地、某个环节出现重大风险，便会快速传播，相互影响、相互响应，产生极大的联动性。这就要求我们要深入研究风险表现形式从单一向融合转变，深刻认识协同作战越来越成为防范和化解重大风险的重要方式；要更加注重条块协作联动，增强防范和化解重大风险的系统性、整体性、协同性。要重视重大风险的"放大效应"。当前互联网已经成为人们生活不可缺少的工具，很多人已经成为"网络人"，互联网对人们生活方式、思维方式、工作方式的影响越来越大；正如任何事物的发展都是一把双刃剑，网络传播的虚拟性、自由性、快捷性、交互性、开放性、海量性、隐秘性等特点，使其日益成为各类风险的策源地、传导器、放大器，一件小事情都可能形成舆论漩涡，一个网络信息可能就会导致一个瞬间"社死"。这就要求我们深入研究重大风险影响空间从网上向网下延伸的规律，深刻认识网上斗争越来越成为防范化解风险的重要战场，努力适应互联网发展的新趋势，积极主动防范和化解互联网可能给我们带来的重大风险。①

各级党政干部只有真正懂得重大风险产生的原因、发展的状态、产生的危害及风险走向，才能有的放矢，及时有效地防范和化解重大风险。党政干部要加强理论修养，深入学习马克思主义基本理论，学懂弄通做实习近平新时代中国特色社会主义思想，掌握贯穿其中的辩证唯物主义的世界观和方法论。应通过认真学习和深入研究，打牢应对重大风险的理论基础。风险因时、因地而异，不同地区、不同行业和不同单位的风险千差万别，对不同类型的斗争要增强策略的针对性，

---

① 参见陈一新《打好防范化解风险主动战》，《学习时报》2019年6月21日。

"一把钥匙开一把锁"。党政干部要加强对本地区、本行业、本单位风险的深入研究，对这些风险的来源、性质、影响了然于心，才能未雨绸缪、防微杜渐，打好防范化解重大风险的主动战。

（二）掌握有效防范和化解各种重大风险的科学方法

马克思主义哲学告诉我们，任何事物都有其规律性。重大风险的突发性往往给人一种杂乱无章、措手不及的错觉，但突发性的背后有其必然性。只有掌握科学的认知方法，才能掌握防范化解重大风险的主动权。

要努力提高防范和化解全面建设社会主义现代化国家过程中重大风险的主动性，要在"防"上下狠功夫。防范和化解重大风险要先防早治，做到预防为主。防，就是要准备好、防得住，要做到积极主动、防患于未然。力争不出现重大风险或在出现重大风险时准备充分，能够妥善地处置和解决。一要"早防"。要把我们可能遇到的一切重大风险梳理出来，逐一排查，把风险扼杀在萌芽状态，要逐一部署应对措施，做好各种应急的预案；要防止小风险发展为大风险、局部风险蔓延为系统风险、经济社会风险演变为政治安全风险。多一分谋划、多一分准备，就多一分胜算，防范和化解重大风险必须打好有准备之战。二要"群防"。我们的党来自于人民、根植于人民，人民的拥护和支持是党执政的最牢固根基，而要更好地防范重大风险，还是要依靠人民群众，有了人民群众的积极主动参与，群策群力，才能及早发现不稳定因素，启动应急预案，及时作出相应的处置。越是形势复杂，越要敢于斗争、善于斗争；越是敢于斗争、善于斗争，越要强化风险意识，全力做好防控。因此，要时刻立足于"防"，把工作做在前面，不把问题留在后面；也要抓好"小"，不遗漏一个风险，不放过一个隐患；还要能"共治",整合各方力量,引导群众参与。

要努力统筹防范和化解全面建设社会主义现代化国家过程中各类风险的新措施,有效应对各种重大风险。习近平总书记强调,既要打好防范和抵御风险的有准备之战,也要打好化险为夷、转危为机的战略主动战。我们要针对各种风险的特性和趋势,分别采取不同的战术战法,既聚焦重点又统筹大局,有所侧重地发起斗争攻势。要打好防御战,重点要放在外部输入的和长期酝酿滋生的政治安全风险上。要加快完善法律政策体系,创新政法领域维护国家政治安全的思路举措,及时消除可能引发安全风险的隐患。要打好歼灭战,重点要放在暴恐风险上。要坚持凡"恐"必打、露头就打,推动严打整治、教育稳控常态化。要打好攻坚战,重点要放在阶段性或区域性、行业性的潜在安全风险上。要扎实推进涉特定利益群体的维稳工作,深入推进扫黑除恶专项斗争,严防发生个人极端暴力犯罪案件,坚决依法处置邪教。要打好持久战,重点要放在抵御和应对敌对势力颠覆渗透破坏活动的风险上。要做好长期斗争准备,加强战略谋划,完善斗争思路策略,努力掌握斗争主动权。要打好网络战,重点要放在防范化解网络意识形态风险上。要坚决打击网络谣言和有害信息,做大做强做响政法网络新媒体,有效引导网上舆情。要着力防范化解重大风险,需要善于利用高科技手段。我们要善于用最领先的理念、最先进的技术、最高的标准建设和用好大数据平台,加强对大数据的整合、分析、防控,确保人流、物流、资金流安全高效流动,从而把发生风险的概率降到最低;同时,要利用大数据平台,对生态环境、空间规划、产业布局进行全面防控,防止出现不可控的风险。总之,我们要敢于创新,用新技术确保我们"耳聪目明""手脚敏捷"。

努力实施防范和化解全面建设社会主义现代化国家过程中重大风

险的新举措，建立有效应对重大风险的体制机制。全面建设社会主义现代化国家是一个长期的过程，防范和化解重大风险是一项长期任务，必须建立一套统一指挥、反应灵敏、协调有序、运转高效的工作机制；这套防范和化解重大风险的工作机制应该是由预警监测机制、评估机制、决策指挥机制、动员机制、协调联动机制、激励问责机制、信息公开机制、基础保障机制构成的完整系统。建立健全风险预警监测机制，即通过大数据分析、物联网技术等现代高新科技的运用，有效识别"风险点""风险节点""风险拐点"等，提高风险识别水平，增强风险识别能力。建立健全风险评估机制，即充分发挥专业机构、专业人才等评估力量的作用，科学评估风险的等级，为化解应对风险做好科学准备。建立健全风险治理决策指挥机制，即必须做到程序严密、科学准确，重点加强并突出"战略决策－战役指挥－战术执行"的风险决策层级与处置原则。建立健全风险治理动员机制，即动员全党、全国人民、全社会力量参与风险治理，舆论宣传引导要契合民意、激发共鸣。建立健全风险多元主体协调联动机制，即把专家咨询、公众参与、风险评估、合法性审查和集体讨论决定作为必经程序，解决风险管理中的"碎片性"问题。建立健全激励问责机制，即通过考核奖惩来增强党政干部健全风险防控机制的动力。建立健全风险信息公开机制，即遵循党务公开、政务公开的一般要求，做到信息传递的及时无误、全覆盖。建立健全风险基础保障机制，即必须保证把一切管用的、能调动的资源都调动起来，形成支撑风险治理的资源性支持。通过一系列的防范和化解各种风险机制的确立，客观上能够对各种风险发生发展的全过程进行监控，对风险的发生诱因与事前防范、风险的事中演进与有效控制、风险的事后治理与化解等进行全方位管理。

（三）采取系统性措施赢得党和国家事业的伟大胜利

我们必须充分认识到，完成全面建设中国社会主义现代化国家的伟大使命任务，我们面临着难得的机遇，拥有坚强的党的领导，具备深厚的民众基础，积累了丰富的经验和财力，为伟大事业的顺利发展提供了根本性的保障。同时，全面建设社会主义现代化国家的伟大事业不会是一片坦途，必然要面对各种重大挑战、重大风险、重大阻力、重大矛盾，必须与重大风险作坚决斗争，牢牢掌握防范和化解各种重大风险的主动权。

要善于在全面深化改革中有效防范和化解重大风险。党的二十大报告强调："坚持深化改革开放。深入推进改革创新，坚定不移扩大开放，着力破解深层次体制机制障碍，不断彰显中国特色社会主义制度优势，不断增强社会主义现代化建设的动力和活力，把我国制度优势更好转化为国家治理效能。"[1] 从改革开放40多年的实践过程来看，党在全面深化改革的实践中，抵御执政风险的战略布局愈来愈清晰，基本方略愈来愈明确，抓落实、抓成效愈来愈显著。在全面建设社会主义现代化国家的进程中，要通过全面深化改革，完善和发展中国特色社会主义制度，推进国家治理体系和治理能力现代化；要加快构建新的发展格局，着力推动高质量发展；要坚持和完善社会主义经济基本经济制度，构建高水平社会主义市场经济体制，毫不动摇巩固和发展公有制经济，毫不动摇鼓励、支持、引导非公有制经济发展，充分发挥市场在资源配置中的决定性作用，更好发挥政府作用；要建设现代

---

[1] 习近平：《高举中国特色社会主义伟大旗帜　为全面建设社会主义现代化国家而团结奋斗——在中国共产党第二十次全国代表大会上的报告》，人民出版社2022年版，第27页。

化产业体系，坚持把发展经济的着力点放在实体经济上，推进新型工业化，加快建设制造强国、质量强国、航天强国、交通强国、网络强国、数字中国；推动制造业高端化、智能化、绿色化发展；推进高水平对外开放，依托我国超大规模市场优势，以国内大循环吸引全球资源要素，增强国内国际两个市场两种资源联动效应，提升贸易投资合作质量和水平；稳步扩大规则、规制、管理、标准等制度型开放。我们应该充分认识到，全面深化改革只有进行时没有完成时，改革的目标非常明确，任务非常艰巨，时间非常紧迫，这就要求我们更加注重改革的系统性、整体性、协同性，加快发展社会主义市场经济、民主政治、先进文化、和谐社会、生态文明，让一切劳动、知识、技术、管理、资本的活力竞相迸发，让一切创造社会财富的源泉充分涌流，让发展成果更多更公平惠及全体人民。

要善于在着力保障和改善民生中有效防范和化解重大风险。民心向背关系执政党的生死存亡。江山就是人民，人民就是江山。中国共产党领导人民打江山、守江山，守的是人民的心。人民期盼有更好的教育、更稳定的工作、更满意的收入、更可靠的社会保障、更高水平的医疗卫生服务、更舒适的居住条件、更优美的环境。但制约民生发展的各种深层次矛盾和问题在短时间内尚得不到彻底解决，这就要求党政干部准确把握制约民生发展的瓶颈问题，在重点领域和关键环节上有所突破，就会赢得人民群众的肯定，就会坚定人民对党的信心。

要善于在发展社会主义民主政治中有效防范和化解重大风险。随着人民生活水平的提高，人们政治参与的愿望愈加强烈，政治诉求的表达更加多样。民主政治的发展是一个渐进的过程，也是一个逐渐完善的过程。党的二十大报告指出："人民民主是社会主义的生命，是全面建设社会主义现代化国家的应有之义。全过程人民民主是社会主义民主政治的本质属性,是最广泛、最真实、最管用的民主。必须坚定不移走中国特色社会主义政治发展道路,坚持党的领导、人民当家作主、依法治国有机统一,坚持人民主体地位,充分体现人民意志、保障人民权益、激发人民创造活力。我们要健全人民当家作主制度体系,扩大人民有序政治参与,保证人民依法实行民主选举、民主协商、民主决策、民主管理、民主监督,发挥人民群众积极性、主动性、创造性,巩固和发展生动活泼、安定团结的政治局面。"[1] 要通过合理的制度安排,真正让人民参与国家事务的决策和管理,切实夯实民主决策的合法性基础,提升民主选举的质量,将民主监督落到实处。

要善于在引领文化繁荣和发展中有效防范和化解重大风险。没有高度的文化自信,没有文化的繁荣兴盛,就没有中华民族的伟大复兴,也不可能全面建设社会主义现代化国家。党的二十大报告要求,要建设具有强大凝聚力和引领力的社会主义意识形态,牢牢掌握党对意识形态的领导权,健全用党的创新理论武装全党、教育人民、指导实践的工作体系。要培育和践行社会主义核心价值观,发挥其对国民教育、精神文明创建、精神文化产品创作的引领作用;弘扬以伟大建党精神为源头的中国共产党人精神谱系,用好红色资源,深化爱国主义、集体主义、社会主义教育,着力培养担当民族复兴大任的时代新人。要努力加强思想道德建设,推动明大德、守公德、严私德,提高人民思想觉悟和道德水平,提高全社会文明程度。要繁荣发展社会主义文化事业和文化产业,坚持以人民为中心的创作导向,推出更多增强人民

---

[1] 习近平:《高举中国特色社会主义伟大旗帜 为全面建设社会主义现代化国家而团结奋斗——在中国共产党第二十次全国代表大会上的报告》,人民出版社2022年版,第37页。

精神力量的优秀作品，培育大批德艺双馨的文学艺术家和规模宏大的文化文艺人才队伍，为人民群众提供丰富的精神食粮。要增强中华文明传播力和影响力，"坚守中华文化立场，提炼展示中华文明的精神标识和文化精髓，加快构建中国话语和中国叙事体系，讲好中国故事、传播好中国声音，展现可信、可爱、可敬的中国形象。加强国际传播能力建设，全面提升国际传播效能，形成同我国综合国力和国际地位相匹配的国际话语权。深化文明交流互鉴，推动中华文化更好走向世界"①。

要善于在全面从严治党中有效防范和化解重大风险。党的二十大报告指出："全面建设社会主义现代化国家、全面推进中华民族伟大复兴，关键在党。我们党作为世界上最大的马克思主义执政党，要始终赢得人民拥护、巩固长期执政地位，必须时刻保持解决大党独有难题的清醒和坚定。"② 在中国特色社会主义新时代，我们要赢得优势、赢得主动、赢得未来，战胜前进道路上各种各样的"拦路虎""绊脚石"，防范和化解党的建设风险，就必须把马克思主义作为看家本领，以更宽广的视野、更长远的眼光来思考把握未来发展面临的一系列重大问题，不断提高全党运用马克思主义分析和解决实际问题的能力，不断提高运用科学理论指导我们应对重大挑战、抵御重大风险、克服重大阻力、解决重大矛盾的能力。要坚持不懈用马克思主义中国化最新成果武装头脑、凝心聚魂，坚定全党马克思主义信仰和共产主义理想，不断提高全党特别是领导干部的理论思维能力和思想政治水平。

---

① 习近平：《高举中国特色社会主义伟大旗帜　为全面建设社会主义现代化国家而团结奋斗——在中国共产党第二十次全国代表大会上的报告》，人民出版社2022年版，第45—46页。
② 习近平：《高举中国特色社会主义伟大旗帜　为全面建设社会主义现代化国家而团结奋斗——在中国共产党第二十次全国代表大会上的报告》，人民出版社2022年版，第63—64页。